KB270984

Composition | 잉글리쉬 마이갓

01

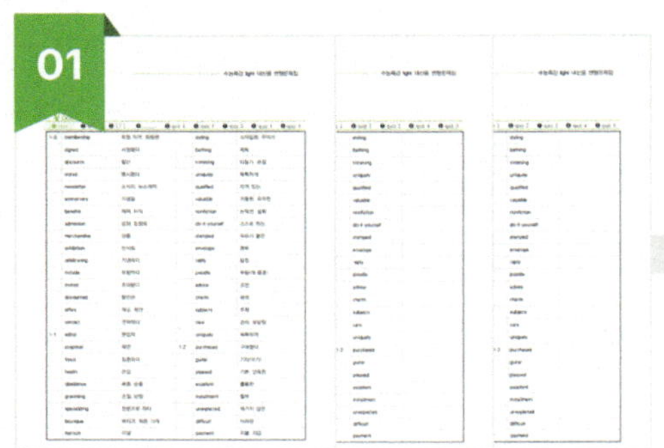

단어 암기

총 **3단계**를 거쳐 각 지문에 나오는 모든 단어들을 암기합니다.

02

본문 암기

해석본(한글)을 영어 지문과 함께 보며,
문장 구조와 내용을 파악합니다.

03

어법·어휘 선택형

두 개 보기 중 올바른 어법 또는 어휘를 고
르는 문제입니다.

04

전체 본문 속
빈칸 완성

한글 해석을 참고하여 문맥에 맞는 단어
를 빈칸에 채우는 방식을 통해
본문 암기의 빈틈을 없앱니다.

05

Quiz 1.
문장 삽입 / 순서 배열

주어진 문장을 글의 적절한 위치에 삽입
하는 문제입니다.

글의 흐름, 연결어 사용, 문맥 이해 능력
을 종합적으로 평가합니다.

06

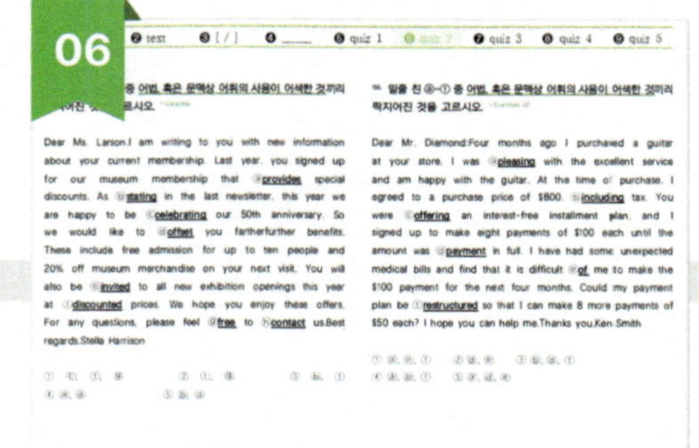

Quiz 2.
어법·어휘 다중 선택 / 고치기

문장 안에 표시된 밑줄 중 잘못된 어법이나 어휘를 모두 찾아내는
문제입니다.

8개~9개의 선지 중에서 어색한 부분을 찾는 고난이도 유형으로
올바른 형태로 고치는 것까지 요구됩니다.

07

Quiz 3. 객관식 3유형

주제 찾기, 내용 일치 불일치 문제와 같은
실전 3유형 문제입니다.

08

Quiz 4. 복합 주관식

단어 배열, 어법 혹은 문맥상 어색한 부분 수정 문제를 포함하여
구성된 세트 문제입니다.

09

Quiz 5. 요약문 주관식

본문의 단어를 활용하여 빈칸에 알맞는
말을 채워 넣는 마지막 문제입니다.

25년 고2
10월 모의고사

연습과 실전 모두 잡는 내신대비 완벽
| workbook |

2025년 고2 모의고사

WORK BOOK

10月

2025 고2 10월 모의고사 내신대비용 WorkBook & 변형문제

Voca

| ❶ voca | ❷ text | ❸ [/] | ❹ ____ | ❺ quiz 1 | ❻ quiz 2 | ❼ quiz 3 | ❽ quiz 4 | ❾ quiz 5 |

18	bookshelf	책장	professional	직업적인
	delivery	배송	patient	환자
	manager	매니저	appropriate	적절한
	schedule	일정	confidential	비밀의
	inconvenience	불편	respect	존중
	specific	구체적인	relationship	관계
	promptly	신속하게	frequently	자주
	available	수령 가능한	embarrassing	난처한
	reschedule	일정을 재조정하다	self-disclosure	자기노출
	address	문제를 처리하다	focus	초점
	assurance	확약	friendly	친절한
	follow-up	후속 조치	21	swab	면봉
19	stumble	비틀거리다	gargle	가글하다
	injure	부상 입히다	lemon	레몬
	desperation	자포자기	bitter	쓴
	aroma	향기	non-taster	미각 둔감자
	cabin	오두막	supertaster	초미각자
	faint	희미한	pattern	양상
	glow	은은한 빛	preference	선호
	hardship	고난	alcoholism	알코올 중독
	relief	안도	dehydrate	탈수되다
	darkness	어둠	broccoli	브로콜리
	notice	알아차리다	flexibility	유연성
	window	창문	22	experiment	실험
20	boundary	경계	curiosity	호기심

Voca

| ❶ voca | ❷ text | ❸ [/] | ❹ ____ | ❺ quiz 1 | ❻ quiz 2 | ❼ quiz 3 | ❽ quiz 4 | ❾ quiz 5 |

	hypothesis	가설		agile	민첩한
	methodology	방법론		alert	또렷한
	fruitless	성과가 없는		oasis	오아시스
	philosophy	철학		capability	능력
	ignorance	무지		non-dominant	비우세(손)
	verify	검증하다		pathway	경로
	scenario	시나리오		flexibility	유연성
	insight	통찰		stimulate	자극하다
	trial	시도	25	bachelor	학사
	serendipity	우연한 뜻밖의 발견		master's	석사
23	theory	이론		percentage	비율
	evidence	증거		exceed	초과하다
	discrepancy	불일치		selected	선정된
	relativity	상대성		OECD	경제협력개발기구(OECD)
	prediction	예측		rank	순위
	observation	관측		gap	격차
	acceptance	수용		trend	추세
	broader	더 포괄적인		attain	취득하다
	realm	영역		population	인구집단
	supersede	대체하다		double	두 배
	compatibility	양립성	26	recital	독주회
	gravity	중력		audition	오디션
24	midday	한낮		discrimination	차별
	refresh	재정비하다		violence	폭력
	productivity	생산성		frustrated	좌절한

Voca

| ❶ voca | ❷ text | ❸ [/] | ❹ ____ | ❺ quiz 1 | ❻ quiz 2 | ❼ quiz 3 | ❽ quiz 4 | ❾ quiz 5 |

	violence	폭력			inequality	불평등
	frustrated	좌절한			citizen	시민
	settle	정착하다			assign	부여하다
	reputation	명성			safeguard	보호하다
	musician	음악가			institution	제도
	activist	운동가			priority	우선순위
	lesson	레슨		31	statistic	통계
29	genome	유전체			quantitative	정량적인
	mutation	돌연변이			classification	분류
	coding sequence	코딩 서열			framework	체계
	neutral	중립의			aggregation	집계
	progeny	자손			authority	권위
	disrupt	붕괴시키다			policy	정책
	perpetuate	영속시키다			phenomenon	현상
	selection	선택			convention	관행
	organism	유기체			macro	거시의
	specification	특성(명세)			trust	신뢰
	reproduce	번식하다			technology	기술
	exploit	활용하다		32	perspective	관점
30	liberal	자유주의의			expertise	전문성
	Confucian	유교의			vocabulary	어휘
	flourishing	번영			component	구성 요소
	integrity	온전함			communicate	소통하다
	egalitarian	평등주의의			microorganism	미생물
	welfare	복지			complex	복잡한

Voca

| ❶ voca | ❷ text | ❸ [/] | ❹ ____ | ❺ quiz 1 | ❻ quiz 2 | ❼ quiz 3 | ❽ quiz 4 | ❾ quiz 5 |

	dedicated	전념한		polarize	양극화하다
	manageability	관리 가능성		theory	이론
	enhance	향상시키다		opinion	의견
	chemistry	화학	35	unit	단위
33	palace	궁전		meter	미터
	intimidate	위협하다		Fahrenheit	화씨
	visibility	가시성		Celsius	섭씨
	window	창문		Kelvin	켈빈
	awe	경외		scale	척도
	grandeur	웅장함		arbitrary	임의의
	authority	권위		description	서술
	surveillance	감시		separation	분리(거리)
	sightline	시야		value	값
	obedience	복종		dependence	의존
	architecture	건축		convert	변환하다
	dynamic	역학 관계	36	absorb	흡수하다
34	campaign	선거 운동		dehydrate	탈수시키다
	mute	침묵하다		swell	부풀다
	unpopular	비인기 있는		salt	소금
	spiral	나선		seawater	바닷물
	publicity	주목(홍보)		fluid	체액
	sticker	스티커		plate	접시
	button	배지		sponge	스펀지
	perceive	인식하다		principle	원리
	express	표현하다		shrink	쪼그라들다

Voca

| ❶ voca | ❷ text | ❸ [/] | ❹ _____ | ❺ quiz 1 | ❻ quiz 2 | ❼ quiz 3 | ❽ quiz 4 | ❾ quiz 5 |

37	creature	생물	39	waste	폐기(물)
	concentration	농도		demand	수요
	antenna	더듬이		supply	공급
	club-shaped	곤봉 모양의		obsolescence	노후화
	feathery	깃털 모양의		repair	수리
	rest	쉬다		remanufacturing	재제조
	hook	갈고리		lease	임대하다
	forewing	앞날개		ownership	소유권
	hindwing	뒷날개		maintenance	유지보수
	nocturnal	야행성의		durable	내구성이 높은
	stereotype	고정관념		consumer	소비자
	butterfly	나비		replacement	교체
	moth	나방	40	leap second	윤초
	distinction	구별		rotation	자전
38	stewardship	관리 책임		wobble	흔들림
	active	적극적		El Niño	엘니뇨
	inactive	소극적		millisecond	밀리초
	translocation	서식지 이전		gravity	중력
	habitat	서식지		drag	저항(항력)
	predator	포식자		man-made	인공의
	neonate	갓 태어난 새끼		acknowledge	인정하다
	control	통제		align	맞추다
	improvement	개선		modify	수정하다
	influence	영향		discrepancy	불일치
	population	개체군	41~42	contract	수축하다

Voca

	relax	이완하다			
	coordinate	조정하다			
	tension	긴장			
	rotation	회전			
	nurture	양육(환경)			
	opposition	대립			
	paradox	역설			
	muscular	근육의			
	strength	근력			
43~45	banner	현수막			
	charity	자선			
	marathon	마라톤			
	motivation	동기부여			
	injury	부상			
	recover	회복하다			
	beginner	초보자			
	whistle	호각			
	finish line	결승선			
	gratitude	감사			
	relief	안도			
	pride	자부심			

Voca Test

❶ voca	❷ text	❸ [/]	❹ ____	❺ quiz 1	❻ quiz 2	❼ quiz 3	❽ quiz 4	❾ quiz 5

	voca			voca	
18	bookshelf			professional	
	delivery			patient	
	manager			appropriate	
	schedule			confidential	
	inconvenience			respect	
	specific			relationship	
	promptly			frequently	
	available			embarrassing	
	reschedule			self-disclosure	
	address			focus	
	assurance			friendly	
	follow-up		21	swab	
19	stumble			gargle	
	injure			lemon	
	desperation			bitter	
	aroma			non-taster	
	cabin			supertaster	
	faint			pattern	
	glow			preference	
	hardship			alcoholism	
	relief			dehydrate	
	darkness			broccoli	
	notice			flexibility	
	window		22	experiment	
20	boundary			curiosity	

Voca Test

❶ voca ❷ text ❸ [/] ❹ ____ ❺ quiz 1 ❻ quiz 2 ❼ quiz 3 ❽ quiz 4 ❾ quiz 5

	voca			voca	
	hypothesis			agile	
	methodology			alert	
	fruitless			oasis	
	philosophy			capability	
	ignorance			non-dominant	
	verify			pathway	
	scenario			flexibility	
	insight			stimulate	
	trial		25	bachelor	
	serendipity			master's	
23	theory			percentage	
	evidence			exceed	
	discrepancy			selected	
	relativity			OECD	
	prediction			rank	
	observation			gap	
	acceptance			trend	
	broader			attain	
	realm			population	
	supersede			double	
	compatibility		26	recital	
	gravity			audition	
24	midday			discrimination	
	refresh			violence	
	productivity			frustrated	

Voca Test

❶ voca	❷ text	❸ [/]	❹ ＿＿	❺ quiz 1	❻ quiz 2	❼ quiz 3	❽ quiz 4	❾ quiz 5

	voca			voca	
	violence			inequality	
	frustrated			citizen	
	settle			assign	
	reputation			safeguard	
	musician			institution	
	activist			priority	
	lesson		31	statistic	
29	genome			quantitative	
	mutation			classification	
	coding sequence			framework	
	neutral			aggregation	
	progeny			authority	
	disrupt			policy	
	perpetuate			phenomenon	
	selection			convention	
	organism			macro	
	specification			trust	
	reproduce			technology	
	exploit		32	perspective	
30	liberal			expertise	
	Confucian			vocabulary	
	flourishing			component	
	integrity			communicate	
	egalitarian			microorganism	
	welfare			complex	

Voca Test

❶ voca　　❷ text　　❸ [/]　　❹ ______　　❺ quiz 1　　❻ quiz 2　　❼ quiz 3　　❽ quiz 4　　❾ quiz 5

	dedicated			polarize	
	manageability			theory	
	enhance			opinion	
	chemistry		35	unit	
33	palace			meter	
	intimidate			Fahrenheit	
	visibility			Celsius	
	window			Kelvin	
	awe			scale	
	grandeur			arbitrary	
	authority			description	
	surveillance			separation	
	sightline			value	
	obedience			dependence	
	architecture			convert	
	dynamic		36	absorb	
34	campaign			dehydrate	
	mute			swell	
	unpopular			salt	
	spiral			seawater	
	publicity			fluid	
	sticker			plate	
	button			sponge	
	perceive			principle	
	express			shrink	

Voca Test

❶ voca	❷ text	❸ [/]	❹ ____	❺ quiz 1	❻ quiz 2	❼ quiz 3	❽ quiz 4	❾ quiz 5

	voca				
	creature		39	waste	
	concentration			demand	
37	antenna			supply	
	club-shaped			obsolescence	
	feathery			repair	
	rest			remanufacturing	
	hook			lease	
	forewing			ownership	
	hindwing			maintenance	
	nocturnal			durable	
	stereotype			consumer	
	butterfly			replacement	
	moth		40	leap second	
	distinction			rotation	
38	stewardship			wobble	
	active			El Niño	
	inactive			millisecond	
	translocation			gravity	
	habitat			drag	
	predator			man-made	
	neonate			acknowledge	
	control			align	
	improvement			modify	
	influence			discrepancy	
	population		41~42	contract	

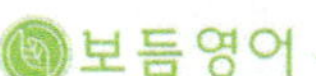

Voca Test

	❶ voca	❷ text	❸ [/]	❹ _____	❺ quiz 1	❻ quiz 2	❼ quiz 3	❽ quiz 4	❾ quiz 5
	relax								
	coordinate								
	tension								
	rotation								
	nurture								
	opposition								
	paradox								
	muscular								
	strength								
43~45	banner								
	charity								
	marathon								
	motivation								
	injury								
	recover								
	beginner								
	whistle								
	finish line								
	gratitude								
	relief								
	pride								

Voca Test

| ❶ voca | ❷ text | ❸ [/] | ❹ ____ | ❺ quiz 1 | ❻ quiz 2 | ❼ quiz 3 | ❽ quiz 4 | ❾ quiz 5 |

18	책장			직업적인
	배송			환자
	매니저			적절한
	일정			비밀의
	불편			존중
	구체적인			관계
	신속하게			자주
	수령 가능한			난처한
	일정을 재조정하다			자기노출
	문제를 처리하다			초점
	확약			친절한
	후속 조치		21	면봉
19	비틀거리다			가글하다
	부상 입히다			레몬
	자포자기			쓴
	향기			미각 둔감자
	오두막			초미각자
	희미한			양상
	은은한 빛			선호
	고난			알코올 중독
	안도			탈수되다
	어둠			브로콜리
	알아차리다			유연성
	창문		22	실험
20	경계			호기심

Voca Test

| ❶ voca | ❷ text | ❸ [/] | ❹ _____ | ❺ quiz 1 | ❻ quiz 2 | ❼ quiz 3 | ❽ quiz 4 | ❾ quiz 5 |

	가설			민첩한	
	방법론			또렷한	
	성과가 없는			오아시스	
	철학			능력	
	무지			비우세(손)	
	검증하다			경로	
	시나리오			유연성	
	통찰			자극하다	
	시도		25	학사	
	우연한 뜻밖의 발견			석사	
23	이론			비율	
	증거			초과하다	
	불일치			선정된	
	상대성			경제협력개발기구(OECD)	
	예측			순위	
	관측			격차	
	수용			추세	
	더 포괄적인			취득하다	
	영역			인구집단	
	대체하다			두 배	
	양립성		26	독주회	
	중력			오디션	
24	한낮			차별	
	재정비하다			폭력	
	생산성			좌절한	

Voca Test

❶ voca	❷ text	❸ [/]	❹ ＿＿＿	❺ quiz 1	❻ quiz 2	❼ quiz 3	❽ quiz 4	❾ quiz 5

	폭력			불평등		
	좌절한			시민		
	정착하다			부여하다		
	명성			보호하다		
	음악가			제도		
	운동가			우선순위		
	레슨		31	통계		
29	유전체			정량적인		
	돌연변이			분류		
	코딩 서열			체계		
	중립의			집계		
	자손			권위		
	붕괴시키다			정책		
	영속시키다			현상		
	선택			관행		
	유기체			거시의		
	특성(명세)			신뢰		
	번식하다			기술		
	활용하다		32	관점		
30	자유주의의			전문성		
	유교의			어휘		
	번영			구성 요소		
	온전함			소통하다		
	평등주의의			미생물		
	복지			복잡한		

Voca Test

❶ voca　　❷ text　　❸ [/]　　❹ _____　　❺ quiz 1　　❻ quiz 2　　❼ quiz 3　　❽ quiz 4　　❾ quiz 5

	전념한			양극화하다	
	관리 가능성			이론	
	향상시키다			의견	
	화학		35	단위	
33	궁전			미터	
	위협하다			화씨	
	가시성			섭씨	
	창문			켈빈	
	경외			척도	
	웅장함			임의의	
	권위			서술	
	감시			분리(거리)	
	시야			값	
	복종			의존	
	건축			변환하다	
	역학 관계		36	흡수하다	
34	선거 운동			탈수시키다	
	침묵하다			부풀다	
	비인기 있는			소금	
	나선			바닷물	
	주목(홍보)			체액	
	스티커			접시	
	배지			스펀지	
	인식하다			원리	
	표현하다			쪼그라들다	

Voca Test

❶ voca	❷ text	❸ [/]	❹ _____	❺ quiz 1	❻ quiz 2	❼ quiz 3	❽ quiz 4	❾ quiz 5

	생물		39	폐기(물)	
	농도			수요	
37	더듬이			공급	
	곤봉 모양의			노후화	
	깃털 모양의			수리	
	쉬다			재제조	
	갈고리			임대하다	
	앞날개			소유권	
	뒷날개			유지보수	
	야행성의			내구성이 높은	
	고정관념			소비자	
	나비			교체	
	나방		40	윤초	
	구별			자전	
38	관리 책임			흔들림	
	적극적			엘니뇨	
	소극적			밀리초	
	서식지 이전			중력	
	서식지			저항(항력)	
	포식자			인공의	
	갓 태어난 새끼			인정하다	
	통제			맞추다	
	개선			수정하다	
	영향			불일치	
	개체군		41~42	수축하다	

Voca Test

❶ voca	❷ text	❸ [/]	❹ _____	❺ quiz 1	❻ quiz 2	❼ quiz 3	❽ quiz 4	❾ quiz 5
	이완하다							
	조정하다							
	긴장							
	회전							
	양육(환경)							
	대립							
	역설							
	근육의							
	근력							
43~45	현수막							
	자선							
	마라톤							
	동기부여							
	부상							
	회복하다							
	초보자							
	호각							
	결승선							
	감사							
	안도							
	자부심							

2025 고2 10월 모의고사

❶ voca　　❷ text　　❸ [/]　　❹ ＿＿＿　　❺ quiz 1　　❻ quiz 2　　❼ quiz 3　　❽ quiz 4　　❾ quiz 5

2025년_고2_10월_18

❶ To the Customer Service Team,
About a month ago, my wife and I purchased a set of bookshelves from your store.
고객 서비스 팀께,
약 한 달 전, 제 아내와 저는 귀하의 매장에서 책장 한 세트를 구입했습니다.

❷ I was truly excited to find furniture that perfectly matched our new home.
저는 저희의 새집에 완벽하게 어울리는 가구를 찾게 되어서 진심으로 들떴습니다.

❸ When we bought the bookshelves, the manager said it would take four weeks for delivery, which was last weekend.
저희가 책장을 구입했을 때, 매니저가 배송에 4주가 걸릴 것이라고 말했고 그것은 지난 주말이었습니다.

❹ We had set our plans to ensure someone would be available to receive the delivery; however, no one came with the bookshelves that day.
저희는 누군가 배송을 받을 수 있도록 확실히 하기 위해 저희의 계획을 세웠었습니다. 그러나 그날 아무도 책장을 가지고 오지 않았습니다.

❺ This delay has caused us considerable inconvenience.
이 지연은 저희에게 상당한 불편함을 초래했습니다.

❻ Therefore, please provide a clear and specific delivery date.
그러므로 명확하고 구체적인 배송 날짜를 알려 주시기 바랍니다.

❼ We expect this issue to be addressed promptly, so that we can reorganize our schedule to receive the delivery without any confusion.
저희가 어떠한 혼란도 없이 배송을 받을 수 있게 저희의 일정을 재조정할 수 있도록 이 문제가 신속하게 처리되기를 기대합니다.

2025년_고2_10월_19

❶ I was heading in the direction of a forest road that I knew would take me home.
나를 집으로 데려다줄 것이라고 내가 알고 있던 숲길 방향으로 나는 향하고 있었다.

❷ But almost as though someone had switched off all the lights I was suddenly in a black forest with no light of any kind.
하지만 마치 누군가가 모든 불을 꺼 버린 것처럼 나는 갑자기 어떤 종류의 빛도 없는 암흑의 숲속에 있었다.

❸ Feeling lost, I stumbled. I fell. I tore my clothes and injured myself falling down a hill.
어찌할 바를 모른 채 나는 비틀거리며 걸었다. 나는 넘어졌다. 언덕에서 굴러 떨어져 나는 옷이 찢어지고 다쳤다.

❹ In desperation I stopped and leaned against a tree.
나는 자포자기한 채 멈춰서서 나무에 기대었다.

❺ I have no idea where I am now. Will anyone even notice that I'm gone?
'내가 지금 어디에 있는지 전혀 모르겠어. 내가 사라진 것을 누군가 알아차리기는 할까?'

❻ It was then that a faint aroma drifted through the darkness: the scent of cooking.
어둠을 통해 희미한 향이 바람에 날려 온 것은 바로 그때였다. 요리 냄새였다.

❼ I stumbled towards it, and soon, a faint, yellowish light glowed through the trees.
나는 비틀거리며 그것을 향해 걸어갔고, 곧 희미한 누르스름한 빛이 나무 사이로 반짝였다.

❽ It was Uncle Krull's cabin and I could see him through the window!
그것은 Krull 삼촌의 오두막이었고 나는 창문을 통해 그를 볼 수 있었다!

❾ Thankful beyond words, I knew I could finally ask for help.
말로 표현할 수 없을 정도로 감사하며 내가 마침내 도움을 요청할 수 있다는 것을 나는 알게 되었다.

❿ My hardship was over.
나의 고난이 끝났다.

2025년_고2_10월_20

❶ When you are working in healthcare, it is important to develop a solid professional relationship with your patients.
여러분이 의료 분야에서 일할 때, 여러분의 환자들과 견고한 직업적인 관계를 발전시키는 것이 중요하다.

❷ By establishing realistic self-boundaries, you can protect that relationship.
현실적인 자기 경계를 설정함으로써, 여러분은 그 관계를 보호할 수 있다.

❸ It is important to keep the focus on the patient.
초점을 환자에게 두는 것이 중요하다.

❹ When working with patients who are seen frequently, it is easy to start to think of them as friends.
자주 보게 되는 환자들을 상대로 일할 때는, 그들을 친구처럼 여기기 시작하기 쉽다.

❺ With a friend, you are likely to share personal information that is not appropriate with a patient.
여러분은 환자와는 공유하기 적절하지 않은 개인 정보를 친구와 공유할 가능성이 있다.

❻ Patients may feel that they cannot share important health-related information because you are their friend, and it would be embarrassing to share that information.
환자들은 여러분이 자신들의 친구이기 때문에 중요한 건강 관련 정보를 자신들이 공유할 수 없다고 느낄 수도 있고, 그 정보를 공유하는 것이 난처할 수 있다.

❼ Self-boundaries can also be thought of as professional boundaries.
자기 경계는 직업적인 경계로 여겨질 수도 있다.

❽ You need to treat patients with respect and keep the relationship professional.
여러분은 환자들을 존중으로 대하고 그 관계를 직업적으로 유지할 필요가 있다.

❾ Be friendly to patients and always keep the focus on the patient.
환자들에게 친절하고 항상 환자에게 초점을 두어라.

2025년_고2_10월_21

❶ Coat a fresh, wet swab in salt, and gently touch various spots on your tongue, recording where your taste seems strongest.
새로운 젖은 면봉에 소금을 묻히고 여러분의 미각이 가장 강렬하다고 느껴지는 곳을 기록하면서, 혀의 다양한 부위들에 부드럽게 대 보아라.

❷ Then, gargle with water to thoroughly clean your tongue, use a swab coated with sugar on the same spots, and record those results.
그런 다음, 여러분의 혀를 완전히 씻어 내기 위해 물로 헹구고, 설탕이 묻은 면봉을 같은 부위들에 사용하고, 그 결과들을 기록하라.

❸ Gargle again, and then swab with lemon juice. After a final gargle, try coffee.
다시 헹구고 그런 다음 레몬주스를 면봉으로 혀에 발라라. 마지막 헹굼 이후에 커피로 해 보아라.

❹ Compare your reactions with your friends.
여러분의 반응들을 친구들의 것들과 비교하라.

❺ Your taste pattern may reveal more than just taste preferences.
여러분의 미각 패턴은 단순히 맛에 대한 선호도보다 더 많은 것을 드러낼지도 모른다.

❻ Recent studies suggest links between taster status and behavioral disorders.
최근의 연구들은 미각자의 위계와 행동 장애 사이의 연관성을 보여 준다.

❼ For example, "non-tasters" tend to have a higher incidence of alcoholism, perhaps because liquor seems less bitter to them.
예를 들어 '미각 둔감자'는 더 높은 알코올 중독 발생률을 가지는 경향이 있는데, 아마도 술이 그들에게 덜 쓰다고 느껴지기 때문일 것이다.

❽ Conversely, "super-tasters" may avoid nutritious but mildly bitter foods such as broccoli, thus depriving themselves of a balanced diet.
반대로 '초미각자'는 브로콜리와 같이 영양가 있지만 약간 쓴 음식들을 피할지도 모르고, 그러므로 스스로에게 균형 잡힌 식단을 주지 않을 수도 있다.

❾ So, although taste is not nearly as glamorous as vision, hearing, or even touch, it makes sense for you to pay closer attention to it because chemistry, at least in your mouth, could be destiny.
그래서 비록 미각이 시각, 청각, 또는 심지어 촉각만큼 화려하지는 않지만, 적어도 여러분의 입안에서는, 화학작용이 운명이 될 수 있기 때문에 여러분이 그것에 좀 더 세심한 주의를 기울이는 것이 타당하다.

2025년_고2_10월_22

❶ Experiments testify to science's embrace of ignorance.
실험들은 과학의 무지에 대한 수용을 증명한다.

❷ Arguably the worst thing a scientist can do is to suppose they know what will happen in a given scenario without bothering to check.
거의 틀림없이 과학자가 할 수 있는 가장 최악의 것은 그들이 확인하려는 수고를 들이지 않고 주어진 시나리오에서 일어날 일을 그들이 안다고 가정하는 것이다.

❸ The rise of the experimental philosophy coincided with the liberation of curiosity as a valuable rather than a questionable attribute.
실험 철학의 등장은 의심스러운 특성이 아닌 가치 있는 특성으로서의 호기심의 해방과 동시에 일어났다.

❹ For all that experimental science today is often assumed to be supported by a philosophical framework and an approved methodology ("state your hypothesis and then test it"), the fact is that, as philosopher of science Ian Hacking says, "One can conduct an experiment simply out of curiosity to see what will happen."
오늘날의 실험 과학은 철학적 틀과 승인된 방법론('가설을 세우고 나서 그것을 검증하라')에 의해 뒷받침되고 있다고 종종 여겨지지만, 사실은 과학 철학자 Ian Hacking이 말하듯이, '누군가는 무슨 일이 일어날 것인지를 알아보기 위해 그저 호기심에서 실험을 수행할 수도 있다.'

❺ Indeed, in the view of Charles Darwin's son, the astronomer George Darwin, once in a while one should do a completely crazy experiment, even if it is most likely to prove fruitless.
게다가 Charles Darwin의 아들인 천문학자 George Darwin의 관점에서는 비록 그것이 효과 없는 것으로 증명될 가능성이 대단히 크더라도 가끔 누군가는 완전히 무모한 실험을 해야 한다.

❻ You never know until you try.
여러분은 여러분이 시도하기 전까지는 절대 알 수 없다.

2025년_고2_10월_23

❶ We can discard or replace a scientific theory only if we have a better way of explaining the evidence that supports it.
단지 우리가 그것을 뒷받침하는 증거를 설명하는 더 나은 방법이 있을 때에만 우리는 과학 이론을 버리거나 대신할 수 있다.

❷ The theories of Newton and Einstein offer great examples.
뉴턴과 아인슈타인의 이론들이 훌륭한 예시들을 제공한다.

❸ A vast body of evidence supports Newton's theory of gravity, but by the late nineteenth century scientists had begun to discover cases where its predictions did not perfectly match observations.
방대한 양의 증거가 뉴턴의 중력 이론을 뒷받침해 주지만, 19세기 후반에 이르러 과학자들은 그것의 예측들이 관찰 결과와 완벽하게 일치하지 않는 경우들을 발견하기 시작했다.

❹ These discrepancies were explained only when Einstein developed his general theory of relativity, which was able to match the observations.
이러한 불일치들은 아인슈타인이 자신의 일반 상대성 이론을 전개했을 때 비로소 설명될 수 있었고, 그것은 관찰 결과와 일치할 수 있었다.

❺ Still, the many successes of Newton's theory could not be ignored, and Einstein's theory would not have gained acceptance if it had not been able to explain these successes equally well.
그럼에도 불구하고, 뉴턴의 이론의 많은 성과는 무시될 수 없었고, 아인슈타인의 이론이 만약 이러한 성과를 똑같이 잘 설명할 수 없었다면 인정을 받지 못했을 것이다.

❻ It did, and that is why we now view Einstein's theory as a broader theory of gravity than Newton's theory.
그것은 그렇게 했고, 그것이 우리가 오늘날 아인슈타인의 이론을 뉴턴의 이론보다 더 포괄적인 중력 이론으로 보는 이유이다.

❼ Some scientists today are seeking a theory of gravity that will go beyond Einstein's.
오늘날 몇몇의 과학자들은 아인슈타인의 이론을 넘어설 중력 이론을 찾고 있다.

❽ If any new theory ever gains acceptance, it will have to match all the successes of Einstein's theory as well as work in new realms where Einstein's theory does not.
만약 어떤 새로운 이론이 언젠가 인정을 받는다면, 그것은 아인슈타인의 이론이 작동하지 않는 새로운 영역에서 작동할 뿐만 아니라 아인슈타인의 이론의 모든 성과에 필적해야 할 것이다.

2025년_고2_10월_24

❶ Imagine pausing in the middle of a busy day, taking a moment to refresh your mind and recharge your energy.
바쁜 하루의 중간에 잠시 멈춰서, 정신을 새롭게 하고 에너지를 재충전하는 순간을 가지는 것을 상상해 보라.

❷ This power of a midday break is often underestimated.
이러한 한낮의 휴식의 힘은 종종 과소평가된다.

❸ When you break away from routine, especially with activities designed to stimulate your brain, you prevent cognitive tiredness and enhance productivity for the rest of the day.
여러분이 특히 여러분의 두뇌를 자극하도록 설계된 활동들을 가지고 일상에서 벗어날 때 여러분은 인지적 피로를 예방하고 남은 하루 동안의 생산성을 높인다.

❹ Neurobic exercises — simple yet effective — are perfect for such breaks. They target different areas of your brain, keeping it agile and alert.
간단하지만 효과적인 뉴로빅 운동이 그러한 휴식 시간에 꼭 알맞다. 그것들은 여러분의 뇌의 다른 영역들을 겨냥하여, 그것을 기민하고 민첩하게 유지한다.

❺ These exercises create a mental oasis that refreshes and prepares you for the afternoon's challenges.
이러한 운동들은 오후의 힘든 일들을 위해 여러분을 기운 나게 하고 준비시켜 주는 정신적 오아시스를 만들어 준다.

❻ This strategic pause is not just a break; it boosts your cognitive capabilities, ensuring your mind remains sharp and focused.
이 전략적인 멈춤은 단순한 휴식이 아니며, 그것은 여러분의 인지 능력을 증대시키고 여러분의 정신이 또렷하고 집중된 상태가 유지되도록 보장해 준다.

❼ Even briefly experimenting with neurobic exercises can work wonders for your cognitive state during lunch.
짧게 뉴로빅 운동들을 시도하는 것만으로도 점심시간 동안 여러분의 인지 상태에 기적 같은 효과를 낳을 수 있다.

❽ Start with using your non-dominant hand for routine tasks like writing or eating.
글쓰기 또는 식사와 같은 일상적인 과업들을 위해 여러분의 주되지 않은 손을 사용하는 것으로 시작하라.

❾ This simple switch challenges your brain, activating pathways that aren't typically engaged and promoting greater flexibility in thinking.
이 간단한 전환이 여러분의 뇌를 자극하여, 전형적으로 사용되지 않는 경로들을 활성화시키고 사고에서의 더 큰 연성을 촉진시킨다.

2025년_고2_10월_25

❶ The graph above illustrates the percentage of 25-to 34-year-olds (young adults) who attained either a bachelor's or a master's degree as their highest degree in five selected OECD countries as of 2022.
위 그래프는 2022년 5개의 선택된 OECD 국가들에서 그들의 최종 학위로 학사 또는 석사 학위를 취득한 25세에서 34세 사이의 사람들(젊은 성인들)의 비율을 보여 준다.

❷ The Republic of Korea had the highest percentage of young adults with a bachelor's as their highest degree, but the lowest percentage of those with a master's as their highest degree.
한국은 최종 학위가 학사인 젊은 성인들의 비율은 가장 높았지만, 최종 학위가 석사인 젊은 성인들의 비율은 가장 낮았다.

❸ New Zealand had the second-highest percentage of young adults with a bachelor's as their highest degree, followed by the United States.
뉴질랜드는 최종 학위가 학사인 젊은 성인들의 비율이 두 번째로 높았고, 그다음은 미국이었다.

❹ In Luxembourg and France, the percentage of young adults with a master's as their highest degree exceeded that of those with a bachelor's as their highest degree, unlike the other three countries.
룩셈부르크와 프랑스에서는, 나머지 세 국가와는 다르게, 최종 학위가 석사인 젊은 성인들의 비율이 최종 학위가 학사인 젊은 성인들의 비율을 초과했다.

❺ In Luxembourg, the percentage of young adults with a master's as their highest degree was more than double that of those with a bachelor's as their highest degree.
룩셈부르크에서는 최종 학위가 석사인 젊은 성인들의 비율이 최종 학위가 학사인 젊은 성인들의 비율의 두 배를 넘지 않았다.

❻ France showed the smallest gap of 9 percentage points between the percentages of young adults with a bachelor's and a master's as their highest degree.
프랑스는 최종 학위가 학사인 젊은 성인들의 비율과 석사인 젊은 성인들의 비율이 9퍼센트 포인트로 가장 적은 차이를 보였다

2025년_고2_10월_26

❶ Eunice Kathleen Waymon was an American musician and civil rights activist.
Eunice Kathleen Waymon은 미국의 음악가이자 인권 운동가였다.

❷ She displayed musical talent from an early age.
그녀는 어린 나이부터 음악적 재능을 보였다.

❸ At 12, during her first classical recital, her parents' seats, originally near the front, were moved to the back against their will to make seats for white people.
12살에 그녀의 첫 클래식 독주회에서 원래는 앞쪽에 가까웠던 그녀의 부모님의 자리가 백인들에게 자리를 만들어 주기 위해 그들의 의지에 반하여 뒤로 밀려났다.

❹ After graduating from high school, she prepared for an audition at the Curtis Institute of Music, but her application was rejected, which she attributed to racial discrimination.
고등학교를 졸업한 뒤, 그녀는 Curtis Institute of Music의 오디션을 준비했지만, 그녀의 지원은 거부되었고, 그녀는 이를 인종 차별 때문이라고 여겼다.

❺ To fund her private lessons, she began performing in Atlantic City, adopting the stage name "Nina Simone."
자신의 개인 레슨비를 마련하기 위해, 그녀는 Atlantic City에서 공연을 시작하면서 'Nina Simone'이라는 예명을 택했다.

❻ In the 1960s, she became a supporter of the Civil Rights Movement and composed and performed songs as a response to racism and violence in the Southern United States.
1960년대에 그녀는 Civil Rights Movement의 지지자가 되었고, 미국 남부의 인종 차별과 폭력에 대응하는 노래들을 작곡하고 공연했다.

❼ Frustrated by the racism in the United States, she left the country in 1970, living in various places before settling in France.
미국에서의 인종 차별에 좌절하여, 그녀는 1970년에 그 나라를 떠나 프랑스에 정착하기 전에 여러 지역들에서 살았다.

❽ She passed away in 2003 but her reputation continues through her powerful music.
그녀는 2003년에 세상을 떠났지만, 그녀의 명성은 그녀의 감동적인 음악을 통해 계속 이어지고 있다.

2025년_고2_10월_29

❶ When a cell divides, the genomes of its two daughters are often not quite identical to each other or to that of the parent cell.
세포가 분열할 때, 그것의 두 딸세포들의 유전체들은 종종 서로 간에도, 또는 모세포의 그것과도 완전히 일치하지는 않는다.

❷ On rare occasions, the error may represent a change for the better; more probably, it will cause no significant difference in the cell's prospects.
드물게 그 오류가 더 나은 것으로의 변화를 나타낼 수도 있지만, 더 높은 확률로 그것은 세포의 전망에 큰 차이를 일으키지 않을 것이다.

❸ But in some cases, the error will cause serious damage; for example, by disrupting the coding sequence for a key protein.
그러나 어떤 경우에는 그 오류가 심각한 손상을 초래할 것이다. 예를 들어 핵심 단백질의 코딩 서열을 망가뜨림으로써 그렇게 할 것이다.

❹ Changes due to mistakes of the first type will tend to be perpetuated, because the altered cell has an increased likelihood of reproducing itself.
첫 번째 유형의 실수로 인한 변화들은 영속되는 경향이 있을 것인데, 변화가 일어난 세포가 스스로를 복제할 높아진 가능성을 가지고 있기 때문이다.

❺ Changes due to mistakes of the second type — neutral changes — may be perpetuated or not: it is a matter of chance whether the altered cell or its cousins will succeed.
두 번째 유형의 실수로 인한 변화들, 즉, '중립적인' 변화들은 영속될 수도 있고 아닐 수도 있다. 변화가 일어난 세포나 그것의 사촌들이 성공할지는 운의 문제이다.

❻ But changes that cause serious damage lead nowhere: the cell that suffers them dies, leaving no progeny.
그러나 심각한 손상을 초래하는 변화들은 어느 곳에도 닿지 못한다. 그것들을 겪는 세포는 죽고, 자손을 남기지 않기 때문이다.

❼ Through endless repetition of this cycle of mutation and natural selection organisms evolve: their genetic specifications change, sometimes give organisms new ways to exploit the environment more effectively, to survive in competition with others, and to reproduce successfully.
이러한 '돌연변이'와 '자연 선택'의 순환의 끊임없는 반복을 통해 유기체들은 진화한다. 그들의 유전적 특성들은 변화해서, 유기체에게 환경을 더 효과적으로 활용하고, 다른 것들과의 경쟁 속에서 살아남으며, 그리고 성공적으로 번식할 수 있는 새로운 길들을 때로는 제공한다.

❶ Within liberal culture, the value of fair equality of opportunity for individuals outweighs the preservation of the family's integrity.

자유주의 문화 내에서는, 개인들을 위한 기회의 공정한 평등이라는 가치가 가족의 온전함을 보존하는 것보다 중대하다.

❷ In contrast, for Confucian culture, while seeking fair equality of opportunity for individuals is important, the family assumes a fundamental role in human flourishing, and living within a family institution is considered the essential way of life.

이에 반해 유교 문화에서는, 개인들을 위한 기회의 공정한 평등을 추구하는 것이 중요하지만, 가족은 인간의 번영에 있어 근본적인 역할을 맡으며, 가족 제도 안에서 사는 것이 삶의 본질적인 방식으로 간주된다.

❸ Individuals are primarily understood as family members before they are regarded as state citizens.

개인들은 국가의 시민으로 여겨지기 전에 우선적으로 가족 구성원으로 이해된다.

❹ Therefore, for Confucians, the family possesses inherent value that should never be abandoned, even if it results in certain societal inequalities.

그러므로 유교를 따르는 사람들에게는, 가족은 그것이 어떤 사회적 불평등을 초래할지라도, 결코 포기되어서는 안 되는 내재적인 가치를 지닌다.

❺ Some cultures, like the liberal one, may choose to impose increasing restrictions on the role of families and implement more egalitarian government programs for education, healthcare, and other positive rights in society in the pursuit of fair equality of opportunity.

자유주의 문화와 같은 일부 문화들은, 가족의 역할에 점점 더 많은 제약들을 부과하고, 기회의 공정한 평등을 추구하면서 교육, 의료, 그리고 다른 적극적 권리들에 대한 더 인류 평등주의의 정부 프로그램들을 사회에서 실행하기를 택할지도 모른다.

❻ On the other hand, other cultures, like the Confucian one, may prefer to primarily assign welfare responsibilities to the family, accepting inequalities stemming from the existence of the family as long as everyone's basic freedoms and rights are safeguarded in the state.

반면 유교 문화와 같은 다른 문화들은, 국가에서 모든 사람의 기본적 자유와 권리들이 보장되는 한, 가족의 존재로 인해 발생하는 불평등을 용인하며 복지에 대한 책임을 우선적으로 가족에게 부여하는 것을 선호할지도 모른다.

2025년_고2_10월_31

❶ Statistics in the twentieth century became the systematic collection of quantitative information needed by the state.
20세기의 통계 자료는 국가에 의해서 요구되는 정량적인 정보의 체계적인 모음집이 되었다.

❷ This process occurred in all the industrialised countries as a key part of their becoming modern states.
이러한 과정은 모든 산업 국가에서 그것들이 근대 국가가 되는 것의 핵심적인 요소로 생겨났다.

❸ Desrosières writes: "It is difficult to think simultaneously that the objects being measured really do exist and that this is only a convention".
Desrosières는 '측정되는 대상들이 실제로 확실히 존재한다는 것과 이것이 단지 하나의 관행이라는 것을 동시에 생각하기는 어렵다'라고 쓴다.

❹ Yet this is the case.
그러나 이는 사실이다.

❺ Phenomena such as prices being charged and products being sold exist, but the categories and classification frameworks supporting the collection, aggregation, and organisation of official statistics are devised to serve the purposes of the state, for macroeconomic or for social policies.
가격이 부과되는 것이나 제품이 판매되는 것과 같은 현상들은 존재하지만, 공식 통계 자료의 수집, 집계, 그리고 조직화를 뒷받침하는 범주들과 분류 체계들은 거시 경제 또는 사회 정책들을 위한 국가의 목적들에 기여하도록 고안된다.

❻ Theodore Porter described the use of statistics to create state authority : "Quantification is a way of making decisions without seeming to decide", characterising it as a "social technology" intended to build trust in authority.
Theodore Porter는 국가의 권위를 만들기 위한 통계 자료의 사용을, '정량화는 결정하는 것처럼 보이지 않으면서 결정을 내리는 방법'이라고 묘사했고, 그것을 권위에 대한 신뢰를 구축하기 위해 의도된 '사회적 기술'로 특징지었다

2025년_고2_10월_32

❶ Just as an expert in the taste and colour of wine will gain much by being aware of the chemistry that underlies those qualities, so each perspective on the body can potentially enhance the others.
와인의 맛과 색의 전문가가 그러한 특성들의 기저에 있는 화학을 알게 됨으로써 많은 것을 얻듯이, 마찬가지로 신체에 대한 각각의 관점은 아마도 다른 관점들을 향상시킬지도 모른다.

❷ And yet every scientific tool, from microscopes to mathematics, and every aspect of the body, from the brain to the microorganism, requires such depth of expertise that this tends not to happen: we tend to study the human body in silos, each community sectioned from the others by its own specialised vocabulary.
하지만 현미경에서부터 수학에 이르기까지의 모든 과학적 도구와 뇌에서부터 미생물에 이르기까지의 신체의 모든 측면은 너무 깊은 전문 지식을 필요로 해서 이런 일은 잘 발생하지 않는 경향이 있다. 즉, 우리는 각각의 공동체가 그것 자신의 전문적인 어휘에 의해 나머지 다른 것들과는 구분된 채, 인간의 신체를 개별적으로 분리해서 연구하는 경향이 있다.

❸ Research communities may be dedicated to one type of scientific tool or a specific component of the body, such as one type of cell.
연구 공동체는 한 종류의 과학적 도구 또는 한 종류의 세포와 같은 신체의 특정한 한 구성 요소에 전념할지도 모른다.

❹ How different types of cell communicate with one another becomes its own specialist topic.
다른 유형의 세포들이 서로 어떻게 소통하는지가 그 자체의 전문적인 주제가 된다.

❺ Even simple forms of life on Earth are now rarely studied as a whole, and the human body is evidently much more complex.
심지어 지구상에 있는 단순한 형태의 생명체조차도 이제는 전체로서 연구되는 경우가 드물며, 인간의 신체는 분명히 훨씬 더 복잡하다.

❻ As long ago as 1890, The Times newspaper commented that knowledge 'had already become too vast to be manageable'.
오래전인 1890년에도 'The Times' 신문은 지식이 '이미 너무 방대해져서 다루기 어렵게 되었다'라고 논평했다.

❼ Today, nobody is an expert in the whole of anything.
오늘날 아무도 어떤 것의 전체에 대한 전문가가 아니다.

2025년_고2_10월_33

❶ Historically, palaces weren't just homes; they were carefully constructed stages designed to impress and intimidate.
역사적으로 궁전들은 단순한 거처가 아니었다. 그것들은 깊은 인상을 주고 위협하기 위해 설계된 주의 깊게 만들어진 무대들이었다.

❷ While stone symbolized permanence and strength, glass offered something equally powerful: visibility.
돌은 영속성과 힘을 상징했고, 유리는 동등하게 강력한 어떤 것, 즉, 가시성을 제공했다.

❸ The introduction of large windows in palaces allowed rulers to literally look down upon their subjects, emphasizing their elevated position.
궁전 대형 창문들의 도입은 통치자들로 하여금 문자 그대로 자신들의 국민들을 내려다볼 수 있게 해 줬고, 그들의 높은 지위를 강조했다.

❹ Conversely, it also allowed subjects to gaze up at their leaders, creating a sense of awe and distance.
반대로 그것은 또한 국민들이 자신들의 통치자를 '위로' 올려다보게 했고, 경외심과 거리감을 만들어 냈다.

❺ Consider the Palace of Versailles: its Hall of Mirrors, lined with reflective surfaces, not only magnified the grandeur of the space but also placed the king at the center of a dazzling display, reinforcing his absolute authority.
베르사유 궁전을 생각해 보라. 반사되는 표면들로 일렬로 둘러싸인 그것의 거울의 방은 공간의 웅장함을 극대화했을 뿐 아니라, 왕을 눈부신 장식의 중심에 두어 그의 절대 권위를 강화했다.

❻ The use of glass in palaces wasn't merely aesthetic; it was strategic.
궁전들에서 유리의 용도는 단순히 미적인 것이 아니었다. 그것은 전략적이었다.

❼ Open sightlines allowed for better surveillance and control, ensuring the safety and security of the ruling family.
열린 시야는 더 나은 감시와 통제를 가능하게 했고, 통치 가문의 안전과 보안을 보장했다.

❽ Courtiers and visitors were constantly aware of being observed, contributing to an atmosphere of careful obedience and respect.
신하들과 방문자들은 끊임없이 관찰되고 있는 것을 의식했고, 그것은 조심스러운 복종과 존경의 분위기를 조성했다.

❾ The very architecture dictated social behavior, with glass acting as a silent enforcer of the power dynamic.
유리가 권력 역학 관계의 조용한 집행자로서 역할을 하면서 건축물 그 자체가 사회적 행동을 지배했다.

2025년_고2_10월_34

❶ As a political researcher in Germany, Noelle-Neumann observed that during election campaigns, certain views seemed to get more play than others, and sometimes people muted their opinions rather than talking about them, especially if those opinions were perceived to be unpopular.

독일의 정치 연구자로서 Noelle-Neumann은 선거 운동 기간 동안 특정 견해들이 다른 견해들보다 더 많이 다뤄지는 것처럼 보이고, 때로는 특히 그러한 의견들이 인기 없는 것으로 인식되는 경우 사람들이 그것들에 대해 말하기보다는 자신들의 의견들을 표현하지 않는 것을 목격했다.

❷ Noelle-Neumann calls this the spiral of silence.

Noelle-Neumann은 이것을 '침묵의 나선'이라고 부른다.

❸ The spiral of silence occurs when individuals who perceive that their opinions are popular express them, whereas those who do not think their opinions are popular remain quiet.

자신들의 의견이 대중적이라고 인식하는 개인들은 그것들을 표현하지만, 자신들의 의견이 대중적이라고 생각하지 않는 개인들은 조용히 있을 때 침묵의 나선이 발생한다.

❹ This process occurs in a spiral, so that one side of an issue ends up with considerable publicity and the other side with very little.

이 과정은 나선형으로 일어나 문제에 대한 한쪽 입장은 상당한 주목을 받게 되고, 다른 쪽 입장은 거의 주목받지 않게 된다.

❺ In everyday life, people express their opinions in a variety of ways: they talk about them, they wear buttons, they put bumper stickers on their cars, and they post their views on social media.

일상생활에서 사람들은 다양한 방식들로 자신들의 의견들을 표현한다. 그들은 그것들에 대해 말하고, 배지들을 달고, 자동차에 범퍼 스티커들을 붙이고, 소셜 미디어에 자신들의 견해 들을 게시한다.

❻ According to this theory, people are more apt to do these kinds of things when they perceive that others share their opinions.

이 이론에 따르면 사람들은 다른 사람들이 자신들의 의견들과 뜻을 같이한다고 인식할 때 이런 종류의 행동들을 더 많이 하는 경향이 있다.

2025년_고2_10월_35

❶ Consider units of measure, one kind of descriptive device we are familiar with using in physics.
우리가 물리학에서 사용하는 것으로 익숙한 서술 장치의 한 종류인 측정 단위들을 생각해 보라.

❷ Spatial distances can be given in terms of feet or meters or some other unit, and the physics will be the same regardless.
공간적인 거리는 피트, 미터 또는 어떤 다른 단위로 환산하여 주어질 수 있으며, 그와 관계없이 물리적 원리는 동일할 것이다.

❸ We conclude from this that physics does not prefer one unit of length over any other, and we may choose any one we like for reasons of convenience.
우리는 이로부터 물리학이 하나의 길이 단위를 다른 어떤 것보다 선호하지 않는다고 결론 내리고, 그래서 편의상의 이유로 우리는 좋아하는 어떤 단위든 선택할 수 있다.

❹ We further conclude that any feature depending on that choice, such as the particular numerical value assigned to the spatial separation between two locations, is not out there in the world apart from a choice of unit.
우리는 더 나아가 두 지점 사이의 공간적 분리에 부여된 특정한 수치적 값과 같이 그 선택에 따른 어떠한 특성도 단위의 선택과 동떨어져 세상 어딘가에 존재하는 것이 아니라고 결론짓는다.

❺ Temperatures can likewise be given in terms of the Fahrenheit or Celsius or Kelvin scale, and nothing in the physics changes when we switch from one scale to another.
온도도 마찬가지로 화씨, 섭씨 또는 켈빈 척도로 환산하여 주어질 수 있으며, 우리가 하나의 척도에서 다른 것으로 바꾸더라도 물리적 원리의 어떠한 것도 변화하지 않는다.

❻ We conclude that the choice of scale is an arbitrary choice in description, and that any feature that depends on that choice is scale-dependent.
(온도의 인식은 심지어 동일한 측정값에서도 습도와 바람에 따라 달라질 수 있다.) 우리는 척도의 선택이 서술상의 임의적인 선택이며, 그 선택에 달린 어떤 특성이든 척도에 의존한다는 결론을 내린다.

2025년_고2_10월_36

❶ Even though sea creatures live in it, they still need to take in water for their bodies to function properly.
비록 해양 생물들이 물에 살지만, 그럼에도 그것들은 자신들의 몸이 적절하게 기능하기 위해 물을 섭취할 필요가 있다.

❷ They just need to get rid of any extra salt it might bring with it.
다만 그것들은 그것(물) 이 함께 가져올 수 있는 여분의 소금을 제거할 필요가 있다.

❸ Salt absorbs water like a sponge.
소금은 스펀지처럼 물을 흡수한다.

❹ If you put a tiny mountain of salt on a small plate, then add enough water to the side, making sure an edge touches the salt, the salt will absorb the water.
만약 여러분이 작은 접시 위에 조그만 소금 더미를 쌓고, 그러고 나서 그 옆에 충분한 물을 부어 가장자리가 소금에 확실히 닿게 하면, 그 소금은 물을 흡수할 것이다.

❺ Now you have a pile of wet salt. Notice that it has increased in size. The same principle applies to sea creatures.
이제 여러분은 젖은 소금 더미를 가지게 된다. 그것의 부피가 커진 것에 주목하라. 동일한 원리가 해양 생물들에게 적용된다.

❻ If the body fluids in a sea animal are saltier than the seawater it lives in, then the extra salt in the creature's body will absorb seawater.
만약 어떤 해양 동물의 체액이 그것이 사는 바닷물보다 더 짜다면, 그러면 그 생물의 몸 안의 여분 소금이 바닷물을 흡수할 것이다.

❼ This can cause them to swell up.
이것은 그것들이 부풀어 오르게 하는 원인이 될 수 있다.

❽ On the other hand, if the amount of salt in the seawater is higher than the amount of salt in the body fluids of a sea animal, the extra salt in the water will draw fluids out of the creature's body, causing it to dehydrate and shrink.
반대로, 만약 바닷물 속 소금의 함유량이 해양 동물의 체액 안의 소금의 함유량보다 더 높다면, 바닷물 속의 여분 소금이 생물의 몸으로부터 체액을 끌어내게 되고, 그것이 수분이 빠져 쪼그라들게 하는 원인이 된다.

2025년_고2_10월_37

❶ Distinguishing moths from butterflies on outward appearance is not always easy, but there are a few rules of thumb that can help.
외적 생김새로 나비들과 나방들을 구별하는 것이 항상 쉬운 일은 아니지만, 도움이 될 수 있는 몇 가지 경험적 방법들이 있다.

❷ In most butterflies the antennae end with a small club-shaped swelling, whereas in moths they are usually feathery or narrow to a fine tip.
대부분의 나비들의 경우 더듬이들은 작은 곤봉 모양의 혹으로 끝나는 반면, 나방들의 경우 그것들은 보통 깃털 모양이거나 미세한 끝부분으로 점점 가늘어진다.

❸ Butterflies tend to rest with their wings held shut above their body, whereas moths more usually rest with the upper sides of the wings on full view.
나비들은 자신의 날개들이 자신의 몸 위에 닫힌 채 쉬는 경향이 있는 반면, 나방들은 더 흔히 날개들의 윗면이 완전히 드러나는 상태로 쉰다.

❹ Further distinctions can be made by looking for a tiny hook that joins fore – and hindwings, a feature only present in moths.
나방들에게만 존재하는 특징인, 앞날개와 뒷날개를 연결해 주는 아주 작은 갈고리를 찾아봄으로써 그 이상의 구별들이 가능하다.

❺ The stereotypical differences, with moths cast as the gloomy, nocturnal cousins of colourful sun-loving butterflies are simply wrong.
색이 화려하고 해를 좋아하는 나비들의 칙칙하고 야행성인 사촌으로 나방들이 묘사되는 정형화된 차이들은 그야말로 잘못된 것이다.

❻ There are many brightly coloured moths and many which are active throughout the day.
밝은색을 가진 나방들이 많고 낮 동안 내내 활동적인 나방들이 많이 있다.

❼ Equally, there are a few nocturnal butterflies and plenty that come clothed in shades of brown and grey.
마찬가지로, 야행성의 나비들이 몇몇있고, 갈색과 회색조를 띠는 것들이 많이 있다.

❽ It's more sensible to think of them together; both butterflies and moths are beautiful and fascinating insects.
그들을 함께 묶어 생각하는 것이 더 합리적이다. 나비 와 나방 둘 다 아름답고 매혹적인 곤충이기 때문이다.

2025년_고2_10월_38

❶ There are numerous ways wildlife is managed, but they all imply stewardship and can be classified into two broad categories: active management and inactive management.
야생 생물이 관리되는 수많은 방법들이 있지만, 그것들은 모두 관리 책임을 수반하고 적극적 관리와 소극적 관리라는 두 가지 넓은 범주로 분류될수 있다.

❷ Active management does something to the population — such as increasing or decreasing its size — in a direct manner through strategies like translocations or hunting, respectively.
적극적 관리는 거주지 이전이나 사냥과 같은 전략을 통해, 각각 규모를 증가시키거나 감소시키는 것과 같이 무언가를 직접적인 방식으로 개체군에게 한다.

❸ Populations can also be actively managed by altering the habitat to the benefit or disadvantage of a population.
개체군들은 또한 서식지를 개체군에게 유리하거나 불리하게 변경함으로써 적극적으로 관리될 수 있다.

❹ If population numbers are too low for the goal of management agencies, other active management can be incorporated, such as predator control to minimize neonatal deaths or habitat improvement to provide required cover for neonates from predators.
만약 개체 수가 관리 기관들의 목표보다 너무 적으면 갓 태어난 개체의 사망을 최소화하는 포식자 통제나 포식자로부터 갓 태어난 새끼들을 위해 필요한 은신처를 제공하는 서식지 개선과 같은 다른 적극적 관리가 포함될 수 있다.

❺ These efforts represent active approaches to management.
이러한 노력들은 관리에 대한 적극적인 접근법을 나타낸다.

❻ Other populations may not be actively managed, like those in national parks.
국립 공원들의 개체군들처럼 다른 개체군들은 적극적으로 관리되지 않을지도 모른다.

❼ In such situations, management activities minimize external influences on populations and habitat, which often involves management of humans and not animals.
그러한 상황들에서 관리 활동들은 개체군들과 서식지에 대한 외부 영향력을 최소화하는데, 그것은 대체로 동물들이 아닌 인간들에 대한 관리를 포함한다.

2025년_고2_10월_39

❶ Waste has historically been seen as a necessary driver of the economy.
폐기는 역사적으로 경제의 필수적인 동인으로 여겨져 왔다.

❷ Sales are tied to the amount of a product supplied, which is directly dependent on the demand for that product.
판매량은 어떤 제품의 공급량에 결부되고, 그것은 그 제품에 대한 수요량에 직접적으로 의존한다.

❸ Therefore, if you design the product to eventually be wasted, you can ensure that the demand for more products will be sustained.
따라서, 만약 여러분이 그 제품을 결국에는 폐기되도록 설계한다면, 여러분은 더 많은 제품에 대한 수요량이 지속될 것을 보장할 수 있다.

❹ Many strategies have been incorporated into product design and use to ensure that waste is inevitable, such as planned obsolescence, limited access to tools for repairs, and use of cheap materials.
계획적 노후화, 수리 도구들에 대한 제한된 접근, 그리고 저렴한 자재들의 사용과 같은 많은 전략들은 폐기가 불가피하다는 것을 보장하기 위해서 제품 설계와 사용에 포함되어 왔다.

❺ All these strategies ensure that the consumer will have limited access to the product in use and will eventually require a replacement.
이 모든 전략들은 소비자가 사용 중인 제품에 제한된 접근을 하게 될 것이고 결국에는 교체를 필요로 할 것을 보장한다.

❻ Those who supported the idea that waste is necessary to drive demand failed to realize that prioritizing the elimination of waste via repair and remanufacturing creates a different kind of demand: products as a service.
폐기가 수요를 촉진하는 데 필수적이라는 생각을 지지했던 사람들은 수리와 재제조를 통해 폐기의 제거를 우선시하는 것이 서비스로서의 상품이라는 다른 종류의 수요를 창출한다는 것을 깨닫는 데 실패했다.

❼ Through this setup, companies simply lease out products that were once sold directly to the customer.
이러한 구조를 통해 기업들은 한때 소비자에게 직접적으로 판매되었던 제품들을 단순히 임대한다.

❽ With this transition of ownership, companies maintain profit by offering maintenance and repair services and are encouraged to develop long-lasting products.
이러한 소유권의 이전으로 기업들은 유지와 수리 서비스들을 제공함으로써 수익을 유지하고 더 오래 지속되는 제품들을 개발하도록 장려된다.

2025년_고2_10월_40

❶ Viewing time as a purchasable and consistent product cemented artificial views on time into our psyche, but every now and again we are forced to acknowledge this mistake.
시간을 구매 가능하고 불변하는 상품으로 보는 것은 시간에 대한 인위적인 관점을 우리의 정신 속에 굳혔지만, 때때로 우리는 이러한 실수를 인정하지 않을 수 없다.

❷ On twenty-six occasions in the last fifty years, a second has been added to everyone's day to adjust for the Earth wobbling and the rate of its spin changing.
지난 50년 동안 26회에 걸쳐 지구가 흔들리는 것과 그것의 자전 속도가 변하는 것에 맞추기 위해 모든 사람의 하루에 1초가 추가되어 왔다.

❸ For instance, when El Niño, a climatic system in the Pacific, causes wind speed to change dramatically, it can slow the rotation of the Earth slightly.
예를 들어 태평양의 한 기후 체계인 엘니뇨가 바람의 속도가 극적으로 바뀌는 것을 유발할 때, 그것은 지구의 자전을 약간 느리게 할 수 있다.

❹ Indeed, the Earth's spin is generally slowing because the moon's gravity is acting as a drag, so days are getting longer by about 1.7 milliseconds per century.
실제로 지구의 자전은 일반적으로 느려지고 있는데 이는 달의 중력이 끌어당기는 힘으로 작용하고 있기 때문이고, 그래서 하루는 한 세기마다 약 1.7밀리세컨드씩 점점 더 길어지고 있다.

❺ Such events disturb the similarity between man-made time and more flexible time based on the Earth's naturally occurring rotation.
그러한 사건들은 인간이 만든 시간과 지구의 자연적으로 발생하는 자전에 기반한 더 유연한 시간 사이의 유사성을 깨뜨린다.

❻ When events like this happen, a bunch of humans make the decision to add a small slice of time to your day, without your knowledge.
이런 일이 발생할 때, 몇몇 사람들은 여러분도 모르는 사이에 여러분의 하루에 아주 짧은 시간 조각을 추가하기로 결정한다.

❼ We try to force our fixed, man-made view of time on to nature in the false hope that it will yield.
우리는 자연이 굴복할 것이라는 헛된 희망을 지니고 우리의 고정된, 인간이 만든 시간에 대한 관점을 자연에 강요하려고 노력한다.

❽ It doesn't. Humans, who have long viewed that time is stable, have continuously made modifications, sticking to their belief that their efforts can eliminate the gap between man-made time and natural time.
그러나 자연은 그러지 않는다. 시간이 안정적이라고 오랫동안 보아 왔던 인간들은 자신들의 노력이 인간이 만든 시간과 자연의 시간 사이의 격차를 제거할 수 있다는 자신들의 믿음을 고수하며 계속해서 수정해 오고 있다.

2025년_고2_10월_41~42

❶ When your hand is hanging at your side and then you lift it, opposing muscles on your upper arm shorten and lengthen — contract and relax — to bend the elbow.
손이 여러분의 옆에 늘어져 있다가 여러분이 그것을 올릴 때, 여러분의 상완에 있는 대립하는 근육들은 팔꿈치를 굽히기 위해 짧아지고 길어진다. 즉, 수축하고 이완한다.

❷ Biceps contract, and triceps relax. Reversing the motion, when you drop your hand back down, muscles reverse roles.
'이두근은 수축하고, 삼두근은 이완한다.' 그 동작을 반대로 하여 여러분이 손을 다시 아래로 떨어뜨릴 때는, 근육들이 역할을 뒤바꾼다.

❸ Triceps contract, and biceps relax. Lift your hand or drop it, and muscle shows what it is: a system of coordination, managed by orchestrated tension.
'삼두근은 수축하고, 이두근은 이완한다.' 여러분의 손을 올리거나 떨어뜨리면, 근육은 그것이 무엇인지를 보여 주는데, 즉 조화롭게 편성된 긴장에 의해 관리되는 조정 체계를 보여 준다.

❹ As arms and legs rotate around joints, muscles activate and deactivate, contract and relax.
팔과 다리가 관절들의 주위를 회전할 때, 근육들은 활성화되고 비활성화되며 즉, 수축하고 이완한다.

❺ All physical activity is paradoxical, in this sense: Movement depends on what muscles don't do, as much as it depends on what they do.
이런 의미에서 모든 신체 활동은 역설적이다. 즉, 움직임은 근육들이 하는 일에 의존하는 만큼이나 근육들이 하지 '않는' 일에 의존한다.

❻ Both are necessary, each in its time — and the same is true of each side of the pairs of concepts shaping how we talk of muscles.
각각의 때에 둘 다 필수적이며, 우리가 근육들에 대해 말하는 방향을 형성하는 쌍을 이루는 개념들의 각각에도 마찬가지이다.

❼ Start with nature versus nurture: Some people are stronger or more muscular than others; is the difference inborn, or does it depend on what people do?
유전 대 환경으로 시작해 보라. 어떤 사람들은 다른 사람들보다 더 강하거나 더 근육이 많다. 그 차이는 타고난 것인가, 아니면 사람들이 하는 행동에 달려 있는가?

❽ To the latter question: What do you do? Do you have to lift weights, or is walking enough exercise? How should you do the exercise? Should you move fast or slowly? Lift heavy weights or lighter ones?
후자의 질문에 대해 말하자면, 여러분은 무엇을 하는가? 중량 운동을 해야 하는가, 아니면 걷기가 충분한 운동인가? 그 운동을 어떻게 해야 하는가? 빠르게, 아니면 천천히 움직여야 하는가? 무거운 것, 아니면 더 가벼운 것을 들어야 하는가?

❾ Put like that, basic questions about muscle may sound like they have one right answer.

그렇게 본다면, 근육에 대한 기본적인 질문들이 단 하나의 정답을 가진 것처럼 들릴지도 모른다.

❿ Oppositions can polarize. But where muscle is concerned, few oppositions are true polarities.

반대 개념들은 양극화될 수 있다. 하지만 근육에 관해서는, 진정으로 양극성인 반대 개념들은 거의 없다.

⓫ Look closely, and most prove to be paradoxes.

자세히 보면, 대부분이 역설인 것으로 판명된다.

⓬ Born and made, heavy and light, fast and slow: Those opposites actually include each other.

타고난 것과 만들어진 것, 무거운 것과 가벼운 것, 빠른 것과 느린 것, 즉, 그러한 반대 개념들은 실제로 서로를 필요로 한다.

2025년_고2_10월_43~45

❶ Jason stared at the banner across the high school gym wall: "Annual Charity Marathon — Run for Sam." The slogan stirred something in him.

Jason은 고등학교 체육관 벽에 걸린 '연간 자선 마라톤 — Sam을 위해 달리세요' 라고 쓰인 현수막을 응시했다. 그 슬로건이 그의 마음을 요동치게 했다.

❷ Sam, a cheerful seven-year-old who loved to draw and dreamed of being an artist, had a rare heart condition.

그림 그리기를 좋아하고 화가가 되기를 꿈꿨던 명랑한 일곱 살 아이인 Sam은 희귀 심장 질환을 가지고 있었다.

❸ Sam wasn't just anyone — he was the little boy living next door that Jason had babysat every summer break.

Sam은 그저 아무나가 아니었다. 그는 Jason이 여름 방학마다 돌보았던 옆집에 사는 어린 소년이었다.

❹ He had played in the park and spent summer afternoons chasing ice cream trucks with Sam.

그(Jason)는 Sam과 함께 공원에서 놀았었고 아이스크림 트럭을 쫓아다니며 여름 오후를 보냈었다.

❺ Seeing Sam's name on the banner made everything feel personal.

현수막에 적힌 Sam의 이름을 보는 것이 모든 것을 개인적으로 느껴지게 했다.

❻ Jason had always been the fastest runner in school, known among his friends as "The Speedster." But since his knee injury, he hadn't been able to run for quite a long time.

Jason은 항상 학교에서 가장 빠른 달리기 주자였고, 그의 친구들 사이에서 '빠르게 달리는 아이'로 알려져 있었다. 하지만 그의 무릎 부상 이후, 그는 꽤 오랜 시간 동안 달리지 못했다.

❼ Still, when Jason thought about Sam and the hope this marathon represented, he knew he had to try.

그럼에도 불구하고 Jason이 Sam과 이 마라톤이 나타내는 희망에 대해 생각했을 때, 그는 자신(Jason)이 도전해 봐야 한다는 것을 알았다.

❽ Jason did everything he could to recover, following his doctor's advice. A day before registration deadline, his doctor said a 3-mile run would be fine.

Jason은 의사의 조언을 따라 회복하기 위해 자신이 할 수 있는 모든 것을 했다. 등록 마감 하루 전날, 그의 의사는 3마일 달리기는 괜찮을 것이라고 말했다.

❾ Jason signed up for the 3-mile beginner route, hoping to run for Sam.

Jason은 Sam을 위해 달리기를 희망하면서, 3마일 초보자 코스에 등록했다.

❿ On marathon morning, Jason stood among the runners, heart pounding. In the crowd, Sam was holding a sign: "Thank you, Runners!" Jason smiled. He was all the motivation needed.

마라톤 당일 아침, Jason은 가슴이 쿵쿵 뛰는 채로 달리기 주자들 사이에 섰다. 군중 속에서 Sam이 '감사해요, 러너분들!'이라고 쓰인 팻말을 들고 있었다. Jason은 미소 지었다. 그(Sam)는 필요한 동기의 전부였다.

⓫ When the whistle blew, Jason started strong, but since he hadn't run for so long, his energy faded quickly. Every step was a struggle, but he pushed forward, encouraged by the thought of how happy Sam would be.

호각이 울리자 Jason은 힘차게 출발했지만, 너무 오랫동안 달리지 않았기 때문에 그의 힘은 빠르게 사라졌다. 매 걸음이 힘든 일이었지만 그는 Sam이 얼마나 기쁠까라는 생각에 힘을 얻어 앞으로 나아갔다.

⓬ Finally, he crossed the finish line.

마침내 그는 결승선을 넘었다.

⓭ As he was sitting to catch his breath, Sam came over and handed him bottled water.

자신(Jason)의 숨을 고르기 위해 그가 앉아 있었을 때, Sam이 다가와 그에게 병에 든 물을 건네주었다.

⓮ He felt pride, relief, and gratitude.

그는 자부심, 안도감, 그리고 감사함을 느꼈다.

⓯ He finally finished — for Sam.

그는 마침내 Sam을 위해 완주했다.

2025 고2 10월 모의고사　　　점수 : 　점 / 220점

❶ voca　　❷ text　　❸ [/]　　❹ _____　　❺ quiz 1　　❻ quiz 2　　❼ quiz 3　　❽ quiz 4　　❾ quiz 5

2025년_고2_10월_18

To the Customer Service Team,

About a month ago, my wife and I purchased a set of bookshelves from your store. I was truly [**excited / exciting**]1) to find furniture that [**perfect / perfectly**]2) matched our new home. When we bought the bookshelves, the manager said it would take four weeks for delivery, [**which / at which**]3) was last weekend. We [**had / have**]4) set our plans to ensure someone would be available to receive the delivery; however, no one came with the bookshelves that day. This delay [**had / has**]5) caused us [**considerable / considerate**]6) inconvenience. Therefore, please provide a [**clear / clearly**]7) and specific delivery date. We expect this issue to [**address / be addressed**]8) promptly, so that we can reorganize our schedule to receive the delivery without any confusion.

고객 서비스 팀께,
약 한 달 전, 제 아내와 저는 귀하의 매장에서 책장 한 세트를 구입했습니다. 저는 저희의 새집에 완벽하게 어울리는 가구를 찾게 되어서 진심으로 들떴습니다. 저희가 책장을 구입했을 때, 매니저가 배송에 4주가 걸릴 것이라고 말했고 그것은 지난 주말이었습니다. 저희는 누군가 배송을 받을 수 있도록 확실히 하기 위해 저희의 계획을 세웠었습니다. 그러나 그날 아무도 책장을 가지고 오지 않았습니다. 이 지연은 저희에게 상당한 불편함을 초래했습니다. 그러므로 명확하고 구체적인 배송 날짜를 알려 주시기 바랍니다. 저희가 어떠한 혼란도 없이 배송을 받을 수 있게 저희의 일정을 재조정할 수 있도록 이 문제가 신속하게 처리되기를 기대합니다.

2025년_고2_10월_19

I was [**headed / heading**]9) in the direction of a forest road that I knew would take me home. But almost as though someone [**had / has**]10) switched off all the lights I was suddenly in a black forest with no light of any kind. Feeling lost, I stumbled. I fell. I tore my clothes and [**injured / was injured**]11) myself falling down a hill. In desperation I stopped and leaned against a tree. I have no idea where I am now. Will anyone even notice that I'm gone? It was then that a [**faint / faintly**]12) aroma drifted through the darkness: the scent of cooking. I stumbled towards [**it / them**]13), and soon, a faint, yellowish light glowed through the trees. It was Uncle Krull's cabin and I could see him through the window! Thankful beyond words, I knew I could finally ask for help. My hardship was over.

나를 집으로 데려다줄 것이라고 내가 알고있던 숲길 방향으로 나는 향하고 있었다. 하지만 마치 누군가가 모든 불을 꺼 버린 것처럼 나는 갑자기 어떤 종류의 빛도 없는 암흑의 숲속에 있었다. 어찌할 바를 모른 채 나는 비틀거리며 걸었다. 나는 넘어졌다. 언덕에서 굴러 떨어져 나는 옷이 찢어지고 다쳤다. 나는 자포자기한 채 멈춰서서 나무에 기대었다. '내가 지금 어디에 있는지 전혀 모르겠어. 내가 사라진 것을 누군가 알아차리기는 할까?' 어둠을 통해 희미한 향이 바람에 날려 온 것은 바로 그때였다. 요리 냄새였다. 나는 비틀거리며 그것을 향해 걸어갔고, 곧 희미한 누르스름한 빛이 나무 사이로 반짝였다. 그것은 Krull 삼촌의 오두막이었고 나는 창문을 통해 그를 볼 수 있었다! 말로 표현할 수 없을 정도로 감사하며 내가 마침내 도움을 요청할 수 있다는 것을 나는 알게 되었다. 나의 고난이 끝났다.

2025년_고2_10월_20

When you are working in healthcare, it is important to [**develop / be developed**]14) a solid professional relationship with your patients. By establishing [**realistic / unrealistic**]15) self-boundaries, you can protect that relationship. It is important to [**keep / keeping**]16) the focus on the patient. When working with patients who are seen [**frequent / frequently**]17), it is easy to start to think of them as friends. With a friend, you are likely to share [**personal / impersonal**]18) information that is not appropriate with a patient. Patients may feel that they cannot share important health-related information [**because / because of**]19) you are their friend, and it would be [**embarrassed / embarrassing**]20) to share that information. Self-boundaries can also be thought of as professional boundaries. You need to [**treat / be treated**]21) patients with respect and keep the relationship professional. Be friendly to patients and always [**keep / keeping**]22) the focus on the patient.

여러분이 의료 분야에서 일할 때, 여러분의 환자들과 견고한 직업적인 관계를 발전시키는 것이 중요하다. 현실적인 자기 경계를 설정함으로써, 여러분은 그 관계를 보호할 수 있다. 초점을 환자에게 두는 것이 중요하다. 자주 보게 되는 환자들을 상대로 일할 때는, 그들을 친구처럼 여기기 시작하기 쉽다. 여러분은 환자와는 공유하기 적절하지 않은 개인 정보를 친구와 공유할 가능성이 있다. 환자들은 여러분이 자신들의 친구이기 때문에 중요한 건강 관련 정보를 자신들이 공유할 수 없다고 느낄 수도 있고, 그 정보를 공유하는 것이 난처할 수 있다. 자기 경계는 직업적인 경계로 여겨질 수도 있다. 여러분은 환자들을 존중으로 대하고 그 관계를 직업적으로 유지할 필요가 있다. 환자들에게 친절하고 항상 환자에게 초점을 두어라.

2025년_고2_10월_21

Coat a fresh, wet swab in salt, and gently touch various spots on your tongue, [**record / recording**]23) where your taste seems strongest. Then, gargle with water to [**thorough / thoroughly**]24) clean your tongue, use a swab coated with sugar on the same spots, and record those results. Gargle again, and then swab with lemon juice. After a final gargle, [**try / trying**]25) coffee. Compare your reactions with your friends'. Your taste pattern may [**conceal / reveal**]26) more than just taste preferences. [**Recent / Recently**]27) studies suggest links between taster status and behavioral disorders. For example, "non-tasters" tend to have a higher incidence of alcoholism, perhaps [**because / because of**]28) liquor seems less bitter to them. Conversely, "super-tasters" may avoid nutritious but mildly bitter foods such as broccoli, thus depriving [**them / themselves**]29) of a balanced diet. So, although taste is not nearly as glamorous as vision, hearing, or even touch, it makes sense [**of / for**]30) you to pay closer attention to [**it / them**]31) because chemistry, at least in your mouth, could be destiny.

새로운 젖은 면봉에 소금을 묻히고 여러분의 미각이 가장 강렬하다고 느껴지는 곳을 기록하면서, 혀의 다양한 부위들에 부드럽게 대 보아라. 그런 다음, 여러분의 혀를 완전히 씻어 내기 위해 물로 헹구고, 설탕이 묻은 면봉을 같은 부위들에 사용하고, 그 결과들을 기록하라. 다시 헹구고 그런 다음 레몬주스를 면봉으로 혀에 발라라. 마지막 헹굼 이후에 커피로 해 보아라. 여러분의 반응들을 친구들의 것들과 비교하라. 여러분의 미각 패턴은 단순히 맛에 대한 선호도보다 더 많은 것을 드러낼지도 모른다. 최근의 연구들은 미각자의 위계와 행동 장애 사이의 연관성을 보여 준다. 예를 들어 '미각 둔감자'는 더 높은 알코올 중독 발생률을 가지는 경향이 있는데, 아마도 술이 그들에게 덜 쓰다고 느껴지기 때문일 것이다. 반대로 '초미각자'는 브로콜리와 같이 영양가 있지만 약간 쓴 음식들을 피할지도 모르고, 그러므로 스스로에게 균형 잡힌 식단을 주지 않을 수도 있다. 그래서 비록 미각이 시각, 청각, 또는 심지어 촉각만큼 화려하지는 않지만, 적어도 여러분의 입안에서는, 화학작용이 운명이 될 수 있기 때문에 여러분이 그것에 좀 더 세심한 주의를 기울이는 것이 타당하다.

2025년_고2_10월_22

Experiments [**testify** / **are testified**]32) to science's embrace of ignorance. Arguably the [**best** / **worst**]33) thing a scientist can do is to suppose they know [**that** / **what**]34) will happen in a given scenario without bothering to [**check** / **be checked**]35). The [**raise** / **rise**]36) of the experimental philosophy coincided with the liberation of curiosity as a valuable rather than a questionable attribute. For all that experimental science today [**is** / **x**]37) often assumed to be supported by a philosophical framework and an approved methodology ("state your hypothesis and then test [**it** / **them**]38)"), the fact is that, as philosopher of science Ian Hacking says, "One can [**conduct** / **be conducted**]39) an experiment simply out of curiosity to see [**that** / **what**]40) will happen." Indeed, in the view of Charles Darwin's son, the astronomer George Darwin, once in a while one should do a [**complete** / **completely**]41) crazy experiment, even if it is most likely to prove [**fruitful** / **fruitless**]42). You never know until you try.

실험들은 과학의 무지에 대한 수용을 증명한다. 거의 틀림없이 과학자가 할 수 있는 가장 최악의 것은 그들이 확인하려는 수고를 들이지 않고 주어진 시나리오에서 일어날 일을 그들이 안다고 가정하는 것이다. 실험 철학의 등장은 의심스러운 특성이 아닌 가치 있는 특성으로서의 호기심의 해방과 동시에 일어났다. 오늘날의 실험 과학은 철학적 틀과 승인된 방법론('가설을 세우고 나서 그것을 검증하라')에 의해 뒷받침되고 있다고 종종 여겨지지만, 사실은 과학 철학자 Ian Hacking이 말하듯이, '누군가는 무슨 일이 일어날 것인지를 알아보기 위해 그저 호기심에서 실험을 수행할 수도 있다'. 게다가 Charles Darwin의 아들인 천문학자 George Darwin의 관점에서는 비록 그것이 효과 없는 것으로 증명될 가능성이 대단히 크더라도 가끔 누군가는 완전히 무모한 실험을 해야 한다. 여러분은 여러분이 시도하기 전까지는 절대 알 수 없다.

2025년_고2_10월_23

We can discard or replace a scientific theory only if we have a better way of explaining the evidence that [**disproves** / **supports**]43) it. The theories of Newton and Einstein offer great examples. A vast body of evidence [**support** / **supports**]44) Newton's theory of gravity, but by the late nineteenth century scientists [**had** / **have**]45) begun to discover cases where its predictions did not [**perfect** / **perfectly**]46) match observations. These discrepancies were explained only when Einstein developed his general theory of relativity, which was able to [**match** / **be matched**]47) the observations. Still, the [**many** / **much**]48) successes of Newton's theory could not be ignored, and Einstein's theory would not have gained acceptance if it [**had** / **have**]49) not been able to explain these successes equally well. It [**did** / **was**]50), and that is [**because** / **why**]51) we now view Einstein's theory as a broader theory of gravity than Newton's theory. Some scientists today [**are** / **x**]52) seeking a theory of gravity that will go beyond Einstein's. If any new theory ever gains acceptance, it will have to match all the successes of Einstein's theory as well as work in new realms [**where** / **which**]53) Einstein's theory does not.

단지 우리가 그것을 뒷받침하는 증거를 설명하는 더 나은 방법이 있을 때에만 우리는 과학 이론을 버리거나 대신할 수 있다. 뉴턴과 아인슈타인의 이론들이 훌륭한 예시들을 제공한다. 방대한 양의 증거가 뉴턴의 중력 이론을 뒷받침해 주지만, 19세기 후반에 이르러 과학자들은 그것의 예측들이 관찰 결과와 완벽하게 일치하지 않는 경우들을 발견하기 시작했다. 이러한 불일치들은 아인슈타인이 자신의 일반 상대성 이론을 전개했을 때 비로소 설명될 수 있었고, 그것은 관찰 결과와 일치할 수 있었다. 그럼에도 불구하고, 뉴턴의 이론의 많은 성과는 무시될 수 없었고, 아인슈타인의 이론이 만약 이러한 성과를 똑같이 잘 설명할 수 없었다면 인정을 받지 못했을 것이다. 그것은 그렇게 했고, 그것이 우리가 오늘날 아인슈타인의 이론을 뉴턴의 이론보다 더 포괄적인 중력 이론으로 보는 이유이다. 오늘날 몇몇의 과학자들은 아인슈타인의 이론을 넘어설 중력 이론을 찾고 있다. 만약 어떤 새로운 이론이 언젠가 인정을 받는다면, 그것은 아인슈타인의 이론이 작동하지 않는 새로운 영역에서 작동할 뿐만 아니라 아인슈타인의 이론의 모든 성과에 필적해야 할 것이다.

2025년_고2_10월_24

Imagine pausing in the middle of a busy day, [**take** / **taking**]54) a moment to refresh your mind and recharge your energy. This power of a midday break is often [**overestimated** / **underestimated**]55). When you break away from routine, especially with activities designed to [**stimulate** / **be stimulated**]56) your brain, you prevent cognitive tiredness and enhance productivity for the rest of the day. Neurobic exercises — simple yet [**effective** / **effectively**]57) — are perfect for such breaks. They target [**different** / **similar**]58) areas of your brain, keeping it agile and alert. These exercises create a mental oasis that refreshes and prepares you for the afternoon's challenges. This strategic pause is not just a break; it boosts your cognitive capabilities, [**ensure** / **ensuring**]59) your mind remains sharp and focused. Even [**brief** / **briefly**]60) experimenting with neurobic exercises can work wonders for your cognitive state [**during** / **while**]61) lunch. [**Start** / **Starting**]62) with using your non-dominant hand for routine tasks like writing or eating. This simple switch challenges your brain, [**activate** / **activating**]63) pathways that aren't typically engaged and promoting greater flexibility in thinking.

바쁜 하루의 중간에 잠시 멈춰서, 정신을 새롭게 하고 에너지를 재충전하는 순간을 가지는 것을 상상해 보라. 이러한 한낮의 휴식의 힘은 종종 과소평가된다. 여러분이 특히 여러분의 두뇌를 자극하도록 설계된 활동들을 가지고 일상에서 벗어날 때 여러분은 인지적 피로를 예방하고 남은 하루 동안의 생산성을 높인다. 간단하지만 효과적인 뉴로빅 운동이 그러한 휴식 시간에 꼭 알맞다. 그것들은 여러분의 뇌의 다른 영역들을 겨냥하여, 그것을 기민하고 민첩하게 유지한다. 이러한 운동들은 오후의 힘든 일들을 위해 여러분을 기운 나게 하고 준비시켜 주는 정신적 오아시스를 만들어 준다. 이 전략적인 멈춤은 단순한 휴식이 아니며, 그것은 여러분의 인지 능력을 증대시키고 여러분의 정신이 또렷하고 집중된 상태가 유지되도록 보장해 준다. 짧게 뉴로빅 운동들을 시도하는 것만으로도 점심시간 동안 여러분의 인지 상태에 기적 같은 효과를 낳을 수 있다. 글쓰기 또는 식사와 같은 일상적인 과업들을 위해 여러분의 주되지 않은 손을 사용하는 것으로 시작하라. 이 간단한 전환이 여러분의 뇌를 자극하여, 전형적으로 사용되지 않는 경로들을 활성화시키고 사고에서의 더 큰 유연성을 촉진시킨다.

2025년_고2_10월_26

Eunice Kathleen Waymon was an American musician and civil rights activist. She [**displayed** / **was displayed**]64) musical talent from an early age. At 12, [**during** / **while**]65) her first classical recital, her parents' seats, originally near the front, [**was** / **were**]66) moved to the back against their will to make seats for white people. After graduating from high school, she prepared for an audition at the Curtis Institute of Music, but her application was rejected, which she [**attributed** / **was attributed**]67) to racial discrimination. To fund her private lessons, she began performing in Atlantic City, [**adapting** / **adopting**]68) the stage name "Nina Simone." In the 1960s, she became a supporter of the Civil Rights Movement and composed and performed songs as a response to racism and violence in the Southern United States. [**Frustrated** / **Frustrating**]69) by the racism in the United States, she left the country in 1970, living in various places [**after** / **before**]70) settling in France. She passed away in 2003 but her reputation continues through her powerful music.

Eunice Kathleen Waymon은 미국의 음악가이자 인권 운동가였다. 그녀는 어린 나이부터 음악적 재능을 보였다. 12살에 그녀의 첫 클래식 독주회에서 원래는 앞쪽에 가까웠던 그녀의 부모님의 자리가 백인들에게 자리를 만들어 주기 위해 그들의 의지에 반하여 뒤로 밀려났다. 고등학교를 졸업한 뒤, 그녀는 Curtis Institute of Music의 오디션을 준비했지만, 그녀의 지원은 거부되었고, 그녀는 이를 인종 차별 때문이라고 여겼다. 자신의 개인 레슨비를 마련하기 위해, 그녀는 Atlantic City에서 공연을 시작하면서 'Nina Simone'이라는 예명을 택했다. 1960년대에 그녀는 Civil Rights Movement의 지지자가 되었고, 미국 남부의 인종 차별과 폭력에 대응하는 노래들을 작곡하고 공연했다. 미국에서의 인종 차별에 좌절하여, 그녀는 1970년에 그 나라를 떠나 프랑스에 정착하기 전에 여러 지역들에서 살았다. 그녀는 2003년에 세상을 떠났지만, 그녀의 명성은 그녀의 감동적인 음악을 통해 계속 이어지고 있다.

2025년_고2_10월_29

When a cell divides, the genomes of its two daughters are often not quite [identical / identically]71) to each other or to [that / those]72) of the parent cell. On rare occasions, the error may represent a change for the [better / worse]73); more probably, it will cause no significant [difference / similarity]74) in the cell's prospects. But in some cases, the error will cause [serious / seriously]75) damage; for example, by disrupting the coding sequence for a key protein. Changes [because / due to]76) mistakes of the first type will tend to be perpetuated, because the altered cell has an increased [likelihood / livelihood]77) of reproducing itself. Changes [because / due to]78) mistakes of the second type — neutral changes — may be perpetuated or not: it is a matter of chance whether the altered cell or its cousins will succeed. But changes [that / what]79) cause serious damage lead nowhere: the cell that suffers them dies, [leave / leaving]80) no progeny. Through endless repetition of this cycle of mutation and natural selection organisms [evolve / involve]81): their genetic specifications change, sometimes give organisms new ways to exploit the environment more [effective / effectively]82), to survive in competition with [others / the others]83), and to reproduce successfully.

세포가 분열할 때, 그것의 두 딸세포들의 유전체들은 종종 서로 간에도, 또는 모세포의 그것과도 완전히 일치하지는 않는다. 드물게 그 오류가 더 나은 것으로의 변화를 나타낼 수도 있지만, 더 높은 확률로 그것은 세포의 전망에 큰 차이를 일으키지 않을 것이다. 그러나 어떤 경우에는 그 오류가 심각한 손상을 초래할 것이다. 예를 들어 핵심 단백질의 코딩 서열을 망가뜨림으로써 그렇게 할 것이다. 첫 번째 유형의 실수로 인한 변화들은 영속되는 경향이 있을 것인데, 변화가 일어난 세포가 스스로를 복제할 높아진 가능성을 가지고 있기 때문이다. 두 번째 유형의 실수로 인한 변화들, 즉, '중립적인' 변화들은 영속될 수도 있고 아닐 수도 있다. 변화가 일어난 세포나 그것의 사촌들이 성공할지는 운의 문제이다. 그러나 심각한 손상을 초래하는 변화들은 어느 곳에도 닿지 못한다. 그것들을 겪는 세포는 죽고, 자손을 남기지 않기 때문이다. 이러한 '돌연변이'와 '자연 선택' 의 순환의 끊임없는 반복을 통해 유기체들은 진화한다. 그들의 유전적 특성들은 변화해서, 유기체에게 환경을 더 효과적으로 활용하고, 다른 것들과의 경쟁 속에서 살아남으며, 그리고 성공적으로 번식할 수 있는 새로운 길들을 때로는 제공한다.

2025년_고2_10월_30

Within liberal culture, the value of fair equality of opportunity for individuals [outweigh / outweighs]84) the preservation of the family's integrity. In contrast, for Confucian culture, while seeking fair equality of opportunity for individuals is important, the family assumes a [fundamental / fundamentally]85) role in human flourishing, and living within a family institution is considered the essential way of life. Individuals [are / x]86) primarily understood as family members before they are regarded as state citizens. Therefore, for Confucians, the family possesses [inherent / inherently]87) value that should never be abandoned, even if it [results from / results in]88) certain societal [equalities / inequalities]89). Some cultures, like the liberal one, may choose to impose increasing restrictions on the role of families and [implement / implementing]90) more egalitarian government programs for education, healthcare, and [other / the other]91) positive rights in society in the pursuit of fair equality of opportunity. On the other hand, other cultures, like the Confucian one, may prefer to primarily [assign / assigning]92) welfare responsibilities to the family, accepting inequalities stemming from the existence of the family as long as everyone's basic freedoms and rights [are / x]93) safeguarded in the state.

자유주의 문화 내에서는, 개인들을 위한 기회의 공정한 평등이라는 가치가 가족의 온전함을 보존하는 것보다 중대하다. 이에 반해 유교 문화에서는, 개인들을 위한 기회의 공정한 평등을 추구하는 것이 중요하지만, 가족은 인간의 번영에 있어 근본적인 역할을 맡으며, 가족 제도 안에서 사는 것이 삶의 본질적인 방식으로 간주된다. 개인들은 국가의 시민으로 여겨지기 전에 우선적으로 가족 구성원으로 이해된다. 그러므로 유교를 따르는 사람들에게는, 가족은 그것이 어떤 사회적 불평등을 초래할지라도, 결코 포기되어서는 안 되는 내재적인 가치를 지닌다. 자유주의 문화와 같은 일부 문화들은, 가족의 역할에 점점 더 많은 제약들을 부과하고, 기회의 공정한 평등을 추구하면서 교육, 의료, 그리고 다른 적극적 권리들에 대한 더 인류 평등주의의 정부 프로그램들을 사회에서 실행하기를 택할지도 모른다. 반면 유교 문화와 같은 다른 문화들은, 국가에서 모든 사람의 기본적 자유와 권리들이 보장되는 한, 가족의 존재로 인해 발생하는 불평등을 용인하며 복지에 대한 책임을 우선적으로 가족에게 부여하는 것을 선호할지도 모른다.

2025년_고2_10월_31

Statistics in the twentieth century became the systematic collection of [**qualitative** / **quantitative**]94) information needed by the state. This [**process** / **progress**]95) occurred in all the industrialised countries as a key part of their becoming modern states. Desrosières writes: "It is difficult to think simultaneously [**that** / **what**]96) the objects being measured really do exist and that this is only a convention". Yet this is the case. Phenomena such as prices being charged and products being sold [**exist** / **exists**]97), but the categories and classification frameworks [**support** / **supporting**]98) the collection, aggregation, and organisation of official statistics are devised to serve the purposes of the state, for [**macroeconomic** / **microeconomic**]99) or for social policies. Theodore Porter [**described** / **subscribed**]100) the use of statistics to create state authority: "[**Qualification** / **Quantification**]101) is a way of making decisions without seeming to decide", characterising [**it** / **them**]102) as a "social technology" intended to build trust in authority.

20세기의 통계 자료는 국가에 의해서 요구되는 정량적인 정보의 체계적인 모음집이 되었다. 이러한 과정은 모든 산업 국가에서 그것들이 근대 국가가 되는 것의 핵심적인 요소로 생겨났다. Desrosières는 '측정되는 대상들이 실제로 확실히 존재한다는 것과 이것이 단지 하나의 관행이라는 것을 동시에 생각하기는 어렵다'라고 쓴다. 그러나 이는 사실이다. 가격이 부과되는 것이나 제품이 판매되는 것과 같은 현상들은 존재하지만, 공식 통계 자료의 수집, 집계, 그리고 조직화를 뒷받침하는 범주들과 분류 체계들은 거시 경제 또는 사회 정책들을 위한 국가의 목적들에 기여하도록 고안된다. Theodore Porter는 국가의 권위를 만들기 위한 통계 자료의 사용을, '정량화는 결정하는 것처럼 보이지 않으면서 결정을 내리는 방법'이라고 묘사했고, 그것을 권위에 대한 신뢰를 구축하기 위해 의도된 '사회적 기술'로 특징지었다.

2025년_고2_10월_32

Just as an expert in the taste and colour of wine will gain [**many** / **much**]103) by being aware of the chemistry that underlies those qualities, so each [**perspective** / **perspectives**]104) on the body can potentially enhance [**the** / **x**]105) others. And yet every scientific tool, from microscopes to mathematics, and every aspect of the body, from the brain to the microorganism, [**require** / **requires**]106) such depth of expertise that this tends not to happen: we tend to study the human body in silos, each community sectioned from [**the** / **x**]107) others by its own specialised vocabulary. Research communities may be [**dedicated** / **dedicating**]108) to one type of scientific tool or a specific component of the body, such as one type of cell. How different types of cell communicate with one another [**become** / **becomes**]109) its own specialist topic. Even simple forms of life on Earth [**are** / **is**]110) now rarely studied as a whole, and the human body is evidently much [**less** / **more**]111) complex. As long ago as 1890, The Times newspaper commented that knowledge 'had already become too vast to be manageable'. Today, [**anybody** / **nobody**]112) is an expert in the whole of anything.

와인의 맛과 색의 전문가가 그러한 특성들의 기저에 있는 화학을 알게 됨으로써 많은 것을 얻듯이, 마찬가지로 신체에 대한 각각의 관점은 아마도 다른 관점들을 향상시킬지도 모른다. 하지만 현미경에서부터 수학에 이르기까지의 모든 과학적 도구와 뇌에서부터 미생물에 이르기까지의 신체의 모든 측면은 너무 깊은 전문 지식을 필요로 해서 이런 일은 잘 발생하지 않는 경향이 있다. 즉, 우리는 각각의 공동체가 그것 자신의 전문적인 어휘에 의해 나머지 다른 것들과는 구분된 채, 인간의 신체를 개별적으로 분리해서 연구하는 경향이 있다. 연구 공동체는 한 종류의 과학적 도구 또는 한 종류의 세포와 같은 신체의 특정한 한 구성 요소에 전념할지도 모른다. 다른 유형의 세포들이 서로 어떻게 소통하는지가 그 자체의 전문적인 주제가 된다. 심지어 지구상에 있는 단순한 형태의 생명체조차도 이제는 전체로서 연구되는 경우가 드물며, 인간의 신체는 분명히 훨씬 더 복잡하다. 오래전인 1890년에도 'The Times' 신문은 지식이 '이미 너무 방대해져서 다루기 어렵게 되었다'라고 논평했다. 오늘날 아무도 어떤 것의 전체에 대한 전문가가 아니다.

2025년_고2_10월_33

Historically, palaces weren't just homes; they were carefully constructed stages designed to [express / impress]113) and intimidate. While stone symbolized permanence and strength, glass offered something equally [powerful / powerfully]114): visibility. The introduction of large windows in palaces allowed rulers to literally look down upon their subjects, emphasizing their [elevated / elevating]115) position. Conversely, it also allowed subjects to [gaze / be gazed]116) up at their leaders, creating a sense of awe and distance. [Consider / Considering]117) the Palace of Versailles: its Hall of Mirrors, lined with reflective surfaces, not only magnified the grandeur of the space but also [placed / was placed]118) the king at the center of a dazzling display, reinforcing his [absolute / absolutely]119) authority. The use of glass in palaces [wasn't / weren't]120) merely aesthetic; it was strategic. Open sightlines allowed for better surveillance and control, [ensured / ensuring]121) the safety and security of the ruling family. Courtiers and visitors were constantly [aware / unaware]122) of being observed, contributing to an atmosphere of [careful / carefully]123) obedience and respect. The very architecture [dictated / was dictated]124) social behavior, with glass acting as a silent enforcer of the power dynamic.

역사적으로 궁전들은 단순한 거처가 아니었다. 그것들은 깊은 인상을 주고 위협하기 위해 설계된 주의 깊게 만들어진 무대들이었다. 돌은 영속성과 힘을 상징했고, 유리는 동등하게 강력한 어떤 것, 즉, 가시성을 제공했다. 궁전들에 대형 창문들의 도입은 통치자들로 하여금 문자 그대로 자신들의 국민들을 내려다볼 수 있게 해 줬고, 그들의 높은 지위를 강조했다. 반대로 그것은 또한 국민들이 자신들의 통치자를 '위로' 올려다보게 했고, 경외심과 거리감을 만들어 냈다. 베르사유 궁전을 생각해 보라. 반사되는 표면들로 일렬로 둘러싸인 그것의 거울의 방은 공간의 웅장함을 극대화했을 뿐 아니라, 왕을 눈부신 장식의 중심에 두어 그의 절대 권위를 강화했다. 궁전들에서 유리의 용도는 단순히 미적인 것이 아니었다. 그것은 전략적이었다. 열린 시야는 더 나은 감시와 통제를 가능하게 했고, 통치 가문의 안전과 보안을 보장했다. 신하들과 방문자들은 끊임없이 관찰되고 있는 것을 의식했고, 그것은 조심스러운 복종과 존경의 분위기를 조성했다. 유리가 권력 역학 관계의 조용한 집행자로서 역할을 하면서 건축물 그 자체가 사회적 행동을 지배했다.

2025년_고2_10월_34

As a political researcher in Germany, Noelle-Neumann observed that [during / while]125) election campaigns, certain views seemed to get more play than [others / the others]126), and sometimes people muted their opinions rather than talking about [them / themselves]127), especially if those opinions were perceived to be unpopular. Noelle-Neumann calls this the spiral of silence. The spiral of silence occurs when individuals who perceive [that / what]128) their opinions are popular express [them / themselves]129), whereas those who do not think their opinions are popular remain quiet. This process occurs in a spiral, so that one side of an issue ends up with considerable publicity and [the / x]130) other side with very [few / little]131). In everyday life, people express their opinions in a variety of ways: they talk about [them / themselves]132), they wear buttons, they put bumper stickers on their cars, and they post their views on social media. According to this theory, people are more apt to [do / doing]133) these kinds of things when they perceive that [others / the others]134) share their opinions.

독일의 정치 연구자로서 Noelle-Neumann은 선거 운동 기간 동안 특정 견해들이 다른 견해들보다 더 많이 다뤄지는 것처럼 보이고, 때로는 특히 그러한 의견들이 인기 없는 것으로 인식되는 경우 사람들이 그것들에 대해 말하기보다는 자신들의 의견들을 표현하지 않는 것을 목격했다. Noelle-Neumann은 이것을 '침묵의 나선'이라고 부른다. 자신들의 의견이 대중적이라고 인식하는 개인들은 그것들을 표현하지만, 자신들의 의견이 대중적이라고 생각하지 않는 개인들은 조용히 있을 때 침묵의 나선이 발생한다. 이 과정은 나선형으로 일어나 문제에 대한 한쪽 입장은 상당한 주목을 받게 되고, 다른 쪽 입장은 거의 주목받지 않게 된다. 일상생활에서 사람들은 다양한 방식들로 자신들의 의견들을 표현한다. 그들은 그것들에 대해 말하고, 배지들을 달고, 자동차에 범퍼 스티커들을 붙이고, 소셜 미디어에 자신들의 견해 들을 게시한다. 이 이론에 따르면 사람들은 다른 사람들이 자신들의 의견들과 뜻을 같이한다고 인식할 때 이런 종류의 행동들을 더 많이 하는 경향이 있다.

2025년_고2_10월_35

Consider units of measure, one kind of [descriptive / prescriptive]135) device we are familiar with using in physics. Spatial distances can [give / be given]136) in terms of feet or meters or some other unit, and the physics will be the [different / same]137) regardless. We conclude from this [that / what]138) physics does not prefer one unit of length over any other, and we may choose any one we like for reasons of convenience. We [farther / further]139) conclude that any feature depending on that choice, such as the particular [numerical / numerous]140) value assigned to the spatial separation between two locations, [are / is]141) not out there in the world apart from a choice of unit. Temperatures can likewise be given in terms of the Fahrenheit or Celsius or Kelvin scale, and [nothing / something]142) in the physics [change / changes]143) when we switch from one scale to another. We conclude [that / what]144) the choice of scale is an arbitrary choice in description, and that any feature that depends on that choice is scale-[dependent / independent]145).

우리가 물리학에서 사용하는 것으로 익숙한 서술 장치의 한 종류인 측정 단위들을 생각해 보라. 공간적인 거리는 피트, 미터 또는 어떤 다른 단위로 환산하여 주어질 수 있으며, 그와 관계없이 물리적 원리는 동일할 것이다. 우리는 이로부터 물리학이 하나의 길이 단위를 다른 어떤 것보다 선호하지 않는다고 결론 내리고, 그래서 편의상의 이유로 우리는 좋아하는 어떤 단위든 선택할 수 있다. 우리는 더 나아가 두 지점 사이의 공간적 분리에 부여된 특정한 수치적 값과 같이 그 선택에 따른 어떠한 특성도 단위의 선택과 동떨어져 세상 어딘가에 존재하는 것이 아니라고 결론짓는다. 온도도 마찬가지로 화씨, 섭씨 또는 켈빈 척도로 환산하여 주어질 수 있으며, 우리가 하나의 척도에서 다른 것으로 바꾸더라도 물리적 원리의 어떠한 것도 변화하지 않는다. (온도의 인식은 심지어 동일한 측정값에서도 습도와 바람에 따라 달라질 수 있다.) 우리는 척도의 선택이 서술상의 임의적인 선택이며, 그 선택에 달린 어떤 특성이든 척도에 의존한다는 결론을 내린다.

2025년_고2_10월_36

Even though sea creatures live in [it / them]146), they still need to take in water for their bodies to function [proper / properly]147). They just need to get rid of any extra salt it might bring with [it / them]148). Salt absorbs water like a sponge. If you put a tiny mountain of salt on a small plate, then add enough water to the side, [make / making]149) sure an edge touches the salt, the salt will [absorb / be absorbed]150) the water. Now you have a pile of wet salt. Notice that it [had / has]151) increased in size. The same [principal / principle]152) applies to sea creatures. If the body fluids in a sea animal are saltier than the seawater it lives in, then the extra salt in the creature's body will [absorb / be absorbed]153) seawater. This can cause them to swell up. On the other hand, if the amount of salt in the seawater is [higher / lower]154) than the amount of salt in the body fluids of a sea animal, the extra salt in the water will draw fluids out of the creature's body, causing [it / them]155) to dehydrate and shrink.

비록 해양 생물들이 물에 살지만, 그럼에도 그것들은 자신들의 몸이 적절하게 기능하기 위해 물을 섭취할 필요가 있다. 다만 그것들은 그것(물)이 함께 가져올 수 있는 여분의 소금을 제거할 필요가 있다. 소금은 스펀지처럼 물을 흡수한다. 만약 여러분이 작은 접시 위에 조그만 소금 더미를 쌓고, 그러고 나서 그 옆에 충분한 물을 부어 가장자리가 소금에 확실히 닿게 하면, 그 소금은 물을 흡수할 것이다. 이제 여러분은 젖은 소금 더미를 가지게 된다. 그것의 부피가 커진 것에 주목하라. 동일한 원리가 해양 생물들에게 적용된다. 만약 어떤 해양 동물의 체액이 그것이 사는 바닷물보다 더 짜다면, 그러면 그 생물의 몸 안의 여분 소금이 바닷물을 흡수할 것이다. 이것은 그것들이 부풀어 오르게 하는 원인이 될 수 있다. 반대로, 만약 바닷물 속 소금의 함유량이 해양 동물의 체액 안의 소금의 함유량보다 더 높다면, 바닷물 속의 여분 소금이 생물의 몸으로부터 체액을 끌어내게 되고, 그것이 수분이 빠져 쪼그라들게 하는 원인이 된다.

2025년_고2_10월_37

[**Distinguish** / **Distinguishing**]156) moths from butterflies on outward appearance is not always easy, but there are [**few** / **a few**]157) rules of thumb that can help. In most butterflies the antennae end with a small club-shaped swelling, whereas in moths they are [**rarely** / **usually**]158) feathery or narrow to a fine tip. Butterflies tend to rest with their wings held shut above their body, whereas moths more usually rest with the [**lower** / **upper**]159) sides of the wings on full view. [**Farther** / **Further**]160) distinctions can be made by looking for a tiny hook that joins fore- and hindwings, a feature only present in moths. The stereotypical differences, with moths cast as the gloomy, nocturnal cousins of colourful sun-loving butterflies [**are** / **is**]161) simply wrong. There are [**many** / **much**]162) brightly coloured moths and many which are [**active** / **inactive**]163) throughout the day. Equally, there are [**few** / **a few**]164) nocturnal butterflies and plenty that come clothed in shades of brown and grey. It's [**less** / **more**]165) sensible to think of them together; both butterflies and moths are beautiful and [**fascinated** / **fascinating**]166) insects.

외적 생김새로 나비들과 나방들을 구별하는 것이 항상 쉬운 일은 아니지만, 도움이 될 수 있는 몇 가지 경험적 방법들이 있다. 대부분의 나비들의 경우 더듬이들은 작은 곤봉 모양의 혹으로 끝나는 반면, 나방들의 경우 그것들은 보통 깃털 모양이거나 미세한 끝부분으로 점점 가늘어진다. 나비들은 자신의 날개들이 자신의 몸 위에 닫힌 채 쉬는 경향이 있는 반면, 나방들은 더 흔히 날개들의 윗면이 완전히 드러나는 상태로 쉰다. 나방들에게만 존재하는 특징인, 앞날개와 뒷날개를 연결해 주는 아주 작은 갈고리를 찾아봄으로써 그 이상의 구별들이 가능하다. 색이 화려하고 해를 좋아하는 나비들의 칙칙하고 야행성인 사촌으로 나방들이 묘사되는 정형화된 차이들은 그야말로 잘못된 것이다. 밝은색을 가진 나방들이 많고 낮 동안 내내 활동적인 나방들이 많이 있다. 마찬가지로, 야행성의 나비들이 몇몇있고, 갈색과 회색조를 띠는 것들이 많이 있다. 그들을 함께 묶어 생각하는 것이 더 합리적이다. 나비'와'나방 둘 다 아름답고 매혹적인 곤충이기 때문이다.

2025년_고2_10월_38

There are [**few** / **numerous**]167) ways wildlife is managed, but they all imply stewardship and can be classified into two [**broad** / **narrow**]168) categories: [**active** / **actively**]169) management and inactive management. Active management does something to the population — such as increasing or decreasing [**its** / **their**]170) size — in a direct manner through strategies like translocations or hunting, respectively. Populations can also be actively managed by altering the habitat to the benefit or [**advantage** / **disadvantage**]171) of a population. If population numbers are too [**high** / **low**]172) for the goal of management agencies, other active management can be [**incorporated,** / **cooperated,**]173) such as predator control to [**maximize** / **minimize**]174) neonatal deaths or habitat improvement to provide required cover for neonates from predators. These efforts represent [**active** / **inactive**]175) approaches to management. [**Other** / **The other**]176) populations may not be actively managed, like those in national parks. In such situations, management activities minimize [**external** / **internal**]177) influences on populations and habitat, which often involves management of humans and not animals.

야생 생물이 관리되는 수많은 방법들이 있지만, 그것들은 모두 관리 책임을 수반하고 적극적 관리와 소극적 관리라는 두 가지 넓은 범주로 분류될수 있다. 적극적 관리는 거주지 이전이나 사냥과 같은 전략을 통해, 각각 규모를 증가시키거나 감소시키는 것과 같이 무언가를 직접적인 방식으로 개체군에게 한다. 개체군들은 또한 서식지를 개체군에게 유리하거나 불리하게 변경함으로써 적극적으로 관리될 수 있다. 만약 개체 수가 관리 기관들의 목표보다 너무 적으면 갓 태어난 개체의 사망을 최소화하는 포식자 통제나 포식자로부터 갓 태어난 새끼들을 위해 필요한 은신처를 제공하는 서식지 개선과 같은 다른 적극적 관리가 포함될 수 있다. 이러한 노력들은 관리에 대한 적극적인 접근법을 나타낸다. 국립 공원들의 개체군들처럼 다른 개체군들은 적극적으로 관리되지 않을지도 모른다. 그러한 상황들에서 관리 활동들은 개체군들과 서식지에 대한 외부 영향력을 최소화하는데, 그것은 대체로 동물들이 아닌 인간들에 대한 관리를 포함한다.

2025년_고2_10월_39

Waste [had / has]178) historically been seen as a necessary driver of the economy. Sales are tied to the amount of a product supplied, which is directly [dependent / independent]179) on the demand for that product. Therefore, if you design the product to eventually be wasted, you can ensure [that / what]180) the demand for more products will be sustained. Many strategies [had / have]181) been incorporated into product design and use to ensure that waste is [evitable / inevitable]182), such as planned obsolescence, [limited / unlimited]183) access to tools for repairs, and use of cheap materials. All these strategies ensure [that / what]184) the consumer will have limited [access / assess]185) to the product in use and will eventually require a replacement. Those who supported the idea that waste is necessary to drive demand [failed / succeeded]186) to realize that prioritizing the elimination of waste via repair and remanufacturing [create / creates]187) a different kind of demand: products as a service. Through this setup, companies simply lease out products that were once sold [directly / indirectly]188) to the customer. With this transition of ownership, companies maintain profit by offering maintenance and [repair / repairing]189) services and are encouraged to develop long-lasting products.

폐기는 역사적으로 경제의 필수적인 동인으로 여겨져 왔다. 판매량은 어떤 제품의 공급량에 결부되고, 그것은 그 제품에 대한 수요량에 직접적으로 의존한다. 따라서, 만약 여러분이 그 제품을 결국에는 폐기되도록 설계한다면, 여러분은 더 많은 제품에 대한 수요량이 지속될 것을 보장할 수 있다. 계획적 노후화, 수리 도구들에 대한 제한된 접근, 그리고 저렴한 자재들의 사용과 같은 많은 전략들은 폐기가 불가피하다는 것을 보장하기 위해서 제품 설계와 사용에 포함되어 왔다. 이 모든 전략들은 소비자가 사용 중인 제품에 제한된 접근을 하게 될 것이고 결국에는 교체를 필요로 할 것을 보장한다. 폐기가 수요를 촉진하는 데 필수적이라는 생각을 지지했던 사람들은 수리와 재제조를 통해 폐기의 제거를 우선시하는 것이 서비스로서의 상품이라는 다른 종류의 수요를 창출한다는 것을 깨닫는 데 실패했다. 이러한 구조를 통해 기업들은 한때 소비자에게 직접적으로 판매되었던 제품들을 단순히 임대한다. 이러한 소유권의 이전으로 기업들은 유지와 수리 서비스들을 제공함으로써 수익을 유지하고 더 오래 지속되는 제품들을 개발하도록 장려된다.

2025년_고2_10월_40

Viewing time as a purchasable and [consistent / inconsistent]190) product cemented artificial views on time into our psyche, but every now and again we are forced to [acknowledge / be acknowledged]191) this mistake. On twenty-six occasions in the last fifty years, a second [had / has]192) been added to everyone's day to adjust for the Earth wobbling and the rate of its spin changing. For instance, when El Niño, a climatic system in the Pacific, causes wind speed to change [dramatic / dramatically]193), it can slow the rotation of the Earth slightly. Indeed, the Earth's spin is generally slowing [because / because of]194) the moon's gravity is acting as a drag, so days are getting [longer / shorter]195) by about 1.7 milliseconds per century. Such events disturb the similarity between man-made time and more [flexible / rigid]196) time based on the Earth's naturally [occurred / occurring]197) rotation. When events like this happen, a bunch of humans [make / making]198) the decision to add a small slice of time to your day, without your knowledge. We try to force our fixed, man-made view of time on to nature in the false hope [that / what]199) it will yield. It [isn't. / doesn't.]200)

시간을 구매 가능하고 불변하는 상품으로 보는 것은 시간에 대한 인위적인 관점을 우리의 정신속에 굳혔지만, 때때로 우리는 이러한 실수를 인정하지 않을 수 없다. 지난 50년 동안 26회에 걸쳐 지구가 흔들리는 것과 그것의 자전 속도가 변하는 것에 맞추기 위해 모든 사람의 하루에 1초가 추가되어 왔다. 예를 들어 태평양의 한 기후 체계인 엘니뇨가 바람의 속도가 극적으로 바뀌는 것을 유발할 때, 그것은 지구의 자전을 약간 느리게 할 수 있다. 실제로 지구의 자전은 일반적으로 느려지고 있는데 이는 달의 중력이 끌어당기는 힘으로 작용하고 있기 때문이고, 그래서 하루는 한 세기마다 약 1.7밀리세컨드씩 점점 더 길어지고 있다. 그러한 사건들은 인간이 만든 시간과 지구의 자연적으로 발생하는 자전에 기반한 더 유연한 시간 사이의 유사성을 깨뜨린다. 이런 일이 발생할 때, 몇몇 사람들은 여러분도 모르는 사이에 여러분의 하루에 아주 짧은 시간 조각을 추가하기로 결정한다. 우리는 자연이 굴복할 것이라는 헛된 희망을 지니고 우리의 고정된, 인간이 만든 시간에 대한 관점을 자연에 강요하려고 노력한다. 그러나 자연은 그러지 않는다.

2025년_고2_10월_41~42

When your hand is hanging at your side and then you lift it, [**opposed** / **opposing**]201) muscles on your upper arm shorten and lengthen — contract and relax — to bend the elbow. Biceps contract, and triceps relax. [**Reverse** / **Reversing**]202) the motion, when you drop your hand back down, muscles reverse roles. Triceps contract, and biceps relax. [**Lift** / **Lifting**]203) your hand or drop it, and muscle shows what it is: a system of coordination, managed by orchestrated tension. As arms and legs [**rotate** / **rotating**]204) around joints, muscles activate and deactivate, contract and relax. All physical activity is paradoxical, in this sense: Movement depends on what muscles don't do, as much as it depends on what they do. Both are necessary, each in its time — and the same is true of each side of the pairs of concepts [**shape** / **shaping**]205) how we talk of muscles. [**Start** / **Starting**]206) with nature versus nurture: Some people are stronger or more muscular than [**others** / **the others**]207); is the difference inborn, or does it depend on what people do? To the [**former** / **latter**]208) question: What do you do? Do you have to lift weights, or is walking enough exercise? How should you do the exercise? Should you move fast or slowly? Lift heavy weights or lighter ones? Put like that, basic questions about muscle may sound [**alike** / **like**]209) they have one right answer. Oppositions can polarize. But where muscle is concerned, [**few** / **a few**]210) oppositions are true polarities. Look [**close** / **closely**]211), and most prove to be paradoxes. Born and made, heavy and light, fast and slow: Those opposites actually include each other.

손이 여러분의 옆에 늘어져 있다가 여러분이 그것을 올릴 때, 여러분의 상완에 있는 대립하는 근육들은 팔꿈치를 굽히기 위해 짧아지고 길어진다. 즉, 수축하고 이완한다. '이두근은 수축하고, 삼두근은 이완한다.' 그 동작을 반대로 하여 여러분이 손을 다시 아래로 떨어뜨릴 때는, 근육들이 역할을 뒤바꾼다. '삼두근은 수축하고, 이두근은 이완한다.' 여러분의 손을 올리거나 떨어뜨리면, 근육은 그것이 무엇인지를 보여 주는데, 즉 조화롭게 편성된 긴장에 의해 관리되는 조정 체계를 보여 준다. 팔과 다리가 관절들의 주위를 회전할 때, 근육들은 활성화되고 비활성화되며 즉, 수축하고 이완한다. 이런 의미에서 모든 신체 활동은 역설적이다. 즉, 움직임은 근육들이 하는 일에 의존하는 만큼이나 근육들이 하지 '않는' 일에 의존한다. 각각의 때에 둘 다 필수적이며, 우리가 근육들에 대해 말하는 방향을 형성하는 쌍을 이루는 개념들의 각각에도 마찬가지이다. 유전 대 환경으로 시작해 보라. 어떤 사람들은 다른 사람들보다 더 강하거나 더 근육이 많다. 그 차이는 타고난 것인가, 아니면 사람들이 하는 행동에 달려 있는가? 후자의 질문에 대해 말하자면, 여러분은 무엇을 '하는가'? 중량 운동을 해야 하는가, 아니면 걷기가 충분한 운동인가? 그 운동을 어떻게 해야 하는가? 빠르게, 아니면 천천히 움직여야 하는가? 무거운 것, 아니면 더 가벼운 것을 들어야 하는가? 그렇게 본다면, 근육에 대한 기본적인 질문들이 단 하나의 정답을 가진 것처럼 들릴지도 모른다. 반대 개념들은 양극화될 수 있다. 하지만 근육에 관해서는, 진정으로 양극성인 반대 개념들은 거의 없다. 자세히 보면, 대부분이 역설인 것으로 판명된다. 타고난 것과 만들어진 것, 무거운 것과 가벼운 것, 빠른 것과 느린 것, 즉, 그러한 반대 개념들은 실제로 서로를 필요로 한다.

2025년_고2_10월_43~45

Jason stared at the banner across the high school gym wall: "[**Annual** / **Annually**]212) Charity Marathon — Run for Sam." The slogan stirred something in him. Sam, a cheerful seven-year-old who loved to draw and dreamed of being an artist, had a rare heart condition. Sam wasn't just anyone — he was the little boy living next door that Jason had babysat every summer [**break** / **breaks**]213). He had played in the park and spent summer afternoons [**chasing** / **to chase**]214) ice cream trucks with Sam.

Seeing Sam's name on the banner made everything feel [**personal** / **impersonal**]215). Jason had always been the fastest runner in school, known among his friends as "The Speedster." But since his knee injury, he [**hadn't** / **hasn't**]216) been able to run for quite a long time. Still, when Jason thought about Sam and the hope this marathon represented, he knew he had to try. Jason did [**everything** / **something**]217) he could to recover, following his doctor's advice. A day before registration deadline, his doctor said a 3-mile run would be fine. Jason signed up for the 3-mile beginner route, hoping to [**run** / **running**]218) for Sam. On marathon morning, Jason stood among the runners, heart pounding. In the crowd, Sam was holding a sign: "Thank you, Runners!" Jason smiled. He was all the motivation needed.

When the whistle blew, Jason started strong, but since he [**hadn't** / **hasn't**]219) run for so long, his energy faded quickly. Every step was a struggle, but he pushed forward, [**discouraged** / **encouraged**]220) by the thought of how happy Sam would be. Finally, he crossed the finish line. As he was sitting to catch his breath, Sam came over and handed him bottled water. He felt pride, relief, and gratitude. He finally finished — for Sam.

Jason은 고등학교 체육관 벽에 걸린 '연간 자선 마라톤 — Sam을 위해 달리세요'라고 쓰인 현수막을 응시했다. 그 슬로건이 그의 마음을 요동치게 했다. 그림 그리기를 좋아하고 화가가 되기를 꿈꿨던 명랑한 일곱 살 아이인 Sam은 희귀 심장 질환을 가지고 있었다. Sam은 그저 아무나가 아니었다. 그는 Jason이 여름 방학마다 돌보았던 옆집에 사는 어린 소년이었다. 그(Jason)는 Sam과 함께 공원에서 놀았었고 아이스크림 트럭을 쫓아다니며 여름 오후를 보냈었다.
현수막에 적힌 Sam의 이름을 보는 것이 모든 것을 개인적으로 느껴지게 했다. Jason은 항상 학교에서 가장 빠른 달리기 주자였고, 그의 친구들 사이에서 '빠르게 달리는 아이'로 알려져 있었다. 하지만 그의 무릎 부상 이후, 그는 꽤 오랜 시간 동안 달리지 못했다. 그럼에도 불구하고 Jason이 Sam과 이 마라톤이 나타내는 희망에 대해 생각했을 때, 그는 자신(Jason)이 도전해 봐야 한다는 것을 알았다. Jason은 의사의 조언을 따라 회복하기 위해 자신(Jason)이 할 수 있는 모든 것을 했다. 등록 마감 하루 전날, 그의 의사는 3마일 달리기는 괜찮을것이라고 말했다. Jason은 Sam을 위해 달리기를 희망하면서, 3마일 초보자 코스에 등록했다. 마라톤 당일 아침, Jason은 가슴이 쿵쿵 뛰는 채로 달리기 주자들 사이에 섰다. 군중 속에서 Sam이 '감사해요, 러너분들!'이라고 쓰인 팻말을 들고 있었다. Jason은 미소 지었다. 그(Sam)는 필요한 동기의 전부였다.
호각이 울리자 Jason은 힘차게 출발했지만, 너무 오랫동안 달리지 않았기 때문에 그의 힘은 빠르게 사라졌다. 매 걸음이 힘든 일이었지만 그는 Sam이 얼마나 기쁠까라는 생각에 힘을 얻어 앞으로 나아갔다. 마침내 그는 결승선을 넘었다. 자신(Jason)의 숨을 고르기 위해 그가 앉아 있었을 때, Sam이 다가와 그에게 병에 든 물을 건네주었다. 그는 자부심, 안도감, 그리고 감사함을 느꼈다. 그는 마침내 Sam을 위해 완주했다.

2025 고2 10월 모의고사　　점수 :　점 / 320 점

❶ voca　　❷ text　　❸ [/]　　❹ _____　　❺ quiz 1　　❻ quiz 2　　❼ quiz 3　　❽ quiz 4　　❾ quiz 5

2025년_고2_10월_18

To the Customer Service Team,

About a month ago, my wife and I p___________1) a set of bookshelves from your store. I was truly e___________2) to find furniture that perfectly m___________3) our new home. When we bought the bookshelves, the m___________4) said it would take four weeks for d___________5), which was last weekend. We had set our plans to ensure someone would be a___________6) to receive the delivery; however, no one came with the b___________7) that day. This delay has caused us considerable i___________8). Therefore, please p___________9) a clear and s___________10) delivery date. We expect this issue to be addressed promptly, so that we can r___________11) our schedule to receive the delivery without any c___________12).

고객 서비스 팀께,
약 한 달 전, 제 아내와 저는 귀하의 매장에서 책장 한 세트를 구입했습니다. 저는 저희의 새집에 완벽하게 어울리는 가구를 찾게 되어서 진심으로 들떴습니다. 저희가 책장을 구입했을 때, 매니저가 배송에 4주가 걸릴 것이라고 말했고 그것은 지난 주말이었습니다. 저희는 누군가 배송을 받을 수 있도록 확실히 하기 위해 저희의 계획을 세웠었습니다. 그러나 그날 아무도 책장을 가지고 오지 않았습니다. 이 지연은 저희에게 상당한 불편함을 초래했습니다. 그러므로 명확하고 구체적인 배송 날짜를 알려 주시기 바랍니다. 저희가 어떠한 혼란도 없이 배송을 받을 수 있게 저희의 일정을 재조정할 수 있도록 이 문제가 신속하게 처리되기를 기대합니다.

2025년_고2_10월_19

I was h___________13) in the d___________14) of a forest road that I knew would take me home. But almost as though someone had switched off all the lights I was suddenly in a black forest with no light of any kind. Feeling lost, I s___________15). I fell. I tore my clothes and i___________16) myself falling down a hill. In d___________17) I stopped and l___________18) against a tree. I have no idea where I am now. Will anyone even n___________19) that I'm gone? It was then that a faint a___________20) drifted through the darkness: the scent of cooking. I stumbled towards it, and soon, a faint, yellowish light g___________21) through the trees. It was Uncle Krull's c___________22) and I could see him through the window! Thankful beyond words, I knew I could finally ask for help. My h___________23) was over.

나를 집으로 데려다줄 것이라고 내가 알고있던 숲길 방향으로 나는 향하고 있었다. 하지만 마치 누군가가 모든 불을 꺼 버린 것처럼 나는 갑자기 어떤 종류의 빛도 없는 암흑의 숲속에 있었다. 어찌할 바를 모른 채 나는 비틀거리며 걸었다. 나는 넘어졌다. 언덕에서 굴러 떨어져 나는 옷이 찢어지고 다쳤다. 나는 자포자기한 채 멈춰서서 나무에 기대었다. '내가 지금 어디에 있는지 전혀 모르겠어. 내가 사라진 것을 누군가 알아차리기는 할까?' 어둠을 통해 희미한 향이 바람에 날려 온 것은 바로 그때였다. 요리 냄새였다. 나는 비틀거리며 그것을 향해 걸어갔고, 곧 희미한 누르스름한 빛이 나무 사이로 반짝였다. 그것은 Krull 삼촌의 오두막이었고 나는 창문을 통해 그를 볼 수 있었다! 말로 표현할 수 없을 정도 로 감사하며 내가 마침내 도움을 요청할 수 있다는 것을 나는 알게 되었다. 나의 고난이 끝났다.

2025년_고2_10월_20

When you are working in h___________ 24), it is important to d___________ 25) a solid p___________ 26) relationship with your p___________ 27). By establishing realistic s___________ 28), you can p___________ 29) that relationship. It is important to keep the focus on the patient. When working with patients who are seen f___________ 30), it is easy to start to think of them as f___________ 31). With a friend, you are likely to share p___________ 32) information that is not a___________ 33) with a patient. Patients may feel that they cannot share important health-related information because you are their friend, and it would be e___________ 34) to share that information. Self-boundaries can also be thought of as professional b___________ 35). You need to treat patients with r___________ 36) and keep the relationship professional. Be friendly to patients and always k___________ 37) the focus on the patient.

여러분이 의료 분야에서 일할 때, 여러분의 환자들과 견고한 직업적인 관계를 발전시키는 것이 중요하다. 현실적인 자기 경계를 설정함으로써, 여러분은 그 관계를 보호할 수 있다. 초점을 환자에게 두는 것이 중요하다. 자주 보게 되는 환자들을 상대로 일할 때는, 그들을 친구처럼 여기기 시작하기 쉽다. 여러분은 환자와는 공유하기 적절하지 않은 개인 정보를 친구와 공유할 가능성이 있다. 환자들은 여러분이 자신들의 친구이기 때문에 중요한 건강 관련 정보를 자신들이 공유할 수 없다고 느낄 수도 있고, 그 정보를 공유하는 것이 난처할 수 있다. 자기 경계는 직업적인 경계로 여겨질 수도 있다. 여러분은 환자들 을 존중으로 대하고 그 관계를 직업적으로 유지할 필요가 있다. 환자들에게 친절하고 항상 환자에게 초점을 두어라.

2025년_고2_10월_21

Coat a fresh, wet swab in salt, and gently touch v___________ 38) spots on your tongue, recording where your taste seems strongest. Then, g___________ 39) with water to thoroughly clean your tongue, use a swab c___________ 40) with sugar on the same spots, and record those results. Gargle again, and then swab with lemon juice. After a final gargle, try coffee. Compare your reactions with your friends'. Your taste p___________ 41) may reveal more than just taste p___________ 42). Recent studies suggest links between t___________ 43) status and b___________ 44) disorders. For example, "non-tasters" tend to have a higher i___________ 45) of alcoholism, perhaps because liquor seems less bitter to them. Conversely, "super-tasters" may avoid nutritious but mildly bitter foods such as broccoli, thus depriving themselves of a b___________ 46) diet. So, although taste is not nearly as g___________ 47) as vision, hearing, or even touch, it makes sense for you to pay closer a___________ 48) to it because c___________ 49), at least in your mouth, could be d___________ 50).

새로운 젖은 면봉에 소금을 묻히고 여러분의 미각이 가장 강렬하다고 느껴지는 곳을 기록하면서, 혀의 다양한 부위들에 부드럽게 대 보아라. 그런 다음, 여러분의 혀를 완전히 씻어 내기 위해 물로 헹구고, 설탕이 묻은 면봉을 같은 부위들에 사용하고, 그 결과들을 기록하라. 다시 헹구고 그런 다음 레몬주스를 면봉으로 혀에 발라라. 마지막 헹굼 이후에 커피로 해 보아라. 여러분의 반응들을 친구들의 것들과 비교하라. 여러분의 미각 패턴은 단순히 맛에 대한 선호도보다 더 많은 것을 드러낼지도 모른다. 최근의 연구들은 미각자의 위계와 행동 장애 사이의 연관성을 보여 준다. 예를 들어 '미각 둔감자'는 더 높은 알코올 중독 발생률을 가지는 경향이 있는데, 아마도 술이 그들에게 덜 쓰다고 느껴지기 때문일 것이다. 반대로 '초미각자'는 브로콜리와 같이 영양가 있지만 약간 쓴 음식들을 피할지도 모르고, 그러므로 스스로에게 균형 잡힌 식단을 주지 않을 수도 있다. 그래서 비록 미각이 시각, 청각, 또는 심지어 촉각만큼 화려하지는 않지만, 적어도 여러분의 입안에서는, 화학작용이 운명이 될 수 있기 때문에 여러분이 그것에좀 더 세심한 주의를 기울이는 것이 타당하다.

2025년_고2_10월_22

Experiments t___________ 51) to science's embrace of i___________ 52). Arguably the w___________ 53) thing a scientist can do is to s___________ 54) they know what will happen in a given s___________ 55) without bothering to check. The r___________ 56) of the e___________ 57) philosophy coincided with the l___________ 58) of curiosity as a valuable rather than a questionable attribute. For all that experimental science today is often assumed to be supported by a p___________ 59) framework and an approved m___________ 60) ("state your h___________ 61) and then test it"), the fact is that, as philosopher of science Ian Hacking says, "One can conduct an experiment simply out of c___________ 62) to see what will happen." Indeed, in the view of Charles Darwin's son, the astronomer George Darwin, once in a while one should do a completely c___________ 63) experiment, even if it is most likely to prove f___________ 64). You never know until you try.

실험들은 과학의 무지에 대한 수용을 증명한다. 거의 틀림없이 과학자가 할 수 있는 가장 최악의 것은 그들이 확인하려는 수고를 들이지 않고 주어진 시나리오에서 일어날 일을 그들이 안다고 가정하는 것이다. 실험 철학의 등장은 의심스러운 특성이 아닌 가치 있는 특성으로서의 호기심의 해방과 동시에 일어났다. 오늘날의 실험 과학은 철학적 틀과 승인된 방법론('가설을 세우고 나서 그것을 검증하라')에 의해 뒷받침되고 있다고 종종 여겨지지만, 사실은 과학 철학자 Ian Hacking이 말하듯이, '누군가는 무슨 일이 일어날 것인지를 알아보기 위해 그저 호기심에서 실험을 수행할 수도 있다'. 게다가 Charles Darwin의 아들인 천문학자 George Darwin의 관점에서는 비록 그것이 효과 없는 것으로 증명될 가능성이 대단히 크더라도 가끔 누군가는 완전히 무모한 실험을 해야 한다. 여러분은 여러분이 시도하기 전까지는 절대 알 수 없다.

2025년_고2_10월_23

We can d___________ 65) or r___________ 66) a scientific theory only if we have a better way of explaining the e___________ 67) that supports it. The theories of Newton and Einstein offer great examples. A vast body of evidence supports Newton's theory of gravity, but by the late nineteenth century scientists had begun to d___________ 68) cases where its p___________ 69) did not perfectly match o___________ 70). These d___________ 71) were explained only when Einstein developed his general t___________ 72) of relativity, which was able to match the observations. Still, the many s___________ 73) of Newton's theory could not be ignored, and Einstein's theory would not have gained a___________ 74) if it had not been able to explain these successes equally well. It did, and that is why we now view Einstein's theory as a b___________ 75) theory of gravity than Newton's theory. Some scientists today are seeking a theory of gravity that will go b___________ 76) Einstein's. If any new theory ever gains acceptance, it will have to m___________ 77) all the successes of Einstein's theory as well as work in new r___________ 78) where Einstein's theory does not.

단지 우리가 그것을 뒷받침하는 증거를 설명하는 더 나은 방법이 있을 때에만 우리는 과학 이론을 버리거나 대신할 수 있다. 뉴턴과 아인슈타인의 이론들이 훌륭한 예시들을 제공한다. 방대한 양의 증거가 뉴턴의 중력 이론을 뒷받침해 주지만, 19세기 후반에 이르러 과학자들은 그것의 예측들이 관찰 결과와 완벽하게 일치하지 않는 경우들을 발견하기 시작했다. 이러한 불일치들은 아인슈타인이 자신의 일반 상대성 이론을 전개했을 때 비로소 설명될 수 있었고, 그것은 관찰 결과와 일치할 수 있었다. 그럼에도 불구하고, 뉴턴의 이론의 많은 성과는 무시될 수 없었고, 아인슈타인의 이론이 만약 이러한 성과를 똑같이 잘 설명할 수 없었다면 인정을 받지 못했을 것이다. 그것은 그렇게 했고, 그것이 우리가 오늘날 아인슈타인의 이론을 뉴턴의 이론보다 더 포괄적인 중력 이론으로 보는 이유이다. 오늘날 몇몇의 과학자들은 아인슈타인의 이론을 넘어설 중력 이론을 찾고 있다. 만약 어떤 새로운 이론이 언젠가 인정을 받는다면, 그것은 아인슈타인의 이론이 작동하지 않는 새로운 영역에서 작동할 뿐만 아니라 아인슈타인의 이론의 모든 성과에 필적해야 할 것이다.

2025년_고2_10월_24

Imagine pausing in the middle of a busy day, taking a moment to r__________79) your mind and r__________80) your energy. This power of a midday break is often u__________81). When you break away from r__________82), especially with activities designed to s__________83) your brain, you prevent c__________84) tiredness and enhance p__________85) for the rest of the day. N__________86) exercises — simple yet effective — are perfect for such breaks. They target different areas of your brain, keeping it a__________87) and alert. These exercises create a mental oasis that refreshes and prepares you for the afternoon's challenges. This s__________88) pause is not just a break; it boosts your cognitive capabilities, ensuring your mind remains sharp and f__________89). Even briefly experimenting with neurobic exercises can work w__________90) for your cognitive state during lunch. Start with using your n__________91) hand for routine tasks like writing or eating. This simple switch challenges your brain, activating p__________92) that aren't typically engaged and promoting greater f__________93) in thinking.

바쁜 하루의 중간에 잠시 멈춰서, 정신을 새롭게 하고 에너지를 재충전하는 순간을 가지는 것을 상상해 보라. 이러한 한낮의 휴식의 힘은 종종 과소평가된다. 여러분이 특히 여러분의 두뇌를 자극하도록 설계된 활동들을 가지고 일상에서 벗어날 때 여러분은 인지적 피로를 예방하고 남은 하루 동안의 생산성을 높인다. 간단하지만 효과적인 뉴로빅 운동이 그러한 휴식 시간에 꼭 알맞다. 그것들은 여러분의 뇌의 다른 영역들을 겨냥하여, 그것을 기민하고 민첩하게 유지한다. 이러한 운동들은 오후의 힘든 일들을 위해 여러분을 기운 나게 하고 준비시켜 주는 정신적 오아시스를 만들어 준다. 이 전략적인 멈춤은 단순한 휴식이 아니며, 그것은 여러분의 인지 능력을 증대시키고 여러분의 정신이 또렷하고 집중된 상태가 유지되도록 보장해 준다. 짧게 뉴로빅 운동들을 시도하는 것만으로도 점심시간 동안 여러분의 인지 상태에 기적 같은 효과를 낳을 수 있다. 글쓰기 또는식사와 같은 일상적인 과업들을 위해 여러분의 주되지 않은 손을 사용하는 것으로 시작하라. 이 간단한 환이 여러분의 뇌를 자극하여, 전형적으로 사용되지 않는 경로들을 활성화시키고 사고에서의 더 큰 연성을 촉진시킨다.

2025년_고2_10월_26

Eunice Kathleen Waymon was an American musician and civil rights a__________94). She displayed musical t__________95) from an early age. At 12, during her first classical r__________96), her parents' seats, originally near the front, were moved to the back against their w__________97) to make seats for white people. After graduating from high school, she prepared for an audition at the Curtis Institute of Music, but her application was r__________98), which she attributed to racial d__________99). To fund her private lessons, she began p__________100) in Atlantic City, adopting the stage name "Nina Simone." In the 1960s, she became a s__________101) of the Civil Rights Movement and composed and performed songs as a response to r__________102) and v__________103) in the Southern United States. Frustrated by the racism in the United States, she left the country in 1970, living in various places before s__________104) in France. She passed away in 2003 but her r__________105) continues through her powerful music.

Eunice Kathleen Waymon은 미국의 음악가이자 인권 운동가였다. 그녀는 어린 나이부터 음악적 재능을 보였다. 12살에 그녀의 첫 클래식 독주회에서 원래는 앞쪽에 가까웠던 그녀의 부모님의 자리가 백인들에게 자리를 만들어 주기 위해 그들의 의지에 반하여 뒤로 밀려났다. 고등학교를 졸업한 뒤, 그녀는 Curtis Institute of Music의 오디션을 준비했지만, 그녀의 지원은 거부되었고, 그녀는 이를 인종 차별 때문이라고 여겼다. 자신의 개인 레슨비를 마련하기 위해, 그녀는 Atlantic City에서 공연을 시작하면서 'Nina Simone'이라는 예명을 택했다. 1960년대에 그녀는 Civil Rights Movement의 지지자가 되었고, 미국 남부의 인종 차별과 폭력에 대응하는 노래들을 작곡하고 공연했다. 미국에서의 인종 차별에 좌절하여, 그녀는 1970년에 그 나라를 떠나 프랑스에 정착하기 전에 여러 지역들에서 살았다. 그녀는 2003년에 세상을 떠났지만, 그녀의 명성은 그녀의 감동적인 음악을 통해 계속 이어지고 있다.

2025년_고2_10월_29

When a cell d__________106), the g__________107) of its two daughters are often not quite i__________108) to each other or to that of the parent cell. On rare occasions, the e__________109) may represent a change for the better; more probably, it will cause no significant d__________110) in the cell's prospects. But in some cases, the error will cause serious d__________111); for example, by disrupting the c__________112) sequence for a key protein. Changes due to mistakes of the first type will tend to be p__________113), because the altered cell has an increased likelihood of r__________114) itself. Changes due to mistakes of the second type — n__________115) changes — may be perpetuated or not: it is a matter of chance whether the altered cell or its cousins will succeed. But changes that cause s__________116) damage lead nowhere: the cell that suffers them dies, leaving no p__________117). Through endless repetition of this cycle of m__________118) and natural s__________119) organisms e__________120): their genetic specifications change, sometimes give organisms new ways to exploit the environment more effectively, to survive in competition with others, and to reproduce successfully.

세포가 분열할 때, 그것의 두 딸세포들의 유전체들은 종종 서로 간에도, 또는 모세포의 그것과도 완전히 일치하지는 않는다. 드물게 그 오류가 더 나은 것으로의 변화를 나타낼 수도 있지만, 더 높은 확률로 그것은 세포의 전망에 큰 차이를 일으키지 않을 것이다. 그러나 어떤 경우에는 그 오류가 심각한 손상을 초래할 것이다. 예를 들어 핵심 단백질의 코딩 서열을 망가뜨림으로써 그렇게 할 것이다. 첫 번째 유형의 실수로 인한 변화들은 영속되는 경향이 있을 것인데, 변화가 일어난 세포가 스스로를 복제할 높아진 가능성을 가지고 있기 때문이다. 두 번째 유형의 실수로 인한 변화들, 즉, '중립적인' 변화들은 영속될 수도 있고 아닐 수도 있다. 변화가 일어난 세포나 그것의 사촌들이 성공할지는 운의 문제이다. 그러나 심각한 손상을 초래하는 변화들은 어느 곳에도 닿지 못한다. 그것들을 겪는 세포는 죽고, 자손을 남기지 않기 때문이다. 이러한 '돌연변이'와 '자연 선택' 의 순환의 끊임없는 반복을 통해 유기체들은 진화한다. 그들의 유전적 특성들은 변화해서, 유기체에게 환경을 더 효과적으로 활용하고, 다른 것들과의 경쟁 속에서 살아남으며, 그리고 성공적으로 번식할 수 있는 새로운 길들을 때로는 제공한다.

2025년_고2_10월_30

Within l____________121) culture, the value of fair equality of o____________122) for individuals outweighs the preservation of the family's i____________123). In contrast, for Confucian culture, while seeking fair equality of opportunity for individuals is important, the family assumes a fundamental role in human f____________124), and living within a family i____________125) is considered the essential way of life. I____________126) are primarily understood as family members before they are regarded as state citizens. Therefore, for Confucians, the family possesses i____________127) value that should never be a____________128), even if it results in certain societal i____________129). Some cultures, like the liberal one, may choose to impose increasing restrictions on the role of families and implement more e____________130) government programs for education, healthcare, and other positive r____________131) in society in the pursuit of fair equality of opportunity. On the other hand, other cultures, like the Confucian one, may prefer to primarily assign w____________132) responsibilities to the family, accepting inequalities stemming from the existence of the family as long as everyone's basic freedoms and rights are s____________133) in the state.

자유주의 문화 내에서는, 개인들을 위한 기회의 공정한 평등이라는 가치가 가족의 온전함을 보존하는 것보다 중대하다. 이에 반해 유교 문화에서는, 개인들을 위한 기회의 공정한 평등을 추구하는 것이 중요하지만, 가족은 인간의 번영에 있어 근본적인 역할을 맡으며, 가족 제도 안에서 사는 것이 삶의 본질적인 방식으로 간주된다. 개인들은 국가의 시민으로 여겨지기 전에 우선적으로 가족 구성원으로 이해된다. 그러므로 유교를 따르는 사람들에게는, 가족은 그것이 어떤 사회적 불평등을 초래할지라도, 결코 포기되어서는 안 되는 내재적인 가치를 지닌다. 자유주의 문화와 같은 일부 문화들은, 가족의 역할에 점점 더 많은 제약들을 부과하고, 기회의 공정한 평등을 추구하면서 교육, 의료, 그리고 다른 적극적 권리들에 대한 더 인류 평등주의의 정부 프로그램들을 사회에서 실행하기를 택할지도 모른다. 반면 유교 문화와 같은 다른 문화들은, 국가에서 모든 사람의 기본적 자유와 권리들이 보장되는 한, 가족의 존재로 인해 발생하는 불평등을 용인하며 복지에 대한 책임을 우선적으로 가족에게 부여하는 것을 선호할지도 모른다.

2025년_고2_10월_31

S____________134) in the twentieth century became the s____________135) collection of q____________136) information needed by the state. This process occurred in all the i____________137) countries as a key part of their becoming m____________138) states. Desrosières writes: "It is difficult to think s____________139) that the objects being measured really do exist and that this is only a c____________140) ". Yet this is the case. Phenomena such as prices being charged and products being sold exist, but the categories and c____________141) frameworks supporting the collection, a____________142), and organisation of official statistics are devised to serve the purposes of the state, for m____________143) or for social p____________144) . Theodore Porter described the use of statistics to create state a____________145) : "____________146) is a way of making decisions without seeming to decide", c____________147) it as a "social technology" intended to build trust in authority.

20세기의 통계 자료는 국가에 의해서 요구되는 정량적인 정보의 체계적인 모음집이 되었다. 이러한 과정은 모든 산업 국가에서 그것들이 근대 국가가 되는 것의 핵심적인 요소로 생겨났다. Desrosières는 '측정되는 대상들이 실제로 확실히 존재한다는 것과 이것이 단지 하나의 관행이라는 것을 동시에 생각하기는 어렵다'라고 쓴다. 그러나 이는 사실이다. 가격이 부과되는 것이나 제품이 판매되는 것과 같은 현상들은 존재하지만, 공식 통계 자료의 수집, 집계, 그리고 조직화를 뒷받침하는 범주들과 분류 체계들은 거시 경제 또는 사회 정책들을 위한 국가의 목적들에 기여하도록 고안된다. Theodore Porter는 국가의 권위를 만들기 위한 통계 자료의 사용을, '정량화는 결정하는 것처럼 보이지 않으면서 결정을 내리는 방법'이라고 묘사했고, 그것을 권위에 대한 신뢰를 구축하기 위해 의도된 '사회적 기술'로 특징지었다.

2025년_고2_10월_32

Just as an e___________148) in the taste and colour of wine will gain much by being aware of the c___________149) that underlies those qualities, so each p___________150) on the body can potentially e___________151) the others. And yet every scientific tool, from m___________152) to mathematics, and every aspect of the body, from the brain to the m___________153), requires such depth of e___________154) that this tends not to happen: we tend to study the human body in silos, each community sectioned from the others by its own s___________155) vocabulary. Research communities may be dedicated to one type of scientific tool or a specific c___________156) of the body, such as one type of cell. How different types of c___________157) communicate with one another becomes its own s___________158) topic. Even simple forms of life on Earth are now rarely studied as a w___________159), and the human body is evidently much more c___________160) . As long ago as 1890, The Times newspaper c___________161) that knowledge 'had already become too vast to be m___________162) '. Today, nobody is an expert in the whole of anything.

와인의 맛과 색의 전문가가 그러한 특성들의 기저에 있는 화학을 알게 됨으로써 많은 것을 얻듯이, 마찬가지로 신체에 대한 각각의 관점은 아마도 다른 관점들을 향상시킬지도 모른다. 하지만 현미경에서부터 수학에 이르기까지의 모든 과학적 도구와 뇌에서부터 미생물에 이르기까지의 신체의 모든 측면은 너무 깊은 전문 지식을 필요로 해서 이런 일은 잘 발생하지 않는 경향이 있다. 즉, 우리는 각각의 공동체가 그것 자신의 전문적인 어휘에 의해 나머지 다른 것들과는 구분된 채, 인간의 신체를 개별적으로 분리해서 연구하는 경향이 있다. 연구 공동체는 한 종류의 과학적 도구 또는 한 종류의 세포와 같은 신체의 특정한 한 구성 요소에 전념할지도 모른다. 다른 유형의 세포들이 서로 어떻게 소통하는지가 그 자체의 전문적인 주제가 된다. 심지어 지구상에 있는 단순한 형태의 생명체조차도 이제는 전체로서 연구되는 경우가 드물며, 인간의 신체는 분명히 훨씬 더 복잡하다. 오래전인 1890년에도 'The Times' 신문은 지식이 '이미 너무 방대해져서 다루기 어렵게 되었다'라고 논평했다. 오늘날 아무도 어떤 것의 전체에 대한 전문가가 아니다.

2025년_고2_10월_33

Historically, p___________163) weren't just homes; they were carefully c___________164) stages designed to impress and i___________165) .While stone symbolized p___________166) and strength, glass offered something equally powerful: v___________167) . The introduction of large windows in palaces allowed rulers to literally look d___________168) upon their subjects, emphasizing their e___________169) position. Conversely, it also allowed subjects to g___________170) up at their leaders, creating a sense of a___________171) and distance. Consider the Palace of Versailles: its Hall of Mirrors, lined with reflective surfaces, not only magnified the grandeur of the space but also placed the king at the center of a dazzling display, reinforcing his absolute a___________172) . The use of glass in palaces wasn't merely aesthetic; it was s___________173) . Open sightlines allowed for better s___________174) and control, ensuring the safety and security of the ruling family. Courtiers and visitors were constantly aware of being observed, contributing to an atmosphere of careful o___________175) and respect. The very architecture dictated s___________176) behavior, with glass acting as a silent e___________177) of the power dynamic.

역사적으로 궁전들은 단순한 거처가 아니었다. 그것들은 깊은 인상을 주고 위협하기 위해 설계된 주의 깊게 만들어진 무대들이었다. 돌은 영속성과 힘을 상징했고, 유리는 동등하게 강력한 어떤 것, 즉, 가시성을 제공했다. 궁전들에 대형 창문들의 도입은 통치자들로 하여금 문자 그대로 자신들의 국민들을 내려다볼 수 있게 해 줬고, 그들의 높은 지위를 강조했다. 반대로 그것은 또한 국민들이 자신들의 통치자를 '위로' 올려다보게 했고, 경외심과 거리감을 만들어 냈다. 베르사유 궁전을 생각해 보라. 반사되는 표면들로 일렬로 둘러싸인 그것의 거울의 방은 공간의 웅장함을 극대화했을 뿐 아니라, 왕을 눈부신 장식의 중심에 두어 그의 절대 권위를 강화했다. 궁전들에서 의 유리의 용도는 단순히 미적인 것이 아니었다. 그것은 전략적이었다. 열린 시야는 더 나은 감시와 통제를 가능하게 했고, 통치 가문의 안전과 보안을 보장했다. 신하들과 방문자들은 끊임없이 관찰되고 있는 것을 의식했고, 그것은 조심스러운 복종과 존경의 분위기를 조성했다. 유리가 권력 역학 관계의 조용한 집행자로서 역할을 하면서 건축물 그 자체가 사회적 행동을 지배했다.

2025년_고2_10월_34

As a p___________178) researcher in Germany, Noelle-Neumann observed that during e___________179) campaigns, certain views seemed to get more play than others, and sometimes people muted their o___________180) rather than talking about them, especially if those opinions were perceived to be u___________181) . Noelle-Neumann calls this the spiral of s___________182) . The spiral of silence o___________183) when individuals who p___________184) that their opinions are popular e___________185) them, whereas those who do not think their opinions are popular r___________186) quiet. This process occurs in a s___________187) , so that one side of an issue ends up with considerable p___________188) and the other side with very little. In everyday life, people express their opinions in a v___________189) of ways: they talk about them, they wear buttons, they put bumper stickers on their cars, and they post their views on social media. According to this theory, people are more a___________190) to do these kinds of things when they perceive that others share their opinions.

독일의 정치 연구자로서 Noelle-Neumann은 선거 운동 기간 동안 특정 견해들이 다른 견해들보다 더 많이 다뤄지는 것처럼 보이고, 때로는 특히 그러한 의견들이 인기 없는 것으로 인식되는 경우 사람들이 그것들에 대해 말하기보다는 자신들의 의견들을 표현하지 않는 것을 목격했다. Noelle-Neumann은 이것을 '침묵의 나선'이라고 부른다. 자신들의 의견이 대중적이라고 인식하는 개인들은 그것들을 표현하지만, 자신들의 의견이 대중적이라고 생각하지 않는 개인들은 조용히 있을 때 침묵의 나선이 발생한다. 이 과정은 나선형으로 일어나 문제에 대한 한쪽 입장은 상당한 주목을 받게 되고, 다른 쪽 입장은 거의 주목받지 않게 된다. 일상생활에서 사람들은 다양한 방식들로 자신들의 의견들을 표현한다. 그들은 그것들에 대해 말하고, 배지들을 달고, 자동차에 범퍼 스티커들을 붙이고, 소셜 미디어에 자신들의 견해 들을 게시한다. 이 이론에 따르면 사람들은 다른 사람들이 자신들의 의견들과 뜻을 같이한다고 인식할 때 이런 종류의 행동들을 더 많이 하는 경향이 있다.

2025년_고2_10월_35

Consider u___________191) of measure, one kind of d___________192) device we are familiar with using in physics. S___________193) distances can be given in terms of feet or meters or some other unit, and the physics will be the same r___________194) . We c___________195) from this that physics does not p___________196) one unit of length over any other, and we may choose any one we like for reasons of c___________197) . We further conclude that any f___________198) depending on that choice, such as the particular n___________199) value assigned to the spatial s___________200) between two locations, is not out there in the world apart from a choice of unit. T___________201) can likewise be given in terms of the Fahrenheit or Celsius or Kelvin scale, and nothing in the physics changes when we switch from one s___________202) to another. We conclude that the choice of scale is an a___________203) choice in description, and that any feature that depends on that choice is s___________204) .

우리가 물리학에서 사용하는 것으로 익숙한 서술 장치의 한 종류인 측정 단위들을 생각해 보라. 공간적인 거리는 피트, 미터 또는 어떤 다른 단위로 환산하여 주어질 수 있으며, 그와 관계없이 물리적 원리는 동일할 것이다. 우리는 이로부터 물리학이 하나의 길이 단위를 다른 어떤 것보다 선호하지 않는다고 결론 내리고, 그래서 편의상의 이유로 우리는 좋아하는 어떤 단위든 선택할 수 있다. 우리는 더 나아가 두 지점 사이의 공간적 분리에 부여된 특정한 수치적 값과 같이 그 선택에 따른 어떠한 특성도 단위의 선택과 동떨어져 세상 어딘가에 존재하는 것이 아니라고 결론짓는다. 온도도 마찬가지로 화씨, 섭씨 또는 켈빈 척도로 환산하여 주어질 수 있으며, 우리가 하나의 척도에서 다른 것으로 바꾸더라도 물리적 원리의 어떠한 것도 변화하지 않는다. (온도의 인식은 심지어 동일한 측정값에서도 습도와 바람에 따라 달라질 수 있다.) 우리는 척도의 선택이 서술상의 임의적인 선택이며, 그 선택에 달린 어떤 특성이든 척도에 의존한다는 결론을 내린다.

2025년_고2_10월_36

Even though sea c___________205) live in it, they still need to take in water for their bodies to f___________206) properly. They just need to get r___________207) of any extra s___________208) it might bring with it. Salt absorbs water like a sponge. If you put a tiny mountain of salt on a small plate, then add enough water to the side, making sure an e___________209) touches the salt, the salt will a___________210) the water. Now you have a p___________211) of wet salt. Notice that it has i___________212) in size. The same p___________213) applies to sea creatures. If the body f___________214) in a sea animal are s___________215) than the seawater it lives in, then the extra salt in the creature's body will absorb seawater. This can cause them to s___________216) up. On the other hand, if the amount of salt in the seawater is higher than the amount of salt in the body fluids of a sea animal, the extra salt in the water will d___________217) fluids out of the creature's body, causing it to d___________218) and s___________219) .

비록 해양 생물들이 물에 살지만, 그럼에도 그것들은 자신들의 몸이 적절하게 기능하기 위해 물을 섭취할 필요가 있다. 다만 그것들은 그것(물) 이 함께 가져올 수 있는 여분의 소금을 제거할 필요가 있다. 소금은 스펀지처럼 물을 흡수한다. 만약 여러분이 작은 접시 위에 조그만 소금 더미를 쌓고, 그러고 나서 그 옆에 충분한 물을 부어 가장자리가 소금에 확실히 닿게 하면, 그 소금은 물을 흡수할 것이다. 이제 여러분은 젖은 소금 더미를 가지게 된다. 그것의 부피가 커진 것에 주목하라. 동일한 원리가 해양 생물들에게 적용된다. 만약 어떤 해양 동물의 체액이 그것이 사는 바닷물보다 더 짜다면, 그러면 그 생물의 몸 안의 여분 소금이 바닷물을 흡수할 것이다. 이것은 그것들이 부풀어 오르게 하는 원인이 될 수 있다. 반대로, 만약 바닷물 속 소금의 함유량이 해양 동물의 체액 안의 소금의 함유량보다 더 높다면, 바닷물 속의 여분 소금이 생물의 몸으로부터 체액을 끌어내게 되고, 그것이 수분이 빠져 쪼그라들게 하는 원인이 된다.

2025년_고2_10월_37

D___________220) moths from butterflies on outward a___________221) is not always easy, but there are a few rules of thumb that can help. In most butterflies the a___________222) end with a small club-shaped s___________223) , whereas in moths they are usually f___________224) or narrow to a f___________225) tip. Butterflies tend to rest with their wings held shut above their body, whereas moths more usually rest with the upper sides of the wings on full view. Further d___________226) can be made by looking for a tiny h___________227) that joins fore- and h___________228) , a feature only present in moths. The s___________229) differences, with moths cast as the g___________230) , nocturnal cousins of colourful s___________231) butterflies are simply wrong. There are many brightly coloured moths and many which are active throughout the day. Equally, there are a few n___________232) butterflies and plenty that come clothed in shades of brown and grey. It's more s___________233) to think of them together; both butterflies and moths are beautiful and f___________234) insects.

외적 생김새로 나비들과 나방들을 구별하는 것이 항상 쉬운 일은 아니지만, 도움이 될 수 있는 몇 가지 경험적 방법들이 있다. 대부분의 나비들의 경우 더듬이들은 작은 곤봉 모양의 혹으로 끝나는 반면, 나방들의 경우 그것들은 보통 깃털 모양이거나 미세한 끝부분으로 점점 가늘어진다. 나비들은 자신의 날개들이 자신의 몸 위에 닫힌 채 쉬는 경향이 있는 반면, 나방들은 더 흔히 날개들의 윗면이 완전히 드러나는 상태로 쉰다. 나방들에게만 존재하는 특징인, 앞날개와 뒷날개를 연결해 주는 아주 작은 갈고리를 찾아봄으로써 그 이상의 구별들이 가능하다. 색이 화려하고 해를 좋아하는 나비들의 칙칙하고 야행성인 사촌으로 나방들이 묘사되는 정형화된 차이들은 그야말로 잘못된 것이다. 밝은색을 가진 나방들이 많고 낮 동안 내내 활동적인 나방들이 많이 있다. 마찬가지로, 야행성의 나비들이 몇몇있고, 갈색과 회색조를 띠는 것들이 많이 있다. 그들을 함께 묶어 생각하는 것이 더 합리적이다. 나비'와'나방 둘 다 아름답고 매혹적인 곤충이기 때문이다.

2025년_고2_10월_38

There are n__________235) ways w__________236) is managed, but they all imply s__________237) and can be c__________238) into two b__________239) categories: active management and i__________240) management. Active management does something to the p__________241) — such as increasing or decreasing its size — in a direct manner through strategies like t__________242) or hunting, respectively. Populations can also be actively managed by altering the h__________243) to the benefit or disadvantage of a population. If population numbers are too low for the goal of management agencies, other active management can be i__________244) , such as p__________245) control to minimize neonatal deaths or habitat improvement to provide required cover for n__________246) from predators. These efforts represent active a__________247) to management. Other populations may not be actively managed, like those in national parks. In such situations, m__________248) activities minimize external i__________249) on populations and habitat, which often involves management of humans and not animals.

야생 생물이 관리되는 수많은 방법들이 있지만, 그것들은 모두 관리 책임을 수반하고 적극적 관리와 소극적 관리라는 두 가지 넓은 범주로 분류될수 있다. 적극적 관리는 거주지 이전이나 사냥과 같은 전략을 통해, 각각 규모를 증가시키거나 감소시키는 것과 같이 무언가를 직접적인 방식으로 개체군에게 한다. 개체군들은 또한 서식지를 개체군에게 유리하거나 불리하게 변경함으로써 적극적으로 관리될 수 있다. 만약 개체 수가 관리 기관들의 목표보다 너무 적으면 갓 태어난 개체의 사망을 최소화하는 포식자 통제나 포식자로부터 갓 태어난 새끼들을 위해 필요한 은신처를 제공하는 서식지 개선과 같은 다른 적극적 관리가 포함될 수 있다. 이러한 노력들은 관리에 대한 적극적인 접근법을 나타낸다. 국립 공원들의 개체군들처럼 다른 개체군들은 적극적으로 관리되지 않을지도 모른다. 그러한 상황들에서 관리 활동들은 개체군들과 서식지에 대한 외부 영향력을 최소화하는데, 그것은 대체로 동물들이 아닌 인간들에 대한 관리를 포함한다.

2025년_고2_10월_39

Waste has historically been seen as a necessary d__________250) of the economy. Sales are t__________251) to the amount of a product s__________252) , which is directly dependent on the d__________253) for that product. Therefore, if you d__________254) the product to eventually be w__________255), you can ensure that the demand for more products will be s__________256). Many s__________257) have been incorporated into product design and use to ensure that waste is i__________258), such as planned o__________259), limited access to tools for r__________260), and use of cheap materials. All these strategies ensure that the consumer will have limited access to the product in use and will eventually require a r__________261). Those who supported the idea that waste is necessary to drive demand failed to realize that prioritizing the e__________262) of waste via repair and r__________263) creates a different kind of demand: products as a service. Through this setup, companies simply l__________264) out products that were once sold directly to the customer. With this transition of ownership, companies maintain profit by offering m__________265) and repair services and are encouraged to develop long-lasting products.

폐기는 역사적으로 경제의 필수적인 동인으로 여겨져 왔다. 판매량은 어떤 제품의 공급량에 결부되고, 그것은 그 제품에 대한 수요량에 직접적으로 의존한다. 따라서, 만약 여러분이 그 제품을 결국에는 폐기되도록 설계한다면, 여러분은 더 많은 제품에 대한 수요량이 지속될 것을 보장할 수 있다. 계획적 노후화, 수리 도구들에 대한 제한된 접근, 그리고 저렴한 자재들의 사용과 같은 많은 전략들은 폐기가 불가피하다는 것을 보장하기 위해서 제품 설계와 사용에 포함되어 왔다. 이 모든 전략들은 소비자가 사용 중인 제품에 제한된 접근을 하게 될 것이고 결국에는 교체를 필요로 할 것을 보장한다. 폐기가 수요를 촉진하는 데 필수적이라는 생각을 지지했던 사람들은 수리와 재제조를 통해 폐기의 제거를 우선시하는 것이 서비스로서의 상품이라는 다른 종류의 수요를 창출한다는 것을 깨닫는 데 실패했다. 이러한 구조를 통해 기업들은 한때 소비자에게 직접적으로 판매되었던 제품들을 단순히 임대한다. 이러한 소유권의 이전으로 기업들은 유지와 수리 서비스들을 제공함으로써 수익을 유지하고 더 오래 지속되는 제품들을 개발하도록 장려된다.

2025년_고2_10월_40

Viewing time as a p__________ 266) and c__________ 267) product c__________ 268) artificial views on time into our p__________ 269), but every now and again we are forced to a__________ 270) this mistake. On twenty-six occasions in the last fifty years, a second has been added to everyone's day to adjust for the Earth w__________ 271) and the rate of its s__________ 272) changing. For instance, when El Niño, a c__________ 273) system in the Pacific, causes wind speed to change dramatically, it can slow the r__________ 274) of the Earth slightly. Indeed, the Earth's spin is generally slowing because the moon's g__________ 275) is acting as a d__________ 276), so days are getting longer by about 1.7 milliseconds per century. Such events d__________ 277) the similarity between man-made time and more f__________ 278) time based on the Earth's naturally occurring rotation. When events like this happen, a bunch of humans make the decision to add a small slice of time to your day, without your knowledge. We try to force our fixed, m__________ 279) view of time on to nature in the false hope that it will y__________ 280). It doesn't.

↓

Humans, who have long v__________ 281) that time is stable, have continuously made m__________ 282), s__________ 283) to their belief that their efforts can e__________ 284) the gap between man-made time and natural time.

시간을 구매 가능하고 불변하는 상품으로 보는 것은 시간에 대한 인위적인 관점을 우리의 정신속에 굳혔지만, 때때로 우리는 이러한 실수를 인정하지 않을 수 없다. 지난 50년 동안 26회에 걸쳐 지구가 흔들리는 것과 그것의 자전 속도가 변하는 것에 맞추기 위해 모든 사람의 하루에 1초가 추가되어 왔다. 예를 들어 태평양의 한 기후 체계인 엘니뇨가 바람의 속도가 극적으로 바뀌는 것을 유발할 때, 그것은 지구의 자전을 약간 느리게 할 수 있다. 실제로 지구의 자전은 일반적으로 느려지고 있는데 이는 달의 중력이 끌어당기는 힘으로 작용하고 있기 때문이고, 그래서 하루는 한 세기마다 약 1.7밀리세컨드씩 점점 더 길어지고 있다. 그러한 사건들은 인간이 만든 시간과 지구의 자연적으로 발생하는 자전에 기반한 더 유연한 시간 사이의 유사성을 깨뜨린다. 이런 일이 발생할 때, 몇몇 사람들은 여러분도 모르는 사이에 여러분의 하루에 아주 짧은 시간 조각을 추가하기로 결정한다. 우리는 자연이 굴복할 것이라는 헛된 희망을 지니고 우리의 고정된, 인간이 만든 시간에 대한 관점을 자연에 강요하려고 노력한다. 그러나 자연은 그러지 않는다.

↓

시간이 안정적이라고 오랫동안 보아 왔던 인간들은 자신들의 노력이 인간이 만든 시간과 자연의 시간 사이의 격차를 제거할 수 있다는 자신들의 믿음을 고수하며 계속해서 수정해 오고 있다.

2025년_고2_10월_41~42

When your hand is hanging at your side and then you lift it, o____________285) muscles on your upper arm shorten and lengthen — c____________286) and r____________287) — to bend the elbow. B____________288) contract, and t____________289) relax. Reversing the motion, when you drop your hand back down, muscles reverse r____________290). Triceps contract, and biceps relax. Lift your hand or drop it, and muscle shows what it is: a system of c____________291), managed by orchestrated t____________292). As arms and legs r____________293) around joints, muscles activate and d____________294), contract and relax. All physical activity is p____________295), in this sense: Movement depends on what muscles don't do, as much as it depends on what they do. Both are necessary, each in its time — and the same is true of each side of the pairs of c____________296) shaping how we talk of muscles.

Start with nature versus n____________297) : Some people are stronger or more muscular than others; is the difference i____________298), or does it depend on what people do? To the l____________299) question: What do you do? Do you have to lift weights, or is walking enough exercise? How should you do the exercise? Should you move fast or slowly? Lift heavy weights or lighter ones? Put like that, basic questions about muscle may sound like they have one right answer. Oppositions can p____________300). But where muscle is concerned, few oppositions are true polarities. Look closely, and most prove to be p____________301). Born and made, heavy and light, fast and slow: Those o____________302) actually include each other.

손이 여러분의 옆에 늘어져 있다가 여러분이 그것을 올릴 때, 여러분의 상완에 있는 대립하는 근육들은 팔꿈치를 굽히기 위해 짧아지고 길어진다. 즉, 수축하고 이완한다. '이두근은 수축하고, 삼두근은 이완한다.' 그 동작을 반대로 하여 여러분이 손을 다시 아래로 떨어뜨릴 때는, 근육들이 역할을 뒤바꾼다. '삼두근은 수축하고, 이두근은 이완한다.' 여러분의 손을 올리거나 떨어뜨리면, 근육은 그것이 무엇인지를 보여 주는데, 즉 조화롭게 편성된 긴장에 의해 관리되는 조정 체계를 보여 준다. 팔과 다리가 관절들의 주위를 회전할 때, 근육들은 활성화되고 비활성화되며 즉, 수축하고 이완한다. 이런 의미에서 모든 신체 활동은 역설적이다. 즉, 움직임은 근육들이 하는 일에 의존하는 만큼이나 근육들이 하지 '않는' 일에 의존한다. 각각의 때에 둘 다 필수적이며, 우리가 근육들에 대해 말하는 방향을 형성하는 쌍을 이루는 개념들의 각각에도 마찬가지이다. 유전 대 환경으로 시작해 보라. 어떤 사람들은 다른 사람들보다 더 강하거나 더 근육이 많다. 그 차이는 타고난 것인가, 아니면 사람들이 하는 행동에 달려 있는가? 후자의 질문에 대해 말하자면, 여러분은 무엇을 '하는가'? 중량 운동을 해야 하는가, 아니면 걷기가 충분한 운동인가? 그 운동을 어떻게 해야 하는가? 빠르게, 아니면 천천히 움직여야 하는가? 무거운 것, 아니면 더 가벼운 것을 들어야 하는가? 그렇게 본다면, 근육에 대한 기본적인 질문들이 단 하나의 정답을 가진 것처럼 들릴지도 모른다. 반대 개념들은 양극화될 수 있다. 하지만 근육에 관해서는, 진정으로 양극성인 반대 개념들은 거의 없다. 자세히 보면, 대부분이 역설인 것으로 판명된다. 타고난 것과 만들어진 것, 무거운 것과 가벼운 것, 빠른 것과 느린 것, 즉, 그러한 반대 개념들은 실제로 서로를 필요로 한다.

2025년_고2_10월_43~45

Jason stared at the b__________303) across the high school gym wall: "Annual Charity Marathon — Run for Sam." The slogan s__________304) something in him. Sam, a c__________305) seven-year-old who loved to draw and dreamed of being an artist, had a rare heart c__________306). Sam wasn't just anyone — he was the little boy living next door that Jason had b__________307) every summer break. He had played in the park and spent summer afternoons c__________308) ice cream trucks with Sam.

Seeing Sam's name on the banner made everything feel p__________309). Jason had always been the fastest runner in school, known among his friends as "The Speedster." But since his knee i__________310), he hadn't been able to run for quite a long time. Still, when Jason thought about Sam and the hope this marathon r__________311), he knew he had to try.

Jason did everything he could to r__________312), following his doctor's advice. A day before r__________313) deadline, his doctor said a 3-mile run would be fine. Jason signed up for the 3-mile b__________314) route, hoping to run for Sam. On marathon morning, Jason stood among the runners, heart pounding. In the crowd, Sam was holding a sign: "Thank you, Runners!" Jason smiled. He was all the m__________315) needed.

When the whistle blew, Jason started strong, but since he hadn't run for so long, his energy f__________316) quickly. Every step was a s__________317), but he pushed forward, e__________318) by the thought of how happy Sam would be. Finally, he crossed the finish line. As he was sitting to catch his breath, Sam came over and h__________319) him bottled water. He felt pride, relief, and g__________320) He finally finished — for Sam.

Jason은 고등학교 체육관 벽에 걸린 '연간 자선 마라톤 — Sam을 위해 달리세요'라고 쓰인 현수막을 응시했다. 그 슬로건이 그의 마음을 요동치게 했다. 그림 그리기를 좋아하고 화가가 되기를 꿈꿨던 명랑한 일곱 살 아이인 Sam은 희귀 심장 질환을 가지고 있었다. Sam은 그저 아무나가 아니었다. 그는 Jason이 여름 방학마다 돌보았던 옆집에 사는 어린 소년이었다. 그(Jason)는 Sam과 함께 공원에서 놀았었고 아이스크림 트럭을 쫓아다니며 여름 오후를 보냈었다.

현수막에 적힌 Sam의 이름을 보는 것이 모든 것을 개인적으로 느껴지게 했다. Jason은 항상 학교에서 가장 빠른 달리기 주자였고, 그의 친구들 사이에서 '빠르게 달리는 아이'로 알려져 있었다. 하지만 그의 무릎 부상 이후, 그는 꽤 오랜 시간 동안 달리지 못했다. 그럼에도 불구하고 Jason이 Sam과 이 마라톤이 나타내는 희망에 대해 생각했을 때, 그는 자신(Jason)이 도전해 봐야 한다는 것을 알았다. Jason은 의사의 조언을 따라 회복하기 위해 자신(Jason)이 할 수 있는 모든 것을 했다. 등록 마감 하루 전날, 그의 의사는 3마일 달리기는 괜찮을것이라고 말했다. Jason은 Sam을 위해 달리기를 희망하면서, 3마일 초보자 코스에 등록했다. 마라톤 당일 아침, Jason은 가슴이 쿵쿵 뛰는 채로 달리기 주자들 사이에 섰다. 군중 속에서 Sam이 '감사해요, 러너분들!'이라고 쓰인 팻말을 들고 있었다. Jason은 미소 지었다. 그(Sam)는 필요한 동기의 전부였다.

호각이 울리자 Jason은 힘차게 출발했지만, 너무 오랫동안 달리지 않았기 때문에 그의 힘은 빠르게 사라졌다. 매 걸음이 힘든 일이었지만 그는 Sam이 얼마나 기쁠까라는 생각에 힘을 얻어 앞으로 나아갔다. 마침내 그는 결승선을 넘었다. 자신(Jason)의 숨을 고르기 위해 그가 앉아 있었을 때, Sam이 다가와 그에게 병에 든 물을 건네주었다. 그는 자부심, 안도감, 그리고 감사함을 느꼈다. 그는 마침내 Sam을 위해 완주했다.

2025 고2 10월 모의고사

❶ voca　❷ text　❸ [/]　❹ ＿＿＿　❺ quiz 1　❻ quiz 2　❼ quiz 3　❽ quiz 4　❾ quiz 5

1. 글의 흐름으로 보아, 주어진 문장이 들어가기에 가장 적절한 곳은? 2025년_고2_10월_18

> This delay has caused us considerable inconvenience.

To the Customer Service Team,
About a month ago, my wife and I purchased a set of bookshelves from your store. (①) I was truly excited to find furniture that perfectly matched our new home. (②) When we bought the bookshelves, the manager said it would take four weeks for delivery, which was last weekend. (③) We had set our plans to ensure someone would be available to receive the delivery; however, no one came with the bookshelves that day. (④) Therefore, please provide a clear and specific delivery date. (⑤) We expect this issue to be addressed promptly, so that we can reorganize our schedule to receive the delivery without any confusion.

2. 글의 흐름으로 보아, 주어진 문장이 들어가기에 가장 적절한 곳은? 2025년_고2_10월_19

> It was Uncle Krull's cabin and I could see him through the window!

I was heading in the direction of a forest road that I knew would take me home. But almost as though someone had switched off all the lights I was suddenly in a black forest with no light of any kind. Feeling lost, I stumbled. I fell. I tore my clothes and injured myself falling down a hill. In desperation I stopped and leaned against a tree. I have no idea where I am now. (①) Will anyone even notice that I'm gone? (②) It was then that a faint aroma drifted through the darkness: the scent of cooking. I stumbled towards it, and soon, a faint, yellowish light glowed through the trees. (③) Thankful beyond words, I knew I could finally ask for help. (④) My hardship was over. (⑤)

3. 글의 흐름으로 보아, 주어진 문장이 들어가기에 가장 적절한 곳은? 2025년_고2_10월_20

> Patients may feel that they cannot share important health-related information because you are their friend, and it would be embarrassing to share that information.

When you are working in healthcare, it is important to develop a solid professional relationship with your patients. By establishing realistic self-boundaries, you can protect that relationship. (①) It is important to keep the focus on the patient. (②) When working with patients who are seen frequently, it is easy to start to think of them as friends. (③) With a friend, you are likely to share personal information that is not appropriate with a patient. (④) Self-boundaries can also be thought of as professional boundaries. You need to treat patients with respect and keep the relationship professional. (⑤) Be friendly to patients and always keep the focus on the patient.

4. 글의 흐름으로 보아, 주어진 문장이 들어가기에 가장 적절한 곳은? 2025년_고2_10월_21

> For example, "non-tasters" tend to have a higher incidence of alcoholism, perhaps because liquor seems less bitter to them.

Coat a fresh, wet swab in salt, and gently touch various spots on your tongue, recording where your taste seems strongest. (①) Then, gargle with water to thoroughly clean your tongue, use a swab coated with sugar on the same spots, and record those results. Gargle again, and then swab with lemon juice. After a final gargle, try coffee. Compare your reactions with your friends'. (②) Your taste pattern may reveal more than just taste preferences. (③) Recent studies suggest links between taster status and behavioral disorders. (④) Conversely, "super-tasters" may avoid nutritious but mildly bitter foods such as broccoli, thus depriving themselves of a balanced diet. So, although taste is not nearly as glamorous as vision, hearing, or even touch, it makes sense for you to pay closer attention to it because chemistry, at least in your mouth, could be destiny. (⑤)

5. 글의 흐름으로 보아, 주어진 문장이 들어가기에 가장 적절한 곳은? 2025년_고2_10월_22

> Indeed, in the view of Charles Darwin's son, the astronomer George Darwin, once in a while one should do a completely crazy experiment, even if it is most likely to prove fruitless.

Experiments testify to science's embrace of ignorance. (①) Arguably the worst thing a scientist can do is to suppose they know what will happen in a given scenario without bothering to check. (②) The rise of the experimental philosophy coincided with the liberation of curiosity as a valuable rather than a questionable attribute. (③) For all that experimental science today is often assumed to be supported by a philosophical framework and an approved methodology ("state your hypothesis and then test it"), the fact is that, as philosopher of science Ian Hacking says, "One can conduct an experiment simply out of curiosity to see what will happen." (④) You never know until you try. (⑤)

6. 글의 흐름으로 보아, 주어진 문장이 들어가기에 가장 적절한 곳은? 2025년_고2_10월_23

> If any new theory ever gains acceptance, it will have to match all the successes of Einstein's theory as well as work in new realms where Einstein's theory does not.

We can discard or replace a scientific theory only if we have a better way of explaining the evidence that supports it. The theories of Newton and Einstein offer great examples. A vast body of evidence supports Newton's theory of gravity, but by the late nineteenth century scientists had begun to discover cases where its predictions did not perfectly match observations. (①) These discrepancies were explained only when Einstein developed his general theory of relativity, which was able to match the observations. (②) Still, the many successes of Newton's theory could not be ignored, and Einstein's theory would not have gained acceptance if it had not been able to explain these successes equally well. (③) It did, and that is why we now view Einstein's theory as a broader theory of gravity than Newton's theory. (④) Some scientists today are seeking a theory of gravity that will go beyond Einstein's. (⑤)

7. 글의 흐름으로 보아, 주어진 문장이 들어가기에 가장 적절한 곳은? 2025년_고2_10월_24

> They target different areas of your brain, keeping it agile and alert.

Imagine pausing in the middle of a busy day, taking a moment to refresh your mind and recharge your energy. This power of a midday break is often underestimated. (①) When you break away from routine, especially with activities designed to stimulate your brain, you prevent cognitive tiredness and enhance productivity for the rest of the day. (②) Neurobic exercises — simple yet effective — are perfect for such breaks. (③) These exercises create a mental oasis that refreshes and prepares you for the afternoon's challenges. This strategic pause is not just a break; it boosts your cognitive capabilities, ensuring your mind remains sharp and focused. Even briefly experimenting with neurobic exercises can work wonders for your cognitive state during lunch. Start with using your non-dominant hand for routine tasks like writing or eating. (④) This simple switch challenges your brain, activating pathways that aren't typically engaged and promoting greater flexibility in thinking. (⑤)

8. 글의 흐름으로 보아, 주어진 문장이 들어가기에 가장 적절한 곳은? 2025년_고2_10월_26

> She displayed musical talent from an early age.

Eunice Kathleen Waymon was an American musician and civil rights activist. (①) At 12, during her first classical recital, her parents' seats, originally near the front, were moved to the back against their will to make seats for white people. (②) After graduating from high school, she prepared for an audition at the Curtis Institute of Music, but her application was rejected, which she attributed to racial discrimination. (③) To fund her private lessons, she began performing in Atlantic City, adopting the stage name "Nina Simone." In the 1960s, she became a supporter of the Civil Rights Movement and composed and performed songs as a response to racism and violence in the Southern United States. (④) Frustrated by the racism in the United States, she left the country in 1970, living in various places before settling in France. She passed away in 2003 but her reputation continues through her powerful music. (⑤)

9. 글의 흐름으로 보아, 주어진 문장이 들어가기에 가장 적절한 곳은? 2025년_고2_10월_29

> But changes that cause serious damage lead nowhere: the cell that suffers them dies, leaving no progeny.

When a cell divides, the genomes of its two daughters are often not quite identical to each other or to that of the parent cell. (①) On rare occasions, the error may represent a change for the better; more probably, it will cause no significant difference in the cell's prospects. (②) But in some cases, the error will cause serious damage; for example, by disrupting the coding sequence for a key protein. (③) Changes due to mistakes of the first type will tend to be perpetuated, because the altered cell has an increased likelihood of reproducing itself. (④) Changes due to mistakes of the second type — neutral changes — may be perpetuated or not: it is a matter of chance whether the altered cell or its cousins will succeed. (⑤) Through endless repetition of this cycle of mutation and natural selection organisms evolve: their genetic specifications change, sometimes give organisms new ways to exploit the environment more effectively, to survive in competition with others, and to reproduce successfully.

10. 글의 흐름으로 보아, 주어진 문장이 들어가기에 가장 적절한 곳은? 2025년_고2_10월_30

> In contrast, for Confucian culture, while seeking fair equality of opportunity for individuals is important, the family assumes a fundamental role in human flourishing, and living within a family institution is considered the essential way of life.

Within liberal culture, the value of fair equality of opportunity for individuals outweighs the preservation of the family's integrity. (①) Individuals are primarily understood as family members before they are regarded as state citizens. (②) Therefore, for Confucians, the family possesses inherent value that should never be abandoned, even if it results in certain societal inequalities. (③) Some cultures, like the liberal one, may choose to impose increasing restrictions on the role of families and implement more egalitarian government programs for education, healthcare, and other positive rights in society in the pursuit of fair equality of opportunity. (④) On the other hand, other cultures, like the Confucian one, may prefer to primarily assign welfare responsibilities to the family, accepting inequalities stemming from the existence of the family as long as everyone's basic freedoms and rights are safeguarded in the state. (⑤)

11. 글의 흐름으로 보아, 주어진 문장이 들어가기에 가장 적절한 곳은? 2025년_고2_10월_31

> Yet this is the case.

Statistics in the twentieth century became the systematic collection of quantitative information needed by the state. (①) This process occurred in all the industrialised countries as a key part of their becoming modern states. (②) Desrosières writes: "It is difficult to think simultaneously that the objects being measured really do exist and that this is only a convention". (③) Phenomena such as prices being charged and products being sold exist, but the categories and classification frameworks supporting the collection, aggregation, and organisation of official statistics are devised to serve the purposes of the state, for macroeconomic or for social policies. (④) Theodore Porter described the use of statistics to create state authority : "Quantification is a way of making decisions without seeming to decide", characterising it as a "social technology" intended to build trust in authority. (⑤)

12. 글의 흐름으로 보아, 주어진 문장이 들어가기에 가장 적절한 곳은? 2025년_고2_10월_32

> And yet every scientific tool, from microscopes to mathematics, and every aspect of the body, from the brain to the microorganism, requires such depth of expertise that this tends not to happen: we tend to study the human body in silos, each community sectioned from the others by its own specialised vocabulary.

Just as an expert in the taste and colour of wine will gain much by being aware of the chemistry that underlies those qualities, so each perspective on the body can potentially enhance the others. (①) Research communities may be dedicated to one type of scientific tool or a specific component of the body, such as one type of cell. (②) How different types of cell communicate with one another becomes its own specialist topic. (③) Even simple forms of life on Earth are now rarely studied as a whole, and the human body is evidently much more complex. (④) As long ago as 1890, The Times newspaper commented that knowledge 'had already become too vast to be manageable'. (⑤) Today, nobody is an expert in the whole of anything.

13. 글의 흐름으로 보아, 주어진 문장이 들어가기에 가장 적절한 곳은? 2025년_고2_10월_33

Conversely, it also allowed subjects to gaze up at their leaders, creating a sense of awe and distance.

Historically, palaces weren't just homes; they were carefully constructed stages designed to impress and intimidate. (①) While stone symbolized permanence and strength, glass offered something equally powerful: visibility. (②) The introduction of large windows in palaces allowed rulers to literally look down upon their subjects, emphasizing their elevated position. (③) Consider the Palace of Versailles: its Hall of Mirrors, lined with reflective surfaces, not only magnified the grandeur of the space but also placed the king at the center of a dazzling display, reinforcing his absolute authority. The use of glass in palaces wasn't merely aesthetic; it was strategic. (④) Open sightlines allowed for better surveillance and control, ensuring the safety and security of the ruling family. Courtiers and visitors were constantly aware of being observed, contributing to an atmosphere of careful obedience and respect. (⑤) The very architecture dictated social behavior, with glass acting as a silent enforcer of the power dynamic.

14. 글의 흐름으로 보아, 주어진 문장이 들어가기에 가장 적절한 곳은? 2025년_고2_10월_34

Noelle-Neumann calls this the spiral of silence.

As a political researcher in Germany, Noelle-Neumann observed that during election campaigns, certain views seemed to get more play than others, and sometimes people muted their opinions rather than talking about them, especially if those opinions were perceived to be unpopular. (①) The spiral of silence occurs when individuals who perceive that their opinions are popular express them, whereas those who do not think their opinions are popular remain quiet. (②) This process occurs in a spiral, so that one side of an issue ends up with considerable publicity and the other side with very little. (③) In everyday life, people express their opinions in a variety of ways: they talk about them, they wear buttons, they put bumper stickers on their cars, and they post their views on social media. (④) According to this theory, people are more apt to do these kinds of things when they perceive that others share their opinions. (⑤)

15. 글의 흐름으로 보아, 주어진 문장이 들어가기에 가장 적절한 곳은? 2025년_고2_10월_35

> Temperatures can likewise be given in terms of the Fahrenheit or Celsius or Kelvin scale, and nothing in the physics changes when we switch from one scale to another.

Consider units of measure, one kind of descriptive device we are familiar with using in physics. (①) Spatial distances can be given in terms of feet or meters or some other unit, and the physics will be the same regardless. (②) We conclude from this that physics does not prefer one unit of length over any other, and we may choose any one we like for reasons of convenience. (③) We further conclude that any feature depending on that choice, such as the particular numerical value assigned to the spatial separation between two locations, is not out there in the world apart from a choice of unit. (④) We conclude that the choice of scale is an arbitrary choice in description, and that any feature that depends on that choice is scale-dependent. (⑤)

16. 글의 흐름으로 보아, 주어진 문장이 들어가기에 가장 적절한 곳은? 2025년_고2_10월_36

> On the other hand, if the amount of salt in the seawater is higher than the amount of salt in the body fluids of a sea animal, the extra salt in the water will draw fluids out of the creature's body, causing it to dehydrate and shrink.

Even though sea creatures live in it, they still need to take in water for their bodies to function properly. (①) They just need to get rid of any extra salt it might bring with it. Salt absorbs water like a sponge. If you put a tiny mountain of salt on a small plate, then add enough water to the side, making sure an edge touches the salt, the salt will absorb the water. (②) Now you have a pile of wet salt. (③) Notice that it has increased in size. The same principle applies to sea creatures. (④) If the body fluids in a sea animal are saltier than the seawater it lives in, then the extra salt in the creature's body will absorb seawater. This can cause them to swell up. (⑤)

17. 글의 흐름으로 보아, 주어진 문장이 들어가기에 가장 적절한 곳은? 2025년_고2_10월_37

Equally, there are a few nocturnal butterflies and plenty that come clothed in shades of brown and grey.

Distinguishing moths from butterflies on outward appearance is not always easy, but there are a few rules of thumb that can help. In most butterflies the antennae end with a small club-shaped swelling, whereas in moths they are usually feathery or narrow to a fine tip. (①) Butterflies tend to rest with their wings held shut above their body, whereas moths more usually rest with the upper sides of the wings on full view. (②) Further distinctions can be made by looking for a tiny hook that joins fore- and hindwings, a feature only present in moths. The stereotypical differences, with moths cast as the gloomy, nocturnal cousins of colourful sun-loving butterflies are simply wrong. (③) There are many brightly coloured moths and many which are active throughout the day. (④) It's more sensible to think of them together; both butterflies and moths are beautiful and fascinating insects. (⑤)

18. 글의 흐름으로 보아, 주어진 문장이 들어가기에 가장 적절한 곳은? 2025년_고2_10월_38

In such situations, management activities minimize external influences on populations and habitat, which often involves management of humans and not animals.

There are numerous ways wildlife is managed, but they all imply stewardship and can be classified into two broad categories: active management and inactive management. (①) Active management does something to the population — such as increasing or decreasing its size — in a direct manner through strategies like translocations or hunting, respectively. (②) Populations can also be actively managed by altering the habitat to the benefit or disadvantage of a population. If population numbers are too low for the goal of management agencies, other active management can be incorporated, such as predator control to minimize neonatal deaths or habitat improvement to provide required cover for neonates from predators. (③) These efforts represent active approaches to management. (④) Other populations may not be actively managed, like those in national parks. (⑤)

19. 글의 흐름으로 보아, 주어진 문장이 들어가기에 가장 적절한 곳은? 2025년_고2_10월_39

> Therefore, if you design the product to eventually be wasted, you can ensure that the demand for more products will be sustained.

Waste has historically been seen as a necessary driver of the economy. (①) Sales are tied to the amount of a product supplied, which is directly dependent on the demand for that product. (②) Many strategies have been incorporated into product design and use to ensure that waste is inevitable, such as planned obsolescence, limited access to tools for repairs, and use of cheap materials. (③) All these strategies ensure that the consumer will have limited access to the product in use and will eventually require a replacement. Those who supported the idea that waste is necessary to drive demand failed to realize that prioritizing the elimination of waste via repair and remanufacturing creates a different kind of demand: products as a service. (④) Through this setup, companies simply lease out products that were once sold directly to the customer. (⑤) With this transition of ownership, companies maintain profit by offering maintenance and repair services and are encouraged to develop long-lasting products.

20. 글의 흐름으로 보아, 주어진 문장이 들어가기에 가장 적절한 곳은? 2025년_고2_10월_40

> For instance, when El Niño, a climatic system in the Pacific, causes wind speed to change dramatically, it can slow the rotation of the Earth slightly.

Viewing time as a purchasable and consistent product cemented artificial views on time into our psyche, but every now and again we are forced to acknowledge this mistake. (①) On twenty-six occasions in the last fifty years, a second has been added to everyone's day to adjust for the Earth wobbling and the rate of its spin changing. (②) Indeed, the Earth's spin is generally slowing because the moon's gravity is acting as a drag, so days are getting longer by about 1.7 milliseconds per century. Such events disturb the similarity between man-made time and more flexible time based on the Earth's naturally occurring rotation. (③) When events like this happen, a bunch of humans make the decision to add a small slice of time to your day, without your knowledge. (④) We try to force our fixed, man-made view of time on to nature in the false hope that it will yield. It doesn't. Humans, who have long viewed that time is stable, have continuously made modifications, sticking to their belief that their efforts can eliminate the gap between man-made time and natural time. (⑤)

21. 글의 흐름으로 보아, 주어진 문장이 들어가기에 가장 적절한 곳은? 2025년_고2_10월_41_42

> All physical activity is paradoxical, in this sense: Movement depends on what muscles don't do, as much as it depends on what they do.

When your hand is hanging at your side and then you lift it, opposing muscles on your upper arm shorten and lengthen — contract and relax — to bend the elbow. Biceps contract, and triceps relax. Reversing the motion, when you drop your hand back down, muscles reverse roles. Triceps contract, and biceps relax. Lift your hand or drop it, and muscle shows what it is: a system of coordination, managed by orchestrated tension. As arms and legs rotate around joints, muscles activate and deactivate, contract and relax. (①) Both are necessary, each in its time — and the same is true of each side of the pairs of concepts shaping how we talk of muscles. Start with nature versus nurture: Some people are stronger or more muscular than others; is the difference inborn, or does it depend on what people do? To the latter question: What do you do? Do you have to lift weights, or is walking enough exercise? How should you do the exercise? Should you move fast or slowly? Lift heavy weights or lighter ones? (②) Put like that, basic questions about muscle may sound like they have one right answer. Oppositions can polarize. But where muscle is concerned, few oppositions are true polarities. (③) Look closely, and most prove to be paradoxes. (④) Born and made, heavy and light, fast and slow: Those opposites actually include each other. (⑤)

22. 글의 흐름으로 보아, 주어진 문장이 들어가기에 가장 적절한 곳은? 2025년_고2_10월_43~45

> Still, when Jason thought about Sam and the hope this marathon represented, he knew he had to try.

Jason stared at the banner across the high school gym wall: "Annual Charity Marathon — Run for Sam." The slogan stirred something in him. Sam, a cheerful seven-year-old who loved to draw and dreamed of being an artist, had a rare heart condition. (①) Sam wasn't just anyone — he was the little boy living next door that Jason had babysat every summer break. (②) He had played in the park and spent summer afternoons chasing ice cream trucks with Sam. Seeing Sam's name on the banner made everything feel personal. (③) Jason had always been the fastest runner in school, known among his friends as "The Speedster." But since his knee injury, he hadn't been able to run for quite a long time. (④) Jason did everything he could to recover, following his doctor's advice. A day before registration deadline, his doctor said a 3-mile run would be fine. Jason signed up for the 3-mile beginner route, hoping to run for Sam. On marathon morning, Jason stood among the runners, heart pounding. In the crowd, Sam was holding a sign: "Thank you, Runners!" Jason smiled. He was all the motivation needed. When the whistle blew, Jason started strong, but since he hadn't run for so long, his energy faded quickly. Every step was a struggle, but he pushed forward, encouraged by the thought of how happy Sam would be. Finally, he crossed the finish line. As he was sitting to catch his breath, Sam came over and handed him bottled water. He felt pride, relief, and gratitude. He finally finished — for Sam. (⑤)

23. 다음 주어진 문장 다음에 이어질 글의 순서로 가장 적절한 것은? 2025년_고2_10월_18

To the Customer Service Team,
About a month ago, my wife and I purchased a set of bookshelves from your store.

(A) We had set our plans to ensure someone would be available to receive the delivery; however, no one came with the bookshelves that day. This delay has caused us considerable inconvenience.

(B) I was truly excited to find furniture that perfectly matched our new home. When we bought the bookshelves, the manager said it would take four weeks for delivery, which was last weekend.

(C) Therefore, please provide a clear and specific delivery date. We expect this issue to be addressed promptly, so that we can reorganize our schedule to receive the delivery without any confusion.

24. 다음 주어진 문장 다음에 이어질 글의 순서로 가장 적절한 것은? 2025년_고2_10월_19

I was heading in the direction of a forest road that I knew would take me home.

(A) I stumbled towards it, and soon, a faint, yellowish light glowed through the trees. It was Uncle Krull's cabin and I could see him through the window! Thankful beyond words, I knew I could finally ask for help. My hardship was over.

(B) But almost as though someone had switched off all the lights I was suddenly in a black forest with no light of any kind. Feeling lost, I stumbled. I fell. I tore my clothes and injured myself falling down a hill.

(C) In desperation I stopped and leaned against a tree. I have no idea where I am now. Will anyone even notice that I'm gone? It was then that a faint aroma drifted through the darkness: the scent of cooking.

25. 다음 주어진 문장 다음에 이어질 글의 순서로 가장 적절한 것은? 2025년_고2_10월_20

When you are working in healthcare, it is important to develop a solid professional relationship with your patients.

(A) When working with patients who are seen frequently, it is easy to start to think of them as friends. With a friend, you are likely to share personal information that is not appropriate with a patient. Patients may feel that they cannot share important health-related information because you are their friend, and it would be embarrassing to share that information.

(B) By establishing realistic self-boundaries, you can protect that relationship. It is important to keep the focus on the patient.

(C) Self-boundaries can also be thought of as professional boundaries. You need to treat patients with respect and keep the relationship professional. Be friendly to patients and always keep the focus on the patient.

26. 다음 주어진 문장 다음에 이어질 글의 순서로 가장 적절한 것은? 2025년_고2_10월_21

Coat a fresh, wet swab in salt, and gently touch various spots on your tongue, recording where your taste seems strongest.

(A) Then, gargle with water to thoroughly clean your tongue, use a swab coated with sugar on the same spots, and record those results. Gargle again, and then swab with lemon juice. After a final gargle, try coffee.

(B) Compare your reactions with your friends'. Your taste pattern may reveal more than just taste preferences. Recent studies suggest links between taster status and behavioral disorders.

(C) For example, "non-tasters" tend to have a higher incidence of alcoholism, perhaps because liquor seems less bitter to them. Conversely, "super-tasters" may avoid nutritious but mildly bitter foods such as broccoli, thus depriving themselves of a balanced diet. So, although taste is not nearly as glamorous as vision, hearing, or even touch, it makes sense for you to pay closer attention to it because chemistry, at least in your mouth, could be destiny.

27. 다음 주어진 문장 다음에 이어질 글의 순서로 가장 적절한 것은? 2025년_고2_10월_22

Experiments testify to science's embrace of ignorance.

(A) The rise of the experimental philosophy coincided with the liberation of curiosity as a valuable rather than a questionable attribute.

(B) For all that experimental science today is often assumed to be supported by a philosophical framework and an approved methodology ("state your hypothesis and then test it"), the fact is that, as philosopher of science Ian Hacking says, "One can conduct an experiment simply out of curiosity to see what will happen." Indeed, in the view of Charles Darwin's son, the astronomer George Darwin, once in a while one should do a completely crazy experiment, even if it is most likely to prove fruitless. You never know until you try.

(C) Arguably the worst thing a scientist can do is to suppose they know what will happen in a given scenario without bothering to check.

28. 다음 주어진 문장 다음에 이어질 글의 순서로 가장 적절한 것은? 2025년_고2_10월_23

We can discard or replace a scientific theory only if we have a better way of explaining the evidence that supports it.

(A) These discrepancies were explained only when Einstein developed his general theory of relativity, which was able to match the observations. Still, the many successes of Newton's theory could not be ignored, and Einstein's theory would not have gained acceptance if it had not been able to explain these successes equally well.

(B) It did, and that is why we now view Einstein's theory as a broader theory of gravity than Newton's theory. Some scientists today are seeking a theory of gravity that will go beyond Einstein's. If any new theory ever gains acceptance, it will have to match all the successes of Einstein's theory as well as work in new realms where Einstein's theory does not.

(C) The theories of Newton and Einstein offer great examples. A vast body of evidence supports Newton's theory of gravity, but by the late nineteenth century scientists had begun to discover cases where its predictions did not perfectly match observations.

29. 다음 주어진 문장 다음에 이어질 글의 순서로 가장 적절한 것은? 2025년_고2_10월_24

Imagine pausing in the middle of a busy day, taking a moment to refresh your mind and recharge your energy.

(A) Even briefly experimenting with neurobic exercises can work wonders for your cognitive state during lunch. Start with using your non-dominant hand for routine tasks like writing or eating. This simple switch challenges your brain, activating pathways that aren't typically engaged and promoting greater flexibility in thinking.

(B) This power of a midday break is often underestimated. When you break away from routine, especially with activities designed to stimulate your brain, you prevent cognitive tiredness and enhance productivity for the rest of the day. Neurobic exercises — simple yet effective — are perfect for such breaks.

(C) They target different areas of your brain, keeping it agile and alert. These exercises create a mental oasis that refreshes and prepares you for the afternoon's challenges. This strategic pause is not just a break; it boosts your cognitive capabilities, ensuring your mind remains sharp and focused.

30. 다음 주어진 문장 다음에 이어질 글의 순서로 가장 적절한 것은? 2025년_고2_10월_26

Eunice Kathleen Waymon was an American musician and civil rights activist.

(A) Frustrated by the racism in the United States, she left the country in 1970, living in various places before settling in France. She passed away in 2003 but her reputation continues through her powerful music.

(B) After graduating from high school, she prepared for an audition at the Curtis Institute of Music, but her application was rejected, which she attributed to racial discrimination. To fund her private lessons, she began performing in Atlantic City, adopting the stage name "Nina Simone." In the 1960s, she became a supporter of the Civil Rights Movement and composed and performed songs as a response to racism and violence in the Southern United States.

(C) She displayed musical talent from an early age. At 12, during her first classical recital, her parents' seats, originally near the front, were moved to the back against their will to make seats for white people.

31. 다음 주어진 문장 다음에 이어질 글의 순서로 가장 적절한 것은? 2025년_고2_10월_29

When a cell divides, the genomes of its two daughters are often not quite identical to each other or to that of the parent cell.

(A) On rare occasions, the error may represent a change for the better; more probably, it will cause no significant difference in the cell's prospects. But in some cases, the error will cause serious damage; for example, by disrupting the coding sequence for a key protein.

(B) Changes due to mistakes of the first type will tend to be perpetuated, because the altered cell has an increased likelihood of reproducing itself. Changes due to mistakes of the second type — neutral changes — may be perpetuated or not: it is a matter of chance whether the altered cell or its cousins will succeed.

(C) But changes that cause serious damage lead nowhere: the cell that suffers them dies, leaving no progeny. Through endless repetition of this cycle of mutation and natural selection organisms evolve: their genetic specifications change, sometimes give organisms new ways to exploit the environment more effectively, to survive in competition with others, and to reproduce successfully.

32. 다음 주어진 문장 다음에 이어질 글의 순서로 가장 적절한 것은? 2025년_고2_10월_30

Within liberal culture, the value of fair equality of opportunity for individuals outweighs the preservation of the family's integrity.

(A) In contrast, for Confucian culture, while seeking fair equality of opportunity for individuals is important, the family assumes a fundamental role in human flourishing, and living within a family institution is considered the essential way of life.

(B) Individuals are primarily understood as family members before they are regarded as state citizens. Therefore, for Confucians, the family possesses inherent value that should never be abandoned, even if it results in certain societal inequalities.

(C) Some cultures, like the liberal one, may choose to impose increasing restrictions on the role of families and implement more egalitarian government programs for education, healthcare, and other positive rights in society in the pursuit of fair equality of opportunity. On the other hand, other cultures, like the Confucian one, may prefer to primarily assign welfare responsibilities to the family, accepting inequalities stemming from the existence of the family as long as everyone's basic freedoms and rights are safeguarded in the state.

33. 다음 주어진 문장 다음에 이어질 글의 순서로 가장 적절한 것은? 2025년_고2_10월_31

Statistics in the twentieth century became the systematic collection of quantitative information needed by the state.

(A) This process occurred in all the industrialised countries as a key part of their becoming modern states. Desrosières writes: "It is difficult to think simultaneously that the objects being measured really do exist and that this is only a convention".

(B) Theodore Porter described the use of statistics to create state authority : "Quantification is a way of making decisions without seeming to decide", characterising it as a "social technology" intended to build trust in authority.

(C) Yet this is the case. Phenomena such as prices being charged and products being sold exist, but the categories and classification frameworks supporting the collection, aggregation, and organisation of official statistics are devised to serve the purposes of the state, for macroeconomic or for social policies.

34. 다음 주어진 문장 다음에 이어질 글의 순서로 가장 적절한 것은? 2025년_고2_10월_32

Just as an expert in the taste and colour of wine will gain much by being aware of the chemistry that underlies those qualities, so each perspective on the body can potentially enhance the others.

(A) And yet every scientific tool, from microscopes to mathematics, and every aspect of the body, from the brain to the microorganism, requires such depth of expertise that this tends not to happen: we tend to study the human body in silos, each community sectioned from the others by its own specialised vocabulary. Research communities may be dedicated to one type of scientific tool or a specific component of the body, such as one type of cell.

(B) As long ago as 1890, The Times newspaper commented that knowledge 'had already become too vast to be manageable'. Today, nobody is an expert in the whole of anything.

(C) How different types of cell communicate with one another becomes its own specialist topic. Even simple forms of life on Earth are now rarely studied as a whole, and the human body is evidently much more complex.

35. 다음 주어진 문장 다음에 이어질 글의 순서로 가장 적절한 것은? 2025년_고2_10월_33

(A) Open sightlines allowed for better surveillance and control, ensuring the safety and security of the ruling family. Courtiers and visitors were constantly aware of being observed, contributing to an atmosphere of careful obedience and respect. The very architecture dictated social behavior, with glass acting as a silent enforcer of the power dynamic.

(B) While stone symbolized permanence and strength, glass offered something equally powerful: visibility. The introduction of large windows in palaces allowed rulers to literally look down upon their subjects, emphasizing their elevated position.

(C) Conversely, it also allowed subjects to gaze up at their leaders, creating a sense of awe and distance. Consider the Palace of Versailles: its Hall of Mirrors, lined with reflective surfaces, not only magnified the grandeur of the space but also placed the king at the center of a dazzling display, reinforcing his absolute authority. The use of glass in palaces wasn't merely aesthetic; it was strategic.

36. 다음 주어진 문장 다음에 이어질 글의 순서로 가장 적절한 것은? 2025년_고2_10월_34

(A) This process occurs in a spiral, so that one side of an issue ends up with considerable publicity and the other side with very little.

(B) In everyday life, people express their opinions in a variety of ways: they talk about them, they wear buttons, they put bumper stickers on their cars, and they post their views on social media. According to this theory, people are more apt to do these kinds of things when they perceive that others share their opinions.

(C) Noelle-Neumann calls this the spiral of silence. The spiral of silence occurs when individuals who perceive that their opinions are popular express them, whereas those who do not think their opinions are popular remain quiet.

37. 다음 주어진 문장 다음에 이어질 글의 순서로 가장 적절한 것은? 2025년_고2_10월_35

Consider units of measure, one kind of descriptive device we are familiar with using in physics.

(A) We conclude from this that physics does not prefer one unit of length over any other, and we may choose any one we like for reasons of convenience. We further conclude that any feature depending on that choice, such as the particular numerical value assigned to the spatial separation between two locations, is not out there in the world apart from a choice of unit.

(B) Temperatures can likewise be given in terms of the Fahrenheit or Celsius or Kelvin scale, and nothing in the physics changes when we switch from one scale to another. We conclude that the choice of scale is an arbitrary choice in description, and that any feature that depends on that choice is scale-dependent.

(C) Spatial distances can be given in terms of feet or meters or some other unit, and the physics will be the same regardless.

38. 다음 주어진 문장 다음에 이어질 글의 순서로 가장 적절한 것은? 2025년_고2_10월_36

Even though sea creatures live in it, they still need to take in water for their bodies to function properly.

(A) If the body fluids in a sea animal are saltier than the seawater it lives in, then the extra salt in the creature's body will absorb seawater. This can cause them to swell up. On the other hand, if the amount of salt in the seawater is higher than the amount of salt in the body fluids of a sea animal, the extra salt in the water will draw fluids out of the creature's body, causing it to dehydrate and shrink.

(B) Now you have a pile of wet salt. Notice that it has increased in size. The same principle applies to sea creatures.

(C) They just need to get rid of any extra salt it might bring with it. Salt absorbs water like a sponge. If you put a tiny mountain of salt on a small plate, then add enough water to the side, making sure an edge touches the salt, the salt will absorb the water.

39. 다음 주어진 문장 다음에 이어질 글의 순서로 가장 적절한 것은? 2025년_고2_10월_37

Distinguishing moths from butterflies on outward appearance is not always easy, but there are a few rules of thumb that can help.

(A) There are many brightly coloured moths and many which are active throughout the day. Equally, there are a few nocturnal butterflies and plenty that come clothed in shades of brown and grey. It's more sensible to think of them together; both butterflies and moths are beautiful and fascinating insects.

(B) In most butterflies the antennae end with a small club-shaped swelling, whereas in moths they are usually feathery or narrow to a fine tip. Butterflies tend to rest with their wings held shut above their body, whereas moths more usually rest with the upper sides of the wings on full view.

(C) Further distinctions can be made by looking for a tiny hook that joins fore- and hindwings, a feature only present in moths. The stereotypical differences, with moths cast as the gloomy, nocturnal cousins of colourful sun-loving butterflies are simply wrong.

40. 다음 주어진 문장 다음에 이어질 글의 순서로 가장 적절한 것은? 2025년_고2_10월_38

There are numerous ways wildlife is managed, but they all imply stewardship and can be classified into two broad categories: active management and inactive management.

(A) Active management does something to the population — such as increasing or decreasing its size — in a direct manner through strategies like translocations or hunting, respectively. Populations can also be actively managed by altering the habitat to the benefit or disadvantage of a population.

(B) If population numbers are too low for the goal of management agencies, other active management can be incorporated, such as predator control to minimize neonatal deaths or habitat improvement to provide required cover for neonates from predators. These efforts represent active approaches to management.

(C) Other populations may not be actively managed, like those in national parks. In such situations, management activities minimize external influences on populations and habitat, which often involves management of humans and not animals.

41. 다음 주어진 문장 다음에 이어질 글의 순서로 가장 적절한 것은? 2025년_고2_10월_39

Waste has historically been seen as a necessary driver of the economy.

(A) Many strategies have been incorporated into product design and use to ensure that waste is inevitable, such as planned obsolescence, limited access to tools for repairs, and use of cheap materials. All these strategies ensure that the consumer will have limited access to the product in use and will eventually require a replacement.

(B) Those who supported the idea that waste is necessary to drive demand failed to realize that prioritizing the elimination of waste via repair and remanufacturing creates a different kind of demand: products as a service. Through this setup, companies simply lease out products that were once sold directly to the customer. With this transition of ownership, companies maintain profit by offering maintenance and repair services and are encouraged to develop long-lasting products.

(C) Sales are tied to the amount of a product supplied, which is directly dependent on the demand for that product. Therefore, if you design the product to eventually be wasted, you can ensure that the demand for more products will be sustained.

42. 다음 주어진 문장 다음에 이어질 글의 순서로 가장 적절한 것은? 2025년_고2_10월_40

Viewing time as a purchasable and consistent product cemented artificial views on time into our psyche, but every now and again we are forced to acknowledge this mistake.

(A) On twenty-six occasions in the last fifty years, a second has been added to everyone's day to adjust for the Earth wobbling and the rate of its spin changing. For instance, when El Niño, a climatic system in the Pacific, causes wind speed to change dramatically, it can slow the rotation of the Earth slightly.

(B) We try to force our fixed, man-made view of time on to nature in the false hope that it will yield. It doesn't. Humans, who have long viewed that time is stable, have continuously made modifications, sticking to their belief that their efforts can eliminate the gap between man-made time and natural time.

(C) Indeed, the Earth's spin is generally slowing because the moon's gravity is acting as a drag, so days are getting longer by about 1.7 milliseconds per century. Such events disturb the similarity between man-made time and more flexible time based on the Earth's naturally occurring rotation. When events like this happen, a bunch of humans make the decision to add a small slice of time to your day, without your knowledge.

43. 다음 주어진 문장 다음에 이어질 글의 순서로 가장 적절한 것은? 2025년_고2_10월_41_42

(A) Lift heavy weights or lighter ones? Put like that, basic questions about muscle may sound like they have one right answer. Oppositions can polarize. But where muscle is concerned, few oppositions are true polarities. Look closely, and most prove to be paradoxes. Born and made, heavy and light, fast and slow: Those opposites actually include each other.

(B) Biceps contract, and triceps relax. Reversing the motion, when you drop your hand back down, muscles reverse roles. Triceps contract, and biceps relax. Lift your hand or drop it, and muscle shows what it is: a system of coordination, managed by orchestrated tension. As arms and legs rotate around joints, muscles activate and deactivate, contract and relax. All physical activity is paradoxical, in this sense: Movement depends on what muscles don't do, as much as it depends on what they do.

(C) Both are necessary, each in its time — and the same is true of each side of the pairs of concepts shaping how we talk of muscles. Start with nature versus nurture: Some people are stronger or more muscular than others; is the difference inborn, or does it depend on what people do? To the latter question: What do you do? Do you have to lift weights, or is walking enough exercise? How should you do the exercise? Should you move fast or slowly?

44. 다음 주어진 문장 다음에 이어질 글의 순서로 가장 적절한 것은? 2025년_고2_10월_43~45

(A) When the whistle blew, Jason started strong, but since he hadn't run for so long, his energy faded quickly. Every step was a struggle, but he pushed forward, encouraged by the thought of how happy Sam would be. Finally, he crossed the finish line. As he was sitting to catch his breath, Sam came over and handed him bottled water. He felt pride, relief, and gratitude. He finally finished — for Sam.

(B) Jason did everything he could to recover, following his doctor's advice. A day before registration deadline, his doctor said a 3-mile run would be fine. Jason signed up for the 3-mile beginner route, hoping to run for Sam. On marathon morning, Jason stood among the runners, heart pounding. In the crowd, Sam was holding a sign: "Thank you, Runners!" Jason smiled. He was all the motivation needed.

(C) Sam, a cheerful seven-year-old who loved to draw and dreamed of being an artist, had a rare heart condition. Sam wasn't just anyone — he was the little boy living next door that Jason had babysat every summer break. He had played in the park and spent summer afternoons chasing ice cream trucks with Sam. Seeing Sam's name on the banner made everything feel personal. Jason had always been the fastest runner in school, known among his friends as "The Speedster." But since his knee injury, he hadn't been able to run for quite a long time. Still, when Jason thought about Sam and the hope this marathon represented, he knew he had to try.

2025 고2 10월 모의고사

❶ voca   ❷ text   ❸ [/]   ❹ _____   ❺ quiz 1   ❻ quiz 2   ❼ quiz 3   ❽ quiz 4   ❾ quiz 5

1. 밑줄 친 ⓐ~ⓗ 중 어법, 혹은 문맥상 어휘의 사용이 어색한 것끼리 짝지어진 것을 고르시오. 2025년_고2_10월_18

To the Customer Service Team,
About a month ago, my wife and I purchased a set of bookshelves from your store. I was truly ⓐ<u>excited</u> to find furniture that perfectly ⓑ<u>matched to</u> our new home. When we bought the bookshelves, the manager said it would take four weeks for delivery, ⓒ<u>which</u> was last weekend. We had set our plans to ⓓ<u>ensure</u> someone would be ⓔ<u>unavailable</u> to receive the delivery; however, no one came with the bookshelves that day. This delay has caused us ⓕ<u>considerable</u> inconvenience. Therefore, please provide a clear and ⓖ<u>specific</u> delivery date. We expect this issue to ⓗ<u>be addressed</u> promptly, so that we can reorganize our schedule to receive the delivery without any confusion .

① ⓑ, ⓒ, ⓗ   ② ⓑ, ⓔ   ③ ⓐ, ⓔ
④ ⓔ, ⓕ, ⓖ   ⑤ ⓒ, ⓓ

2. 밑줄 친 ⓐ~ⓕ 중 어법, 혹은 문맥상 어휘의 사용이 어색한 것끼리 짝지어진 것을 고르시오. 2025년_고2_10월_19

I was heading in the direction of a forest road that I knew would take me home. But almost as ⓐ<u>though</u> someone had switched ⓑ<u>off</u> all the lights I was suddenly in a black forest with no light of any kind. ⓒ<u>felt</u> lost, I stumbled. I fell. I tore my clothes and injured myself falling down a hill. In desperation I stopped and leaned against a tree. I have no idea ⓓ<u>that</u> I am now. Will anyone even notice that I'm gone? It was then ⓔ<u>which</u> a faint aroma drifted through the darkness: the scent of cooking. I stumbled towards it, and soon, a faint, yellowish light glowed through the trees. It was Uncle Krull's cabin and I could see him through the window! Thankful beyond words, I knew I could finally ask for help. My ⓕ<u>hardship</u> was over.

① ⓑ, ⓓ   ② ⓒ, ⓓ, ⓔ   ③ ⓓ, ⓕ
④ ⓒ, ⓓ   ⑤ ⓐ, ⓒ

3. 밑줄 친 ⓐ~ⓗ 중 어법, 혹은 문맥상 어휘의 사용이 어색한 것끼리 짝지어진 것을 고르시오. 2025년_고2_10월_20

When you are working in healthcare, it is important to develop a ⓐ<u>solid</u> professional relationship with your patients. By establishing realistic self-boundaries, you can ⓑ<u>protect</u> that relationship. It is important to keep the focus on the patient. When ⓒ<u>working</u> with patients who are seen ⓓ<u>rarely</u>, it is easy to start to think of them as friends. With a friend, you are likely to share personal information that is not appropriate with a patient. Patients may feel that they ⓔ<u>cannot</u> share important health-related information because you are their friend, and it would be ⓕ<u>embarrassing</u> to share that information. Self-boundaries can also be thought of as professional boundaries. You need to treat patients with respect and keep the relationship ⓖ<u>professional</u> . Be ⓗ<u>friend</u> to patients and always keep the focus on the patient.

① ⓒ, ⓕ, ⓗ   ② ⓔ, ⓖ   ③ ⓓ, ⓗ
④ ⓐ, ⓒ   ⑤ ⓕ, ⓖ, ⓗ

4. 밑줄 친 ⓐ~ⓞ 중 어법, 혹은 문맥상 어휘의 사용이 어색한 것끼리 짝지어진 것을 고르시오. 2025년_고2_10월_21

Coat a fresh, wet swab in salt, and gently touch various spots on your tongue, recording ⓐ<u>where</u> your taste seems strongest. Then, gargle with water to thoroughly clean your tongue, use a swab ⓑ<u>coated</u> with sugar on the ⓒ<u>same</u> spots, and record those results. Gargle again, and then swab with lemon juice. After a final gargle, try coffee. Compare your reactions with your friends'. Your taste pattern may reveal ⓓ<u>more</u> than just taste ⓔ<u>preferences</u>. Recent studies suggest links between taster ⓕ<u>statue</u> and behavioral ⓖ<u>orders</u> . For example, "non-tasters" tend to have a ⓗ<u>higher</u> incidence of alcoholism, perhaps because liquor seems ⓘ<u>less</u> bitter to them. Conversely, "super-tasters" may ⓙ<u>avoid</u> nutritious but mildly bitter foods such as broccoli, thus depriving ⓚ<u>themselves</u> of a balanced diet. So, ⓛ<u>although</u> taste is not nearly as glamorous as vision, hearing, or even touch, it makes sense for you to pay closer ⓜ<u>attention</u> to it because chemistry, at ⓝ<u>least</u> in your mouth, could be ⓞ<u>destination</u>.

① ⓒ, ⓚ ② ⓔ, ⓜ ③ ⓙ, ⓜ
④ ⓐ, ⓝ, ⓞ ⑤ ⓕ, ⓖ, ⓞ

5. 밑줄 친 ⓐ~ⓚ 중 어법, 혹은 문맥상 어휘의 사용이 어색한 것끼리 짝지어진 것을 고르시오. 2025년_고2_10월_22

Experiments testify to science's ⓐ<u>embrace</u> of ⓑ<u>knowledge</u>. Arguably the worst thing a scientist can do is to suppose they know ⓒ<u>what</u> will ⓓ<u>happen</u> in a given scenario without bothering to check. The rise of the experimental philosophy coincided with the liberation of curiosity as a ⓔ<u>valuable</u> rather than a questionable ⓕ<u>attribute</u> . For all that experimental science today is often assumed to be supported by a philosophical framework and an ⓖ<u>approved</u> methodology ("state your ⓗ<u>hypothesis</u> and then test it"), the fact is that, as philosopher of science Ian Hacking says, "One can conduct an experiment simply out of curiosity to see ⓘ<u>what</u> will ⓙ<u>happen</u>." Indeed, in the view of Charles Darwin's son, the astronomer George Darwin, once in a while one should do a completely crazy experiment, even if it is most ⓚ<u>like</u> to prove fruitless. You never know until you try.

① ⓑ, ⓒ, ⓘ ② ⓐ, ⓗ, ⓘ ③ ⓒ, ⓕ, ⓙ
④ ⓑ, ⓚ ⑤ ⓖ, ⓗ, ⓙ

6. 밑줄 친 ⓐ~ⓟ 중 어법, 혹은 문맥상 어휘의 사용이 어색한 것끼리 짝지어진 것을 고르시오. *2025년_고2_10월_23*

We can ⓐ<u>discard</u> or replace a scientific theory only if we have a ⓑ<u>better</u> way of explaining the evidence that supports it. The theories of Newton and Einstein ⓒ<u>offer</u> great examples. A vast body of evidence supports Newton's theory of gravity, but by the ⓓ<u>late</u> nineteenth century scientists had begun to discover cases where its predictions ⓔ<u>did not</u> perfectly match ⓕ<u>observations</u>. These ⓖ<u>discrepancies</u> were explained only when Einstein developed his general theory of relativity, which was able to match the ⓗ<u>observations</u>. Still, the many successes of Newton's theory could not be ⓘ<u>appreciated</u>, and Einstein's theory would not have gained ⓙ<u>acceptance</u> if it ⓚ<u>had not been</u> able to explain these successes equally well. It ⓛ<u>did</u> , and that is ⓜ<u>why</u> we now view Einstein's theory as a ⓝ<u>broader</u> theory of gravity than Newton's theory. Some scientists today are seeking a theory of gravity that will go beyond Einstein's. If any new theory ever gains acceptance, it will have to ⓞ<u>match</u> all the successes of Einstein's theory as well as work in new realms ⓟ<u>which</u> Einstein's theory does not.

① ⓑ, ⓝ ② ⓓ, ⓙ, ⓟ ③ ⓗ, ⓚ
④ ⓑ, ⓞ, ⓟ ⑤ ⓘ, ⓟ

7. 밑줄 친 ⓐ~ⓜ 중 어법, 혹은 문맥상 어휘의 사용이 어색한 것끼리 짝지어진 것을 고르시오. *2025년_고2_10월_24*

Imagine pausing in the middle of a busy day, taking a moment to refresh your mind and recharge your energy. This power of a midday break is often ⓐ<u>underestimated</u>. When you ⓑ<u>break away from</u> routine, especially with activities ⓒ<u>designed</u> to ⓓ<u>stimulate</u> your brain, you prevent cognitive tiredness and enhance ⓔ<u>productivity</u> for the rest of the day. Neurobic exercises — simple yet ⓕ<u>affective</u> — are ⓖ<u>perfect</u> for such breaks. They target ⓗ<u>different</u> areas of your brain, keeping it ⓘ<u>fragile</u> and alert. These exercises create a mental oasis that refreshes and prepares you for the afternoon's challenges. This strategic ⓙ<u>pause</u> is not just a break; it boosts your cognitive capabilities, ensuring your mind remains sharp and focused. Even briefly experimenting with neurobic exercises can work wonders for your cognitive state ⓚ<u>during</u> lunch. Start with using your ⓛ<u>non-dominant</u> hand for routine tasks like writing or eating. This simple switch challenges your brain, activating pathways that aren't typically engaged and promoting greater ⓜ<u>flexibility</u> in thinking.

① ⓐ, ⓕ, ⓛ ② ⓕ, ⓙ ③ ⓒ, ⓔ
④ ⓕ, ⓛ ⑤ ⓕ, ⓘ

8. 밑줄 친 ⓐ~ⓗ 중 어법, 혹은 문맥상 어휘의 사용이 어색한 것끼리 짝지어진 것을 고르시오. 2025년_고2_10월_26

Eunice Kathleen Waymon was an American musician and civil rights activist. She ⓐplayed musical talent from an early age. At 12, ⓑwhile her first classical recital, her parents' seats, originally near the front, were moved ⓒto the back against their will to make seats for white people. After graduating from high school, she prepared for an audition at the Curtis Institute of Music, but her ⓓapplication was rejected, which she ⓔattributed to racial discrimination. To fund her ⓕprivate lessons, she began performing in Atlantic City, adopting the stage name "Nina Simone." In the 1960s, she became a supporter of the Civil Rights Movement and composed and performed songs as a response to racism and violence in the Southern United States. ⓖFrustrated by the racism in the United States, she ⓗleft for the country in 1970, living in various places before settling in France. She passed away in 2003 but her reputation continues through her powerful music.

① ⓐ, ⓑ, ⓗ ② ⓒ, ⓗ ③ ⓐ, ⓒ, ⓖ
④ ⓑ, ⓓ ⑤ ⓐ, ⓔ, ⓗ

9. 밑줄 친 ⓐ~ⓝ 중 어법, 혹은 문맥상 어휘의 사용이 어색한 것끼리 짝지어진 것을 고르시오. 2025년_고2_10월_29

When a cell divides, the genomes of its two daughters are often not quite ⓐidentical to each other or to ⓑthat of the parent cell. On ⓒregular occasions, the error may ⓓrepresent a change for the better; ⓔmore probably, it will cause no significant difference in the cell's prospects. But in some cases, the error will cause serious damage; for example, by ⓕcorrecting the coding sequence for a key protein. Changes due to mistakes of the first type will tend to be ⓖperpetuated , because the altered cell has an ⓗincreased likelihood of reproducing itself. Changes due to mistakes of the second type — ⓘneutral changes — may be perpetuated or not: it is a matter of chance whether the altered cell or its cousins will succeed. But changes that cause serious damage lead nowhere: the cell that suffers them ⓙdies , leaving no progeny. Through endless repetition of this cycle of mutation and ⓚnatural selection organisms evolve: their genetic specifications change, sometimes give organisms new ways to exploit the environment ⓛmore effectively, to ⓜsurvive in ⓝcompetition with others, and to reproduce successfully.

① ⓐ, ⓒ, ⓝ ② ⓒ, ⓕ ③ ⓖ, ⓚ
④ ⓘ, ⓛ ⑤ ⓕ, ⓗ

10. 밑줄 친 ⓐ~ⓝ 중 어법, 혹은 문맥상 어휘의 사용이 어색한 것끼리 짝지어진 것을 고르시오. 2025년_고2_10월_30

Within ⓐ<u>liberal</u> culture, the value of ⓑ<u>unfair</u> ⓒ<u>equality</u> of opportunity for individuals outweighs the preservation of the family's ⓓ<u>integrity</u>. In contrast, for Confucian culture, while seeking fair ⓔ<u>equality</u> of opportunity for individuals is important, the family assumes a ⓕ <u>fundamental</u> role in human flourishing, and living within a family institution is considered the essential way of life. Individuals are primarily understood as family members before they are regarded as state citizens. Therefore, for Confucians, the family possesses ⓖ<u>coherent</u> value that should never be abandoned, even if it results in certain societal ⓗ<u>inequalities</u> . Some cultures, like the ⓘ<u>liberal</u> one, may choose to impose increasing restrictions on the role of families and implement more ⓙ<u>egalitarian</u> government programs for education, healthcare, and other ⓚ<u>positive</u> rights in society in the pursuit of fair equality of opportunity. On the other hand, other cultures, like the Confucian one, may prefer to primarily ⓛ<u>remove</u> welfare responsibilities to the family, accepting ⓜ<u>inequalities</u> stemming from the existence of the family as long as everyone's basic ⓝ<u>freedoms</u> and rights are safeguarded in the state.

① ⓓ, ⓚ　② ⓑ, ⓖ, ⓛ　③ ⓑ, ⓕ, ⓚ
④ ⓐ, ⓓ, ⓘ　⑤ ⓗ, ⓙ

11. 밑줄 친 ⓐ~ⓜ 중 어법, 혹은 문맥상 어휘의 사용이 어색한 것끼리 짝지어진 것을 고르시오. 2025년_고2_10월_31

Statistics in the twentieth century became the systematic collection of ⓐ<u>quantitative</u> information needed by the state. This process ⓑ<u>was occurred</u> in all the ⓒ <u>industrialised</u> countries as a key part of their becoming modern states. Desrosières writes: "It is difficult to think ⓓ<u>simultaneously</u> that the objects ⓔ<u>being measured</u> really do exist and that this is only a convention". Yet this is the case. Phenomena such as prices ⓕ<u>being charged</u> and products ⓖ<u>being sold</u> exist, but the categories and classification frameworks supporting the collection, aggregation, and organisation of official statistics are devised to serve the purposes of the ⓗ<u>state</u> , for macroeconomic or for ⓘ<u>social</u> policies. Theodore Porter described the use of statistics to create ⓙ<u>state</u> authority : "Quantification is a way of making decisions without seeming to decide", characterising it as a "ⓚ<u>social</u> technology" ⓛ<u>extended</u> to build ⓜ<u>distrust</u> in authority.

① ⓒ, ⓔ, ⓖ　② ⓑ, ⓖ, ⓙ　③ ⓒ, ⓚ
④ ⓑ, ⓛ, ⓜ　⑤ ⓑ, ⓕ, ⓖ

12. 밑줄 친 ⓐ~ⓜ 중 어법, 혹은 문맥상 어휘의 사용이 어색한 것끼리 짝지어진 것을 고르시오. *2025년_고2_10월_32*

Just as an expert in the taste and colour of wine will ⓐ<u>gain</u> much by being ⓑ<u>aware</u> of the chemistry that ⓒ<u>underlies</u> those qualities, so each perspective on the body can potentially enhance the others. And yet every scientific tool, from microscopes to mathematics, and every aspect of the body, from the brain to the microorganism, requires such depth of expertise ⓓ<u>that</u> this tends not to ⓔ<u>happen</u>: we tend to study the human body in silos, each community ⓕ<u>sectioned from</u> the others by its own specialised vocabulary. Research communities may be dedicated to one type of scientific tool or a ⓖ<u>vague</u> component of the body, such as one type of cell. How ⓗ<u>different</u> types of cell communicate with one another becomes its own specialist topic. Even simple forms of life on Earth are now ⓘ<u>often</u> studied as a ⓙ<u>whole</u> , and the human body is evidently much ⓚ<u>more</u> complex. As long ago as 1890, The Times newspaper commented that knowledge 'had already become too ⓛ<u>vast</u> to be manageable'. Today, ⓜ<u>nobody</u> is an expert in the whole of anything.

① ⓖ, ⓘ　② ⓐ, ⓛ　③ ⓕ, ⓜ
④ ⓑ, ⓒ　⑤ ⓒ, ⓛ

13. 밑줄 친 ⓐ~ⓟ 중 어법, 혹은 문맥상 어휘의 사용이 어색한 것끼리 짝지어진 것을 고르시오. *2025년_고2_10월_33*

Historically, palaces weren't just homes; they were carefully constructed stages designed to impress and ⓐ<u>intimidate</u> . While stone symbolized ⓑ<u>permanence</u> and strength, glass ⓒ<u>offered</u> something equally powerful: visibility. The introduction of large windows in palaces ⓓ<u>allowed</u> rulers to literally ⓔ<u>look down upon</u> their subjects, emphasizing their elevated position. Conversely, it also ⓕ<u>allowed</u> subjects to gaze up at their leaders, creating a sense of awe and ⓖ<u>distance</u> . Consider the Palace of Versailles: its Hall of Mirrors, lined with ⓗ<u>reflective</u> surfaces, not only ⓘ<u>magnified</u> the grandeur of the space but also placed the king at the center of a dazzling display, reinforcing his absolute authority. The use of glass in palaces wasn't merely aesthetic; it was strategic. Open sightlines ⓙ<u>restircted</u> for better surveillance and control, ensuring the safety and ⓚ<u>security</u> of the ⓛ<u>ruling</u> family. Courtiers and visitors were constantly aware of ⓜ<u>observing</u>, contributing to an atmosphere of careful ⓝ<u>obedience</u> and respect. The very architecture dictated ⓞ<u>social</u> behavior, with glass ⓟ<u>acting</u> as a silent enforcer of the power dynamic.

① ⓔ, ⓞ　② ⓙ, ⓜ　③ ⓔ, ⓕ, ⓙ
④ ⓗ, ⓙ, ⓝ　⑤ ⓑ, ⓖ, ⓘ

14. 밑줄 친 ⓐ~ⓝ 중 어법, 혹은 문맥상 어휘의 사용이 어색한 것끼리 짝지어진 것을 고르시오. 2025년_고2_10월_34

As a political researcher in Germany, Noelle-Neumann observed that ⓐunderlineduring election campaigns, certain views seemed to get ⓑless play than others, and sometimes people ⓒemphasized their opinions rather than talking about them, especially if those opinions were perceived to be ⓓunpopular . Noelle-Neumann calls this the spiral of silence. The spiral of silence ⓔoccurs when individuals who perceive that their opinions are ⓕpopular express them, whereas those who do not think their opinions are popular remain ⓖrowdy . This process ⓗoccurs in a spiral, so that one side of an issue ends up with ⓘconsiderable publicity and the other side with very ⓙlittle . In everyday life, people ⓚexpress their opinions in a variety of ways: they talk about them, they wear buttons, they put bumper stickers on their cars, and they post their views on ⓛsocial media. According to this theory, people are ⓜmore apt to do these kinds of things when they perceive that others ⓝshare their opinions.

① ⓔ, ⓙ, ⓜ　② ⓔ, ⓚ　③ ⓕ, ⓖ, ⓝ
④ ⓓ, ⓕ, ⓗ　⑤ ⓑ, ⓒ, ⓖ

15. 밑줄 친 ⓐ~ⓞ 중 어법, 혹은 문맥상 어휘의 사용이 어색한 것끼리 짝지어진 것을 고르시오. 2025년_고2_10월_35

Consider units of measure, one kind of descriptive ⓐdevice we are familiar with ⓑis using in physics. ⓒSpatial distances can be given in terms of feet or meters or some other unit, and the physics will be the ⓓsame regardless. We ⓔconclude from this that physics ⓕdoes not prefer one unit of length over any other, and we may choose any one we like for reasons of ⓖconvenience . We further ⓗconclude that any feature depending on that choice, such as the ⓘgeneral numerical value ⓙassigned to the spatial ⓚseparation between two locations, ⓛis not out there in the world ⓜapart from a choice of unit. Temperatures can likewise be given in terms of the Fahrenheit or Celsius or Kelvin scale, and nothing in the physics ⓝchanges when we switch from one scale to another. We conclude that the choice of scale is an ⓞdefinite choice in description, and that any feature that depends on that choice is scale-dependent.

① ⓘ, ⓞ　② ⓖ, ⓚ　③ ⓘ, ⓝ, ⓞ
④ ⓑ, ⓓ, ⓜ　⑤ ⓑ, ⓘ, ⓞ

16. 밑줄 친 ⓐ~ⓜ 중 <u>어법, 혹은 문맥상 어휘의 사용이 어색한 것끼리</u> 짝지어진 것을 고르시오. 2025년_고2_10월_36

Even ⓐ<u>though</u> sea creatures live in it, they still need to ⓑ<u>take</u> in water for their bodies to function properly. They just need to ⓒ<u>get rid</u> of any extra salt it might ⓓ<u>bring with</u> . Salt absorbs water like a sponge. If you put a tiny mountain of salt on a small plate, then add enough water to the side, ⓔ<u>making</u> sure an edge touches the salt, the salt will ⓕ<u>absorb</u> the water. Now you have a pile of wet salt. Notice that it has ⓖ<u>increased</u> in size. The same ⓗ<u>principle</u> applies to sea creatures. If the body fluids in a sea animal are saltier than the seawater it lives in, then the extra salt in the creature's body will ⓘ<u>release</u> seawater. This can cause them to swell up. On the other hand, if the ⓙ<u>amount</u> of salt in the seawater is ⓚ<u>higher</u> than the amount of salt in the body fluids of a sea animal, the extra salt in the water will draw fluids ⓛ<u>out of</u> the creature's body, causing it to ⓜ<u>dehydrate</u> and shrink.

① ⓐ, ⓔ, ⓖ　② ⓓ, ⓘ　③ ⓓ, ⓕ, ⓜ
④ ⓔ, ⓗ, ⓜ　⑤ ⓓ, ⓖ, ⓗ

17. 밑줄 친 ⓐ~ⓝ 중 <u>어법, 혹은 문맥상 어휘의 사용이 어색한 것끼리</u> 짝지어진 것을 고르시오. 2025년_고2_10월_37

Distinguishing moths from butterflies on outward appearance ⓐ<u>is</u> not always easy, but there are a ⓑ<u>few</u> rules of thumb that can help. In most butterflies the antennae ⓒ<u>end</u> with a small club-shaped swelling, whereas in moths they are usually feathery or ⓓ<u>narrow</u> to a ⓔ<u>fine</u> tip. Butterflies tend to rest with their wings held ⓕ<u>shut</u> above their body, whereas moths ⓖ<u>less</u> usually rest with the upper sides of the wings on full view. Further ⓗ<u>distinctions</u> can be made by looking for a tiny hook that joins fore- and hindwings, a feature only present in moths. The stereotypical ⓘ<u>similarities</u>, with moths cast as the ⓙ<u>gloomy</u> , nocturnal cousins of colourful sun-loving butterflies are simply ⓚ<u>wrong</u>. There are many brightly coloured moths and many which are active throughout the day. Equally, there are a ⓛ<u>few</u> nocturnal butterflies and plenty that come clothed in shades of brown and grey. It's more ⓜ<u>sensible</u> to think of them together; both butterflies and moths are beautiful and ⓝ<u>fascinating</u> insects.

① ⓒ, ⓓ, ⓘ　② ⓖ, ⓘ　③ ⓓ, ⓗ, ⓝ
④ ⓒ, ⓖ, ⓝ　⑤ ⓘ, ⓜ

18. 밑줄 친 ⓐ~ⓜ 중 어법, 혹은 문맥상 어휘의 사용이 어색한 것끼리 짝지어진 것을 고르시오. *2025년_고2_10월_38*

There are numerous ways wildlife is managed, but they all ⓐ<u>imply</u> stewardship and can be classified into two broad categories: active management and inactive management. Active management does something to the ⓑ<u>population</u> — such as increasing or decreasing its size — in a ⓒ<u>direct</u> manner through strategies like translocations or hunting, ⓓ<u>relatively</u>. Populations can also be actively managed by altering the ⓔ<u>habitat</u> to the benefit or ⓕ<u>disadvantage</u> of a ⓖ<u>population</u>. If ⓗ <u>population</u> numbers are too low for the goal of management agencies, other active management can be ⓘ<u>incorporated</u> , such as predator control to minimize neonatal deaths or habitat ⓙ<u>failure</u> to provide required cover for neonates from predators. These efforts ⓚ <u>represent</u> ⓛ<u>active</u> approaches to management. Other populations may not be actively managed, like those in national parks. In such situations, management activities ⓜ<u>minimize</u> external influences on populations and habitat, which often involves management of humans and not animals.

① ⓐ, ⓑ, ⓚ ② ⓑ, ⓒ, ⓚ ③ ⓓ, ⓔ
④ ⓓ, ⓔ, ⓗ ⑤ ⓓ, ⓙ

19. 밑줄 친 ⓐ~ⓠ 중 어법, 혹은 문맥상 어휘의 사용이 어색한 것끼리 짝지어진 것을 고르시오. *2025년_고2_10월_39*

Waste has historically been seen as a necessary ⓐ<u>driver</u> of the economy. Sales are tied to the amount of a product ⓑ<u>supplied</u> , which is directly dependent on the demand for that product. Therefore, if you design the product to eventually be ⓒ<u>wasted</u> , you can ⓓ<u>ensure</u> that the demand for ⓔ<u>more</u> products will be sustained. Many strategies have been ⓕ<u>incorporated</u> into product design and use to ⓖ<u>ensure</u> that waste is ⓗ<u>inevitable</u> , such as planned obsolescence, limited to tools for ⓘ <u>repairs</u>, and use of cheap materials. All these strategies ensure that the consumer will have ⓙ<u>limited</u> access to the product in use and will eventually ⓚ<u>require</u> a replacement. Those who supported the idea that waste is necessary to ⓛ<u>drive</u> demand ⓜ<u>failed</u> to realize that prioritizing the elimination of waste via repair and remanufacturing creates a different kind of demand: products as a ⓜ<u>manufacturing</u> . Through this setup, companies simply ⓞ<u>release</u> out products that were once sold directly to the customer. With this transition of ownership, companies maintain profit by offering ⓟ <u>maintenance</u> and repair services and are ⓠ<u>encouraged</u> to develop long-lasting products.

① ⓝ, ⓞ   ② ⓓ, ⓚ ③ ⓐ, ⓔ
④ ⓕ, ⓗ, ⓝ ⑤ ⓑ, ⓘ, ⓠ

20. 밑줄 친 ⓐ~ⓛ 중 어법, 혹은 문맥상 어휘의 사용이 어색한 것끼리 짝지어진 것을 고르시오. *2025년_고2_10월_40*

Viewing time as a purchasable and ⓐ<u>consistent</u> product ⓑ<u>cemented</u> artificial views on time into our psyche, but every now and again we are forced to ⓒ<u>acknowledge</u> this mistake. On twenty-six occasions in the last fifty years, a second has ⓓ<u>been added</u> to everyone's day to adjust for the Earth wobbling and the rate of its spin changing. For instance, when El Niño, a climatic system in the Pacific, causes wind speed to change dramatically, it can slow the rotation of the Earth ⓔ<u>slightly</u>. Indeed, the Earth's spin is generally ⓕ<u>hurried</u> because the moon's gravity is acting as a drag, so days are getting ⓖ<u>shorter</u> by about 1.7 milliseconds per century. Such events disturb the ⓗ<u>similarity</u> between man-made time and more flexible time based on the Earth's naturally occurring rotation. When events like this ⓘ<u>happen</u>, a bunch of humans make the decision to ⓙ<u>add</u> a small slice of time to your day, without your knowledge. We try to force our fixed, man-made view of time on to nature in the ⓚ<u>false</u> hope that ⓛ<u>they</u> will yield. It doesn't.

① ⓔ, ⓖ　② ⓑ, ⓖ, ⓚ　③ ⓕ, ⓖ, ⓘ
④ ⓑ, ⓕ, ⓘ　⑤ ⓕ, ⓙ, ⓚ

21. 밑줄 친 ⓐ~ⓛ 중 어법, 혹은 문맥상 어휘의 사용이 어색한 것끼리 짝지어진 것을 고르시오. *2025년_고2_10월_41~42*

When your hand is hanging at your side and then you lift it, ⓐ<u>opposing</u> muscles on your upper arm shorten and lengthen — contract and relax — to bend the elbow. Biceps ⓑ<u>contract</u> , and triceps relax. ⓒ<u>Reversing</u> the motion, when you drop your hand back down, muscles reverse roles. Triceps contract, and biceps ⓓ<u>relax</u> . Lift your hand or drop it, and muscle shows ⓔ<u>what</u> it is: a system of coordination, managed by orchestrated tension. As arms and legs rotate around joints, muscles activate and deactivate, contract and relax. All physical activity is ⓕ<u>paradoxical</u> , in this sense: Movement depends on ⓖ<u>that</u> muscles don't do, as much as it depends on what they do. Both are necessary, each in its time — and the ⓗ<u>same</u> is true of each side of the pairs of concepts shaping how we talk of muscles.

Start with nature versus nurture: Some people are stronger or more muscular than others; is the difference inborn, or does it depend on what people do? To the ⓘ<u>later</u> question: What do you do? Do you have to lift weights, or is walking enough exercise? How should you do the exercise? Should you move fast or slowly? Lift heavy weights or lighter ones? Put like that, basic questions about muscle may sound like they have one right answer. Oppositions can ⓙ<u>polarize</u> . But where muscle is concerned, ⓚ<u>few</u> oppositions are true polarities. Look closely, and most prove to be paradoxes. Born and made, heavy and light, fast and slow: Those opposites actually ⓛ<u>include</u> each other.

① ⓔ, ⓚ　② ⓐ, ⓕ, ⓗ　③ ⓒ, ⓘ, ⓚ
④ ⓓ, ⓔ　⑤ ⓖ, ⓘ

22. 밑줄 친 @~ⓙ 중 <u>어법, 혹은 문맥상 어휘의 사용이 어색한 것끼리</u> <u>짝지어진 것을 고르시오.</u> 2025년_고2_10월_43~45

Jason stared at the banner across the high school gym wall: "Annual Charity Marathon — Run for Sam." The slogan stirred something in him. Sam, a cheerful seven-year-old who loved to draw and dreamed of being an artist, had a rare heart condition. Sam wasn't just anyone — he was the little boy living next door that Jason had babysat every summer break. He had played in the park and spent summer afternoons @<u>chasing</u> ice cream trucks with Sam.

Seeing Sam's name on the banner made everything feel ⓑ<u>personal</u> . Jason had always been the fastest runner in school, ⓒ<u>known</u> among his friends as "The Speedster." But since his knee injury, he hadn't been able to run for quite a long time. Still, when Jason thought about Sam and the hope this marathon represented, he knew he had to try.

Jason did everything he could to ⓓ<u>cover</u> , following his doctor's advice. A day before registration deadline, his doctor said a 3-mile run would be ⓔ<u>finely</u>. Jason signed up for the 3-mile beginner route, hoping to run for Sam. On marathon morning, Jason stood among the runners, heart ⓕ<u>pounding</u>. In the crowd, Sam was holding a sign: "Thank you, Runners!" Jason smiled. He was all the motivation needed.

When the whistle blew, Jason started ⓖ<u>strong</u>, but since he hadn't run for so long, his energy ⓗ<u>faded</u> quickly. Every step was a struggle, but he pushed forward, ⓘ <u>encouraged</u> by the thought of how happy Sam would be. Finally, he crossed the finish line. As he was ⓙ<u>sitting</u> to catch his breath, Sam came over and handed him bottled water. He felt pride, relief, and gratitude. He finally finished — for Sam.

① ⓒ, ⓗ, ⓘ ② ⓕ, ⓗ ③ ⓔ, ⓘ
④ ⓗ, ⓙ ⑤ ⓓ, ⓔ

23. 밑줄 부분 중 어법, 혹은 문맥상 어휘의 쓰임이 어색한 것을 올바르게 고쳐 쓰시오. (5개) 2025년_고2_10월_18

To the Customer Service Team,
About a month ago, my wife and I purchased a set of bookshelves from your store. I was truly ①exciting to find furniture that perfectly ②matched to our new home. When we bought the bookshelves, the manager said it would take four weeks for delivery, ③that was last weekend. We had set our plans to ④ensure someone would be ⑤unavailable to receive the delivery; however, no one came with the bookshelves that day. This delay has caused us ⑥considerable inconvenience. Therefore, please provide a clear and ⑦vague delivery date. We expect this issue to ⑧be addressed promptly, so that we can reorganize our schedule to receive the delivery without any confusion .

기호	어색한 표현		올바른 표현
( )	__________	➜	__________
( )	__________	➜	__________
( )	__________	➜	__________
( )	__________	➜	__________
( )	__________	➜	__________

24. 밑줄 부분 중 어법, 혹은 문맥상 어휘의 쓰임이 어색한 것을 올바르게 고쳐 쓰시오. (5개) 2025년_고2_10월_19

I was heading in the direction of a forest road that I knew would take me home. But almost as ①despite someone had switched ②on all the lights I was suddenly in a black forest with no light of any kind. ③felt lost, I stumbled. I fell. I tore my clothes and injured myself falling down a hill. In desperation I stopped and leaned against a tree. I have no idea ④that I am now. Will anyone even notice that I'm gone? It was then ⑤that a faint aroma drifted through the darkness: the scent of cooking. I stumbled towards it, and soon, a faint, yellowish light glowed through the trees. It was Uncle Krull's cabin and I could see him through the window! Thankful beyond words, I knew I could finally ask for help. My ⑥triumph was over.

기호	어색한 표현		올바른 표현
( )	__________	➜	__________
( )	__________	➜	__________
( )	__________	➜	__________
( )	__________	➜	__________
( )	__________	➜	__________

25. 밑줄 부분 중 어법, 혹은 문맥상 어휘의 쓰임이 어색한 것을 올바르게 고쳐 쓰시오. (5개) 2025년_고2_10월_20

When you are working in healthcare, it is important to develop a ①unreliable professional relationship with your patients. By establishing realistic self-boundaries, you can ②protect that relationship. It is important to keep the focus on the patient. When ③working with patients who are seen ④rarely, it is easy to start to think of them as friends. With a friend, you are likely to share personal information that is not appropriate with a patient. Patients may feel that they ⑤cannot share important health-related information because you are their friend, and it would be ⑥embarrassed to share that information. Self-boundaries can also be thought of as professional boundaries. You need to treat patients with respect and keep the relationship ⑦ personal . Be ⑧friend to patients and always keep the focus on the patient.

기호	어색한 표현		올바른 표현
(　　)	＿＿＿＿＿	→	＿＿＿＿＿
(　　)	＿＿＿＿＿	→	＿＿＿＿＿
(　　)	＿＿＿＿＿	→	＿＿＿＿＿
(　　)	＿＿＿＿＿	→	＿＿＿＿＿
(　　)	＿＿＿＿＿	→	＿＿＿＿＿

26. 밑줄 부분 중 어법, 혹은 문맥상 어휘의 쓰임이 어색한 것을 올바르게 고쳐 쓰시오. (5개) 2025년_고2_10월_21

Coat a fresh, wet swab in salt, and gently touch various spots on your tongue, recording ①which your taste seems strongest. Then, gargle with water to thoroughly clean your tongue, use a swab ②coated with sugar on the ③different spots, and record those results. Gargle again, and then swab with lemon juice. After a final gargle, try coffee. Compare your reactions with your friends'. Your taste pattern may reveal ④more than just taste ⑤inferences. Recent studies suggest links between taster ⑥status and behavioral ⑦disorders . For example, "non-tasters" tend to have a ⑧higher incidence of alcoholism, perhaps because liquor seems ⑨less bitter to them. Conversely, "super-tasters" may ⑩confront nutritious but mildly bitter foods such as broccoli, thus depriving ⑪themselves of a balanced diet. So, ⑫ although taste is not nearly as glamorous as vision, hearing, or even touch, it makes sense for you to pay closer ⑬pretension to it because chemistry, at ⑭least in your mouth, could be ⑮destiny.

기호	어색한 표현		올바른 표현
(　　)	＿＿＿＿＿	→	＿＿＿＿＿
(　　)	＿＿＿＿＿	→	＿＿＿＿＿
(　　)	＿＿＿＿＿	→	＿＿＿＿＿
(　　)	＿＿＿＿＿	→	＿＿＿＿＿
(　　)	＿＿＿＿＿	→	＿＿＿＿＿

27. 밑줄 부분 중 어법, 혹은 문맥상 어휘의 쓰임이 어색한 것을 올바르게 고쳐 쓰시오. (5개) 2025년_고2_10월_22

Experiments testify to science's ①denial of ②knowledge. Arguably the worst thing a scientist can do is to suppose they know ③that will ④happen in a given scenario without bothering to check. The rise of the experimental philosophy coincided with the liberation of curiosity as a ⑤worthless rather than a questionable ⑥attribute . For all that experimental science today is often assumed to be supported by a philosophical framework and an ⑦approved methodology ("state your ⑧hypothesis and then test it"), the fact is that, as philosopher of science Ian Hacking says, "One can conduct an experiment simply out of curiosity to see ⑨what will ⑩happen." Indeed, in the view of Charles Darwin's son, the astronomer George Darwin, once in a while one should do a completely crazy experiment, even if it is most ⑪like to prove fruitless. You never know until you try.

기호	어색한 표현		올바른 표현
( )	__________	➜	__________
( )	__________	➜	__________
( )	__________	➜	__________
( )	__________	➜	__________
( )	__________	➜	__________

28. 밑줄 부분 중 어법, 혹은 문맥상 어휘의 쓰임이 어색한 것을 올바르게 고쳐 쓰시오. (5개) 2025년_고2_10월_23

We can ①discard or replace a scientific theory only if we have a ②better way of explaining the evidence that supports it. The theories of Newton and Einstein ③offer great examples. A vast body of evidence supports Newton's theory of gravity, but by the ④late nineteenth century scientists had begun to discover cases where its predictions ⑤did perfectly match ⑥observances. These ⑦discrepancies were explained only when Einstein developed his general theory of relativity, which was able to match the ⑧observations. Still, the many successes of Newton's theory could not be ⑨ignored, and Einstein's theory would not have gained ⑩rejection if it ⑪had not been able to explain these successes equally well. It ⑫was , and that is ⑬because we now view Einstein's theory as a ⑭broader theory of gravity than Newton's theory. Some scientists today are seeking a theory of gravity that will go beyond Einstein's. If any new theory ever gains acceptance, it will have to ⑮match all the successes of Einstein's theory as well as work in new realms ⑯where Einstein's theory does not.

기호	어색한 표현		올바른 표현
( )	__________	➜	__________
( )	__________	➜	__________
( )	__________	➜	__________
( )	__________	➜	__________
( )	__________	➜	__________

29. 밑줄 부분 중 어법, 혹은 문맥상 어휘의 쓰임이 어색한 것을 올바르게 고쳐 쓰시오. (5개) 2025년_고2_10월_24

Imagine pausing in the middle of a busy day, taking a moment to refresh your mind and recharge your energy. This power of a midday break is often ① underestimated . When you ②break away from routine, especially with activities ③designed to ④stimulate your brain, you prevent cognitive tiredness and enhance ⑤productivity for the rest of the day. Neurobic exercises — simple yet ⑥affective — are ⑦flawed for such breaks. They target ⑧identical areas of your brain, keeping it ⑨agile and alert. These exercises create a mental oasis that refreshes and prepares you for the afternoon's challenges. This strategic ⑩pause is not just a break; it boosts your cognitive capabilities, ensuring your mind remains sharp and focused. Even briefly experimenting with neurobic exercises can work wonders for your cognitive state ⑪during lunch. Start with using your ⑫dominant hand for routine tasks like writing or eating. This simple switch challenges your brain, activating pathways that aren't typically engaged and promoting greater ⑬convention in thinking.

기호	어색한 표현		올바른 표현
( )	__________	➜	__________
( )	__________	➜	__________
( )	__________	➜	__________
( )	__________	➜	__________
( )	__________	➜	__________

30. 밑줄 부분 중 어법, 혹은 문맥상 어휘의 쓰임이 어색한 것을 올바르게 고쳐 쓰시오. (5개) 2025년_고2_10월_26

Eunice Kathleen Waymon was an American musician and civil rights activist. She ①played musical talent from an early age. At 12, ②while her first classical recital, her parents' seats, originally near the front, were moved ③to the back against their will to make seats for white people. After graduating from high school, she prepared for an audition at the Curtis Institute of Music, but her ④application was rejected, which she ⑤attributed to racial discrimination. To fund her ⑥public lessons, she began performing in Atlantic City, adopting the stage name "Nina Simone." In the 1960s, she became a supporter of the Civil Rights Movement and composed and performed songs as a response to racism and violence in the Southern United States. ⑦frustrating by the racism in the United States, she ⑧left for the country in 1970, living in various places before settling in France. She passed away in 2003 but her reputation continues through her powerful music.

기호	어색한 표현		올바른 표현
( )	__________	➜	__________
( )	__________	➜	__________
( )	__________	➜	__________
( )	__________	➜	__________
( )	__________	➜	__________

31. 밑줄 부분 중 어법, 혹은 문맥상 어휘의 쓰임이 어색한 것을 올바르게 고쳐 쓰시오. (5개) 2025년_고2_10월_29

When a cell divides, the genomes of its two daughters are often not quite ①identical to each other or to ②it of the parent cell. On ③regular occasions, the error may ④represent a change for the better; ⑤less probably, it will cause no significant difference in the cell's prospects. But in some cases, the error will cause serious damage; for example, by ⑥disrupting the coding sequence for a key protein. Changes due to mistakes of the first type will tend to be ⑦perpetuated , because the altered cell has an ⑧increased likelihood of reproducing itself. Changes due to mistakes of the second type — ⑨biased changes — may be perpetuated or not: it is a matter of chance whether the altered cell or its cousins will succeed. But changes that cause serious damage lead nowhere: the cell that suffers them ⑩kills , leaving no progeny. Through endless repetition of this cycle of mutation and ⑪natural selection organisms evolve: their genetic specifications change, sometimes give organisms new ways to exploit the environment ⑫more effectively, to ⑬survive in ⑭competition with others, and to reproduce successfully.

기호	어색한 표현		올바른 표현
(　)	＿＿＿＿＿	→	＿＿＿＿＿
(　)	＿＿＿＿＿	→	＿＿＿＿＿
(　)	＿＿＿＿＿	→	＿＿＿＿＿
(　)	＿＿＿＿＿	→	＿＿＿＿＿
(　)	＿＿＿＿＿	→	＿＿＿＿＿

32. 밑줄 부분 중 어법, 혹은 문맥상 어휘의 쓰임이 어색한 것을 올바르게 고쳐 쓰시오. (5개) 2025년_고2_10월_30

Within ①liberal culture, the value of ②fair ③equality of opportunity for individuals outweighs the preservation of the family's ④integrity. In contrast, for Confucian culture, while seeking fair ⑤inequality of opportunity for individuals is important, the family assumes a ⑥fundamental role in human flourishing, and living within a family institution is considered the essential way of life. Individuals are primarily understood as family members before they are regarded as state citizens. Therefore, for Confucians, the family possesses ⑦inherent value that should never be abandoned, even if it results in certain societal ⑧equalities . Some cultures, like the ⑨authoritarian one, may choose to impose increasing restrictions on the role of families and implement more ⑩egalitarian government programs for education, healthcare, and other ⑪positive rights in society in the pursuit of fair equality of opportunity. On the other hand, other cultures, like the Confucian one, may prefer to primarily ⑫remove welfare responsibilities to the family, accepting ⑬equalities stemming from the existence of the family as long as everyone's basic ⑭freedoms and rights are safeguarded in the state.

기호	어색한 표현		올바른 표현
(　)	＿＿＿＿＿	→	＿＿＿＿＿
(　)	＿＿＿＿＿	→	＿＿＿＿＿
(　)	＿＿＿＿＿	→	＿＿＿＿＿
(　)	＿＿＿＿＿	→	＿＿＿＿＿
(　)	＿＿＿＿＿	→	＿＿＿＿＿

33. 밑줄 부분 중 어법, 혹은 문맥상 어휘의 쓰임이 어색한 것을 올바르게 고쳐 쓰시오. (5개) 2025년_고2_10월_31

Statistics in the twentieth century became the systematic collection of ①<u>quantitative</u> information needed by the state. This process ②<u>occurred</u> in all the ③<u>developing</u> countries as a key part of their becoming modern states. Desrosières writes: "It is difficult to think ④<u>simultaneously</u> that the objects ⑤<u>being measured</u> really do exist and that this is only a convention". Yet this is the case. Phenomena such as prices ⑥<u>being charged</u> and products ⑦<u>selling</u> exist, but the categories and classification frameworks supporting the collection, aggregation, and organisation of official statistics are devised to serve the purposes of the ⑧<u>state</u> , for macroeconomic or for ⑨<u>social</u> policies. Theodore Porter described the use of statistics to create ⑩<u>local</u> authority : "Quantification is a way of making decisions without seeming to decide", characterising it as a "⑪<u>sociable</u> technology" ⑫<u>intended</u> to build ⑬<u>distrust</u> in authority.

기호	어색한 표현		올바른 표현
( )	_____________	➔	_____________
( )	_____________	➔	_____________
( )	_____________	➔	_____________
( )	_____________	➔	_____________
( )	_____________	➔	_____________

34. 밑줄 부분 중 어법, 혹은 문맥상 어휘의 쓰임이 어색한 것을 올바르게 고쳐 쓰시오. (5개) 2025년_고2_10월_32

Just as an expert in the taste and colour of wine will ①<u>gain</u> much by being ②<u>aware</u> of the chemistry that ③<u>underlies</u> those qualities, so each perspective on the body can potentially enhance the others. And yet every scientific tool, from microscopes to mathematics, and every aspect of the body, from the brain to the microorganism, requires such depth of expertise ④<u>which</u> this tends not to ⑤<u>be happened</u>: we tend to study the human body in silos, each community ⑥<u>combined with</u> the others by its own specialised vocabulary. Research communities may be dedicated to one type of scientific tool or a ⑦<u>vague</u> component of the body, such as one type of cell. How ⑧<u>different</u> types of cell communicate with one another becomes its own specialist topic. Even simple forms of life on Earth are now ⑨<u>rarely</u> studied as a ⑩<u>whole</u> , and the human body is evidently much ⑪<u>less</u> complex. As long ago as 1890, The Times newspaper commented that knowledge 'had already become too ⑫<u>vast</u> to be manageable'. Today, ⑬<u>nobody</u> is an expert in the whole of anything.

기호	어색한 표현		올바른 표현
( )	_____________	➔	_____________
( )	_____________	➔	_____________
( )	_____________	➔	_____________
( )	_____________	➔	_____________
( )	_____________	➔	_____________

35. 밑줄 부분 중 어법, 혹은 문맥상 어휘의 쓰임이 어색한 것을 올바르게 고쳐 쓰시오. (5개) 2025년_고2_10월_33

Historically, palaces weren't just homes; they were carefully constructed stages designed to impress and ① <u>intimate</u> . While stone symbolized ② <u>permanence</u> and strength, glass ③ <u>offered</u> something equally powerful: visibility. The introduction of large windows in palaces ④ <u>allowed</u> rulers to literally ⑤ <u>look down upon</u> their subjects, emphasizing their elevated position. Conversely, it also ⑥ <u>restircted</u> subjects to gaze up at their leaders, creating a sense of awe and ⑦ <u>distance</u> . Consider the Palace of Versailles: its Hall of Mirrors, lined with ⑧ <u>reflective</u> surfaces, not only ⑨ <u>magnified</u> the grandeur of the space but also placed the king at the center of a dazzling display, reinforcing his absolute authority. The use of glass in palaces wasn't merely aesthetic; it was strategic. Open sightlines ⑩ <u>allowed</u> for better surveillance and control, ensuring the safety and ⑪ <u>security</u> of the ⑫ <u>ruled</u> family. Courtiers and visitors were constantly aware of ⑬ <u>observing</u>, contributing to an atmosphere of careful ⑭ <u>negligence</u> and respect. The very architecture dictated ⑮ <u>social</u> behavior, with glass ⑯ <u>acting</u> as a silent enforcer of the power dynamic.

기호	어색한 표현		올바른 표현
( )	_________	→	_________
( )	_________	→	_________
( )	_________	→	_________
( )	_________	→	_________
( )	_________	→	_________

36. 밑줄 부분 중 어법, 혹은 문맥상 어휘의 쓰임이 어색한 것을 올바르게 고쳐 쓰시오. (5개) 2025년_고2_10월_34

As a political researcher in Germany, Noelle-Neumann observed that ① <u>during</u> election campaigns, certain views seemed to get ② <u>less</u> play than others, and sometimes people ③ <u>emphasized</u> their opinions rather than talking about them, especially if those opinions were perceived to be ④ <u>popular</u> . Noelle-Neumann calls this the spiral of silence. The spiral of silence ⑤ <u>occurs</u> when individuals who perceive that their opinions are ⑥ <u>unpopular</u> express them, whereas those who do not think their opinions are popular remain ⑦ <u>quiet</u> . This process ⑧ <u>occurs</u> in a spiral, so that one side of an issue ends up with ⑨ <u>considerable</u> publicity and the other side with very ⑩ <u>little</u> . In everyday life, people ⑪ <u>express</u> their opinions in a variety of ways: they talk about them, they wear buttons, they put bumper stickers on their cars, and they post their views on ⑫ <u>social</u> media. According to this theory, people are ⑬ <u>less</u> apt to do these kinds of things when they perceive that others ⑭ <u>share</u> their opinions.

기호	어색한 표현		올바른 표현
( )	_________	→	_________
( )	_________	→	_________
( )	_________	→	_________
( )	_________	→	_________
( )	_________	→	_________

37. 밑줄 부분 중 어법, 혹은 문맥상 어휘의 쓰임이 어색한 것을 올바르게 고쳐 쓰시오. (5개) 2025년_고2_10월_35

Consider units of measure, one kind of descriptive ① <u>device</u> we are familiar with ②<u>is using</u> in physics. ③ <u>Spatial</u> distances can be given in terms of feet or meters or some other unit, and the physics will be the ④<u>different</u> regardless. We ⑤<u>conclude</u> from this that physics ⑥<u>do</u> not prefer one unit of length over any other, and we may choose any one we like for reasons of ⑦<u>justice</u> . We further ⑧<u>conclude</u> that any feature depending on that choice, such as the ⑨<u>particular</u> numerical value ⑩<u>assigned</u> to the spatial ⑪<u>separation</u> between two locations, ⑫<u>is</u> not out there in the world ⑬<u>apart</u> from a choice of unit. Temperatures can likewise be given in terms of the Fahrenheit or Celsius or Kelvin scale, and nothing in the physics ⑭<u>changes</u> when we switch from one scale to another. We conclude that the choice of scale is an ⑮<u>definite</u> choice in description, and that any feature that depends on that choice is scale-dependent.

기호	어색한 표현		올바른 표현
(　　)	＿＿＿＿＿＿	➜	＿＿＿＿＿＿
(　　)	＿＿＿＿＿＿	➜	＿＿＿＿＿＿
(　　)	＿＿＿＿＿＿	➜	＿＿＿＿＿＿
(　　)	＿＿＿＿＿＿	➜	＿＿＿＿＿＿
(　　)	＿＿＿＿＿＿	➜	＿＿＿＿＿＿

38. 밑줄 부분 중 어법, 혹은 문맥상 어휘의 쓰임이 어색한 것을 올바르게 고쳐 쓰시오. (5개) 2025년_고2_10월_36

Even ①<u>though</u> sea creatures live in it, they still need to ②<u>give</u> in water for their bodies to function properly. They just need to ③<u>get rid</u> of any extra salt it might ④ <u>bring with</u> . Salt absorbs water like a sponge. If you put a tiny mountain of salt on a small plate, then add enough water to the side, ⑤<u>make</u> sure an edge touches the salt, the salt will ⑥<u>absorb</u> the water. Now you have a pile of wet salt. Notice that it has ⑦ <u>increased</u> in size. The same ⑧<u>principle</u> applies to sea creatures. If the body fluids in a sea animal are saltier than the seawater it lives in, then the extra salt in the creature's body will ⑨<u>spit</u> seawater. This can cause them to swell up. On the other hand, if the ⑩<u>amount</u> of salt in the seawater is ⑪<u>higher</u> than the amount of salt in the body fluids of a sea animal, the extra salt in the water will draw fluids ⑫<u>to</u> the creature's body, causing it to ⑬<u>dehydrate</u> and shrink.

기호	어색한 표현		올바른 표현
(　　)	＿＿＿＿＿＿	➜	＿＿＿＿＿＿
(　　)	＿＿＿＿＿＿	➜	＿＿＿＿＿＿
(　　)	＿＿＿＿＿＿	➜	＿＿＿＿＿＿
(　　)	＿＿＿＿＿＿	➜	＿＿＿＿＿＿
(　　)	＿＿＿＿＿＿	➜	＿＿＿＿＿＿

39. 밑줄 부분 중 어법, 혹은 문맥상 어휘의 쓰임이 어색한 것을 올바르게 고쳐 쓰시오. (5개) *2025년_고2_10월_37*

Distinguishing moths from butterflies on outward appearance ①<u>is</u> not always easy, but there are a ②<u>few</u> rules of thumb that can help. In most butterflies the antennae ③<u>ends</u> with a small club-shaped swelling, whereas in moths they are usually feathery or ④<u>narrow</u> to a ⑤<u>fine</u> tip. Butterflies tend to rest with their wings held ⑥<u>shut</u> above their body, whereas moths ⑦<u>less</u> usually rest with the upper sides of the wings on full view. Further ⑧<u>distinctions</u> can be made by looking for a tiny hook that joins fore- and hindwings, a feature only present in moths. The stereotypical ⑨<u>similarities</u>, with moths cast as the ⑩<u>gloomy</u> , nocturnal cousins of colourful sun-loving butterflies are simply ⑪<u>appropriate</u>. There are many brightly coloured moths and many which are active throughout the day. Equally, there are a ⑫<u>few</u> nocturnal butterflies and plenty that come clothed in shades of brown and grey. It's more ⑬<u>sensible</u> to think of them together; both butterflies and moths are beautiful and ⑭<u>fascinated</u> insects.

기호	어색한 표현		올바른 표현
( )	__________	→	__________
( )	__________	→	__________
( )	__________	→	__________
( )	__________	→	__________
( )	__________	→	__________

40. 밑줄 부분 중 어법, 혹은 문맥상 어휘의 쓰임이 어색한 것을 올바르게 고쳐 쓰시오. (5개) *2025년_고2_10월_38*

There are numerous ways wildlife is managed, but they all ①<u>imply</u> stewardship and can be classified into two broad categories: active management and inactive management. Active management does something to the ②<u>popularity</u> — such as increasing or decreasing its size — in a ③<u>direct</u> manner through strategies like translocations or hunting, ④<u>relatively</u>. Populations can also be actively managed by altering the ⑤<u>habitat</u> to the benefit or ⑥<u>advantage</u> of a ⑦<u>population</u>. If ⑧<u>population</u> numbers are too low for the goal of management agencies, other active management can be ⑨<u>disaggregated</u> , such as predator control to minimize neonatal deaths or habitat ⑩<u>stagnation</u> to provide required cover for neonates from predators. These efforts ⑪<u>represent</u> ⑫<u>active</u> approaches to management. Other populations may not be actively managed, like those in national parks. In such situations, management activities ⑬<u>minimize</u> external influences on populations and habitat, which often involves management of humans and not animals.

기호	어색한 표현		올바른 표현
( )	__________	→	__________
( )	__________	→	__________
( )	__________	→	__________
( )	__________	→	__________
( )	__________	→	__________

41. 밑줄 부분 중 어법, 혹은 문맥상 어휘의 쓰임이 어색한 것을 올바르게 고쳐 쓰시오. (5개) 2025년_고2_10월_39

Waste has historically been seen as a necessary ①driver of the economy. Sales are tied to the amount of a product ②supplied, which is directly dependent on the demand for that product. Therefore, if you design the product to eventually be ③wasted , you can ④injure that the demand for ⑤less products will be sustained. Many strategies have been ⑥cooperated into product design and use to ⑦ensure that waste is ⑧inevitable , such as planned obsolescence, limited to tools for ⑨repairs, and use of cheap materials. All these strategies ensure that the consumer will have ⑩unlimited access to the product in use and will eventually ⑪require a replacement. Those who supported the idea that waste is necessary to ⑫remove demand ⑬failed to realize that prioritizing the elimination of waste via repair and remanufacturing creates a different kind of demand: products as a ⑭service . Through this setup, companies simply ⑮lease out products that were once sold directly to the customer. With this transition of ownership, companies maintain profit by offering ⑯maintenance and repair services and are ⑰encouraged to develop long-lasting products.

기호	어색한 표현		올바른 표현
( )	__________	➜	__________
( )	__________	➜	__________
( )	__________	➜	__________
( )	__________	➜	__________
( )	__________	➜	__________

42. 밑줄 부분 중 어법, 혹은 문맥상 어휘의 쓰임이 어색한 것을 올바르게 고쳐 쓰시오. (5개) 2025년_고2_10월_40

Viewing time as a purchasable and ①consistent product ②freed artificial views on time into our psyche, but every now and again we are forced to ③acknowledge this mistake. On twenty-six occasions in the last fifty years, a second has ④been added to everyone's day to adjust for the Earth wobbling and the rate of its spin changing. For instance, when El Niño, a climatic system in the Pacific, causes wind speed to change dramatically, it can slow the rotation of the Earth ⑤slightly. Indeed, the Earth's spin is generally ⑥hurried because the moon's gravity is acting as a drag, so days are getting ⑦longer by about 1.7 milliseconds per century. Such events disturb the ⑧similarity between man-made time and more flexible time based on the Earth's naturally occurring rotation. When events like this ⑨are happened, a bunch of humans make the decision to ⑩subtract a small slice of time to your day, without your knowledge. We try to force our fixed, man-made view of time on to nature in the ⑪legitimate hope that ⑫it will yield. It doesn't.

기호	어색한 표현		올바른 표현
( )	__________	➜	__________
( )	__________	➜	__________
( )	__________	➜	__________
( )	__________	➜	__________
( )	__________	➜	__________

43. 밑줄 부분 중 어법, 혹은 문맥상 어휘의 쓰임이 어색한 것을 올바르게 고쳐 쓰시오. (5개) 2025년_고2_10월_41~42

When your hand is hanging at your side and then you lift it, ①<u>allied</u> muscles on your upper arm shorten and lengthen — contract and relax — to bend the elbow. Biceps ②<u>relax</u>, and triceps relax. ③<u>allying</u> the motion, when you drop your hand back down, muscles reverse roles. Triceps contract, and biceps ④<u>relax</u>. Lift your hand or drop it, and muscle shows ⑤<u>what</u> it is: a system of coordination, managed by orchestrated tension. As arms and legs rotate around joints, muscles activate and deactivate, contract and relax. All physical activity is ⑥<u>paradoxical</u> , in this sense: Movement depends on ⑦<u>what</u> muscles don't do, as much as it depends on what they do. Both are necessary, each in its time — and the ⑧<u>same</u> is true of each side of the pairs of concepts shaping how we talk of muscles. Start with nature versus nurture: Some people are stronger or more muscular than others; is the difference inborn, or does it depend on what people do? To the ⑨<u>latter</u> question: What do you do? Do you have to lift weights, or is walking enough exercise? How should you do the exercise? Should you move fast or slowly? Lift heavy weights or lighter ones? Put like that, basic questions about muscle may sound like they have one right answer. Oppositions can ⑩<u>polarize</u> . But where muscle is concerned, ⑪<u>a few</u> oppositions are true polarities. Look closely, and most prove to be paradoxes. Born and made, heavy and light, fast and slow: Those opposites actually ⑫<u>exclude</u> each other.

기호	어색한 표현		올바른 표현
( )	_________	→	_________
( )	_________	→	_________
( )	_________	→	_________
( )	_________	→	_________
( )	_________	→	_________

44. 밑줄 부분 중 어법, 혹은 문맥상 어휘의 쓰임이 어색한 것을 올바르게 고쳐 쓰시오. (5개) 2025년_고2_10월_43~45

Jason stared at the banner across the high school gym wall: "Annual Charity Marathon — Run for Sam." The slogan stirred something in him. Sam, a cheerful seven-year-old who loved to draw and dreamed of being an artist, had a rare heart condition. Sam wasn't just anyone — he was the little boy living next door that Jason had babysat every summer break. He had played in the park and spent summer afternoons ① <u>chasing</u> ice cream trucks with Sam.

Seeing Sam's name on the banner made everything feel ②<u>public</u>. Jason had always been the fastest runner in school, ③<u>known</u> among his friends as "The Speedster." But since his knee injury, he hadn't been able to run for quite a long time. Still, when Jason thought about Sam and the hope this marathon represented, he knew he had to try.

Jason did everything he could to ④<u>recover</u> , following his doctor's advice. A day before registration deadline, his doctor said a 3-mile run would be ⑤<u>finely</u>. Jason signed up for the 3-mile beginner route, hoping to run for Sam. On marathon morning, Jason stood among the runners, heart ⑥<u>pounded</u>. In the crowd, Sam was holding a sign: "Thank you, Runners!" Jason smiled. He was all the motivation needed.

When the whistle blew, Jason started ⑦<u>strong</u>, but since he hadn't run for so long, his energy ⑧<u>restored</u> quickly. Every step was a struggle, but he pushed forward, ⑨ <u>encouraged</u> by the thought of how happy Sam would be. Finally, he crossed the finish line. As he was ⑩ <u>seating</u> to catch his breath, Sam came over and handed him bottled water. He felt pride, relief, and gratitude. He finally finished — for Sam.

기호	어색한 표현		올바른 표현
( )	_________	→	_________
( )	_________	→	_________
( )	_________	→	_________
( )	_________	→	_________
( )	_________	→	_________

2025 고2 10월 모의고사

❶ voca　❷ text　❸ [/]　❹ ＿＿＿　❺ quiz 1　❻ quiz 2　❼ quiz 3　❽ quiz 4　❾ quiz 5

2025년_고2_10월_18

1. 다음 글의 주제로 가장 적절한 것을 고르시오.

To the Customer Service Team,
About a month ago, my wife and I purchased a set of bookshelves from your store. I was truly excited to find furniture that perfectly matched our new home. When we bought the bookshelves, the manager said it would take four weeks for delivery, which was last weekend. We had set our plans to ensure someone would be available to receive the delivery; however, no one came with the bookshelves that day. This delay has caused us considerable inconvenience. Therefore, please provide a clear and specific delivery date. We expect this issue to be addressed promptly, so that we can reorganize our schedule to receive the delivery without any confusion.

① Complaint About A Delayed Delivery And Request For Action
② Inquiry About Product Availability In The Store
③ Appreciation For Excellent Customer Service Experience
④ Suggestion For Improving Delivery Scheduling Policies
⑤ Cancellation Of A Furniture Order Due To Late Delivery

2025년_고2_10월_19

2. 다음 글의 주제로 가장 적절한 것을 고르시오.

I was heading in the direction of a forest road that I knew would take me home. But almost as though someone had switched off all the lights I was suddenly in a black forest with no light of any kind. Feeling lost, I stumbled. I fell. I tore my clothes and injured myself falling down a hill. In desperation I stopped and leaned against a tree. I have no idea where I am now. Will anyone even notice that I'm gone? It was then that a faint aroma drifted through the darkness: the scent of cooking. I stumbled towards it, and soon, a faint, yellowish light glowed through the trees. It was Uncle Krull's cabin and I could see him through the window! Thankful beyond words, I knew I could finally ask for help. My hardship was over.

① The Desperation Of Being Lost In The Wilderness
② The Relief And Gratitude Found After Hardship
③ The Importance Of Staying Calm In Dangerous Situations
④ The Power Of Family Bonds In Times Of Crisis
⑤ The Role Of Nature In Testing Human Endurance

2025년_고2_10월_20

3. 다음 글의 주제로 가장 적절한 것을 고르시오.

When you are working in healthcare, it is important to develop a solid professional relationship with your patients. By establishing realistic self-boundaries, you can protect that relationship. It is important to keep the focus on the patient. When working with patients who are seen frequently, it is easy to start to think of them as friends. With a friend, you are likely to share personal information that is not appropriate with a patient. Patients may feel that they cannot share important health-related information because you are their friend, and it would be embarrassing to share that information. Self-boundaries can also be thought of as professional boundaries. You need to treat patients with respect and keep the relationship professional. Be friendly to patients and always keep the focus on the patient.

① Importance of emotional empathy in healthcare settings
② Maintaining professional boundaries between healthcare workers and patients
③ Strategies for improving patient communication through friendship
④ Ethical issues related to sharing patient information
⑤ Role of personal experience in providing medical care

2025년_고2_10월_21

4. 다음 글의 주제로 가장 적절한 것을 고르시오.

Coat a fresh, wet swab in salt, and gently touch various spots on your tongue, recording where your taste seems strongest. Then, gargle with water to thoroughly clean your tongue, use a swab coated with sugar on the same spots, and record those results. Gargle again, and then swab with lemon juice. After a final gargle, try coffee. Compare your reactions with your friends'. Your taste pattern may reveal more than just taste preferences. Recent studies suggest links between taster status and behavioral disorders. For example, "non-tasters" tend to have a higher incidence of alcoholism, perhaps because liquor seems less bitter to them. Conversely, "super-tasters" may avoid nutritious but mildly bitter foods such as broccoli, thus depriving themselves of a balanced diet. So, although taste is not nearly as glamorous as vision, hearing, or even touch, it makes sense for you to pay closer attention to it because chemistry, at least in your mouth, could be destiny.

① Relationship between taste sensitivity and personal health habits
② Scientific methods for testing individual taste preferences
③ Comparison of human taste with other sensory systems
④ Behavioral effects of consuming bitter and sweet foods
⑤ Importance of genetics in determining taste perception

2025년_고2_10월_22

5. 다음 글의 주제로 가장 적절한 것을 고르시오.

Experiments testify to science's embrace of ignorance. Arguably the worst thing a scientist can do is to suppose they know what will happen in a given scenario without bothering to check. The rise of the experimental philosophy coincided with the liberation of curiosity as a valuable rather than a questionable attribute. For all that experimental science today is often assumed to be supported by a philosophical framework and an approved methodology ("state your hypothesis and then test it"), the fact is that, as philosopher of science Ian Hacking says, "One can conduct an experiment simply out of curiosity to see what will happen." Indeed, in the view of Charles Darwin's son, the astronomer George Darwin, once in a while one should do a completely crazy experiment, even if it is most likely to prove fruitless. You never know until you try.

① The Necessity Of Ignorance In The Development Of Science
② The Role Of Hypothesis Testing In Scientific Methodology
③ The Importance Of Curiosity-Driven Experiments In Science
④ The Relationship Between Philosophy And Experimental Methods
⑤ The Influence Of The Darwins On Modern Scientific Practice

2025년_고2_10월_23

6. 다음 글의 주제로 가장 적절한 것을 고르시오.

We can discard or replace a scientific theory only if we have a better way of explaining the evidence that supports it. The theories of Newton and Einstein offer great examples. A vast body of evidence supports Newton's theory of gravity, but by the late nineteenth century scientists had begun to discover cases where its predictions did not perfectly match observations. These discrepancies were explained only when Einstein developed his general theory of relativity, which was able to match the observations. Still, the many successes of Newton's theory could not be ignored, and Einstein's theory would not have gained acceptance if it had not been able to explain these successes equally well. It did, and that is why we now view Einstein's theory as a broader theory of gravity than Newton's theory. Some scientists today are seeking a theory of gravity that will go beyond Einstein's. If any new theory ever gains acceptance, it will have to match all the successes of Einstein's theory as well as work in new realms where Einstein's theory does not.

① The Gradual Replacement Of Scientific Theories Through Better Explanations
② The Lasting Influence Of Newton's Gravitational Theory On Modern Science
③ The Differences Between Newton's And Einstein's Views Of Gravity
④ The Importance Of Observation In Supporting Scientific Discoveries
⑤ The Search For A Unified Theory Of Gravity In Modern Physics

2025년_고2_10월_24

7. 다음 글의 주제로 가장 적절한 것을 고르시오.

Imagine pausing in the middle of a busy day, taking a moment to refresh your mind and recharge your energy. This power of a midday break is often underestimated. When you break away from routine, especially with activities designed to stimulate your brain, you prevent cognitive tiredness and enhance productivity for the rest of the day. Neurobic exercises — simple yet effective — are perfect for such breaks. They target different areas of your brain, keeping it agile and alert. These exercises create a mental oasis that refreshes and prepares you for the afternoon's challenges. This strategic pause is not just a break; it boosts your cognitive capabilities, ensuring your mind remains sharp and focused. Even briefly experimenting with neurobic exercises can work wonders for your cognitive state during lunch. Start with using your non-dominant hand for routine tasks like writing or eating. This simple switch challenges your brain, activating pathways that aren't typically engaged and promoting greater flexibility in thinking.

① Benefits Of Taking Regular Physical Exercise During The Day
② The Role Of Neurobic Exercises In Boosting Mental Performance
③ How To Maintain Productivity Through Proper Time Management
④ The Relationship Between Mental Fatigue And Long Working Hours
⑤ The Importance Of Balanced Nutrition For Cognitive Function

2025년_고2_10월_26

8. 다음 글의 주제로 가장 적절한 것을 고르시오.

Eunice Kathleen Waymon was an American musician and civil rights activist. She displayed musical talent from an early age. At 12, during her first classical recital, her parents' seats, originally near the front, were moved to the back against their will to make seats for white people. After graduating from high school, she prepared for an audition at the Curtis Institute of Music, but her application was rejected, which she attributed to racial discrimination. To fund her private lessons, she began performing in Atlantic City, adopting the stage name "Nina Simone." In the 1960s, she became a supporter of the Civil Rights Movement and composed and performed songs as a response to racism and violence in the Southern United States. Frustrated by the racism in the United States, she left the country in 1970, living in various places before settling in France. She passed away in 2003 but her reputation continues through her powerful music.

① The Influence Of Classical Training On Simone's Musical Style
② The Life Of Nina Simone As An Artist And Civil Rights Activist
③ The Social Barriers Faced By African American Women In Music
④ The Global Recognition Of Simone's Later Works In France
⑤ The Role Of Music Education In Combating Racial Inequality

2025년_고2_10월_29

9. 다음 글의 주제로 가장 적절한 것을 고르시오.

When a cell divides, the genomes of its two daughters are often not quite identical to each other or to that of the parent cell. On rare occasions, the error may represent a change for the better; more probably, it will cause no significant difference in the cell's prospects. But in some cases, the error will cause serious damage; for example, by disrupting the coding sequence for a key protein. Changes due to mistakes of the first type will tend to be perpetuated, because the altered cell has an increased likelihood of reproducing itself. Changes due to mistakes of the second type — neutral changes — may be perpetuated or not: it is a matter of chance whether the altered cell or its cousins will succeed. But changes that cause serious damage lead nowhere: the cell that suffers them dies, leaving no progeny. Through endless repetition of this cycle of mutation and natural selection organisms evolve: their genetic specifications change, sometimes give organisms new ways to exploit the environment more effectively, to survive in competition with others, and to reproduce successfully.

① Consequences Of Deleterious Mutations In Cells
② Random Fixation Of Neutral Genetic Changes
③ Impact Of DNA Replication Errors On Protein Coding
④ Mechanism Of Evolution Through Mutation And Natural Selection
⑤ Benefits Of Increased Reproductive Rates In Altered Cells

2025년_고2_10월_30

10. 다음 글의 주제로 가장 적절한 것을 고르시오.

Within liberal culture, the value of fair equality of opportunity for individuals outweighs the preservation of the family's integrity. In contrast, for Confucian culture, while seeking fair equality of opportunity for individuals is important, the family assumes a fundamental role in human flourishing, and living within a family institution is considered the essential way of life. Individuals are primarily understood as family members before they are regarded as state citizens. Therefore, for Confucians, the family possesses inherent value that should never be abandoned, even if it results in certain societal inequalities. Some cultures, like the liberal one, may choose to impose increasing restrictions on the role of families and implement more egalitarian government programs for education, healthcare, and other positive rights in society in the pursuit of fair equality of opportunity. On the other hand, other cultures, like the Confucian one, may prefer to primarily assign welfare responsibilities to the family, accepting inequalities stemming from the existence of the family as long as everyone's basic freedoms and rights are safeguarded in the state.

① The Conflict Between Individual Freedom And Family Responsibility
② Cultural Differences In Balancing Equality And Family Values
③ The Evolution Of Family Roles In Modern Liberal Societies
④ The Relationship Between Confucian Ethics And State Authority
⑤ The Importance Of Safeguarding Basic Rights In All Cultural Systems

2025년_고2_10월_31

11. 다음 글의 주제로 가장 적절한 것을 고르시오.

Statistics in the twentieth century became the systematic collection of quantitative information needed by the state. This process occurred in all the industrialised countries as a key part of their becoming modern states. Desrosières writes: "It is difficult to think simultaneously that the objects being measured really do exist and that this is only a convention". Yet this is the case. Phenomena such as prices being charged and products being sold exist, but the categories and classification frameworks supporting the collection, aggregation, and organisation of official statistics are devised to serve the purposes of the state, for macroeconomic or for social policies. Theodore Porter described the use of statistics to create state authority : "Quantification is a way of making decisions without seeming to decide", characterising it as a "social technology" intended to build trust in authority.

① The Use Of Statistics As A Tool For Strengthening State Authority
② The Development Of Quantitative Research Methods In Economics
③ The Importance Of Accurate Data Collection In Modern Governance
④ The Relationship Between Industrialisation And Economic Growth
⑤ The Role Of Mathematical Models In Political Decision-Making

2025년_고2_10월_32

12. 다음 글의 주제로 가장 적절한 것을 고르시오.

Just as an expert in the taste and colour of wine will gain much by being aware of the chemistry that underlies those qualities, so each perspective on the body can potentially enhance the others. And yet every scientific tool, from microscopes to mathematics, and every aspect of the body, from the brain to the microorganism, requires such depth of expertise that this tends not to happen: we tend to study the human body in silos, each community sectioned from the others by its own specialised vocabulary. Research communities may be dedicated to one type of scientific tool or a specific component of the body, such as one type of cell. How different types of cell communicate with one another becomes its own specialist topic. Even simple forms of life on Earth are now rarely studied as a whole, and the human body is evidently much more complex. As long ago as 1890, The Times newspaper commented that knowledge 'had already become too vast to be manageable'. Today, nobody is an expert in the whole of anything.

① The Importance Of Chemistry In Understanding Human Physiology
② The Relationship Between Technological Progress And Scientific Accuracy
③ The Expansion Of Biological Research Since The Nineteenth Century
④ The Challenges Of Integrating Specialized Knowledge In Modern Science
⑤ The Evolution Of Research Tools In The Study Of The Human Body

2025년_고2_10월_33

13. 다음 글의 주제로 가장 적절한 것을 고르시오.

Historically, palaces weren't just homes; they were carefully constructed stages designed to impress and intimidate. While stone symbolized permanence and strength, glass offered something equally powerful: visibility. The introduction of large windows in palaces allowed rulers to literally look down upon their subjects, emphasizing their elevated position. Conversely, it also allowed subjects to gaze up at their leaders, creating a sense of awe and distance. Consider the Palace of Versailles: its Hall of Mirrors, lined with reflective surfaces, not only magnified the grandeur of the space but also placed the king at the center of a dazzling display, reinforcing his absolute authority. The use of glass in palaces wasn't merely aesthetic; it was strategic. Open sightlines allowed for better surveillance and control, ensuring the safety and security of the ruling family. Courtiers and visitors were constantly aware of being observed, contributing to an atmosphere of careful obedience and respect. The very architecture dictated social behavior, with glass acting as a silent enforcer of the power dynamic.

① The Symbolic And Strategic Role Of Glass In Palace Architecture
② The Influence Of French Architecture On European Royal Palaces
③ The Evolution Of Building Materials In Royal Construction
④ The Relationship Between Security And Comfort In Palatial Design
⑤ The Cultural Significance Of Mirrors In the Palace of Versailles

2025년_고2_10월_34

14. 다음 글의 주제로 가장 적절한 것을 고르시오.

As a political researcher in Germany, Noelle-Neumann observed that during election campaigns, certain views seemed to get more play than others, and sometimes people muted their opinions rather than talking about them, especially if those opinions were perceived to be unpopular. Noelle-Neumann calls this the spiral of silence. The spiral of silence occurs when individuals who perceive that their opinions are popular express them, whereas those who do not think their opinions are popular remain quiet. This process occurs in a spiral, so that one side of an issue ends up with considerable publicity and the other side with very little. In everyday life, people express their opinions in a variety of ways: they talk about them, they wear buttons, they put bumper stickers on their cars, and they post their views on social media. According to this theory, people are more apt to do these kinds of things when they perceive that others share their opinions.

① The Spiral Of Silence And Its Effect On Public Opinion Expression
② The Impact Of Social Media On Political Campaigns
③ The Importance Of Opinion Polls In Democratic Elections
④ The Role Of Mass Communication In Shaping Voting Behavior
⑤ The Relationship Between Political Research And Social Conformity

2025년_고2_10월_35

15. 다음 글의 주제로 가장 적절한 것을 고르시오.

Consider units of measure, one kind of descriptive device we are familiar with using in physics. Spatial distances can be given in terms of feet or meters or some other unit, and the physics will be the same regardless. We conclude from this that physics does not prefer one unit of length over any other, and we may choose any one we like for reasons of convenience. We further conclude that any feature depending on that choice, such as the particular numerical value assigned to the spatial separation between two locations, is not out there in the world apart from a choice of unit. Temperatures can likewise be given in terms of the Fahrenheit or Celsius or Kelvin scale, and nothing in the physics changes when we switch from one scale to another. We conclude that the choice of scale is an arbitrary choice in description, and that any feature that depends on that choice is scale-dependent.

① The Importance Of Consistency In Reporting Scientific Data
② The Relationship Between Measurement Error And Physical Laws
③ The Advantages Of Using Standardized Scales In Science
④ The Arbitrary Nature Of Measurement Units In Physical Descriptions
⑤ The Historical Development Of Modern Units Of Measurement

2025년_고2_10월_36

16. 다음 글의 주제로 가장 적절한 것을 고르시오.

Even though sea creatures live in it, they still need to take in water for their bodies to function properly. They just need to get rid of any extra salt it might bring with it. Salt absorbs water like a sponge. If you put a tiny mountain of salt on a small plate, then add enough water to the side, making sure an edge touches the salt, the salt will absorb the water. Now you have a pile of wet salt. Notice that it has increased in size. The same principle applies to sea creatures. If the body fluids in a sea animal are saltier than the seawater it lives in, then the extra salt in the creature's body will absorb seawater. This can cause them to swell up. On the other hand, if the amount of salt in the seawater is higher than the amount of salt in the body fluids of a sea animal, the extra salt in the water will draw fluids out of the creature's body, causing it to dehydrate and shrink.

① The Role Of Salt In Regulating Marine Life Hydration
② The Adaptation Of Sea Animals To Varying Temperatures
③ The Chemical Composition Of Saltwater Environments
④ The Importance Of Osmosis In Maintaining Body Balance
⑤ The Relationship Between Salinity And Ocean Currents

2025년_고2_10월_37

17. 다음 글의 주제로 가장 적절한 것을 고르시오.

Distinguishing moths from butterflies on outward appearance is not always easy, but there are a few rules of thumb that can help. In most butterflies the antennae end with a small club-shaped swelling, whereas in moths they are usually feathery or narrow to a fine tip. Butterflies tend to rest with their wings held shut above their body, whereas moths more usually rest with the upper sides of the wings on full view. Further distinctions can be made by looking for a tiny hook that joins fore- and hindwings, a feature only present in moths. The stereotypical differences, with moths cast as the gloomy, nocturnal cousins of colourful sun-loving butterflies are simply wrong. There are many brightly coloured moths and many which are active throughout the day. Equally, there are a few nocturnal butterflies and plenty that come clothed in shades of brown and grey. It's more sensible to think of them together; both butterflies and moths are beautiful and fascinating insects.

① The Importance Of Accurate Classification In Entomology
② The Common Misconceptions And True Differences Between Moths And Butterflies
③ The Role Of Wing Structure In Insect Flight Patterns
④ The Adaptation Of Moths And Butterflies To Daytime And Nighttime Environments
⑤ The Evolutionary Relationship Between Different Types Of Insects

2025년_고2_10월_38

18. 다음 글의 주제로 가장 적절한 것을 고르시오.

There are numerous ways wildlife is managed, but they all imply stewardship and can be classified into two broad categories: active management and inactive management. Active management does something to the population — such as increasing or decreasing its size — in a direct manner through strategies like translocations or hunting, respectively. Populations can also be actively managed by altering the habitat to the benefit or disadvantage of a population. If population numbers are too low for the goal of management agencies, other active management can be incorporated, such as predator control to minimize neonatal deaths or habitat improvement to provide required cover for neonates from predators. These efforts represent active approaches to management. Other populations may not be actively managed, like those in national parks. In such situations, management activities minimize external influences on populations and habitat, which often involves management of humans and not animals.

① Importance of balancing predator and prey populations
② Comparison between active and inactive wildlife management
③ Effects of human activities on wildlife habitats
④ Challenges of maintaining biodiversity in national parks
⑤ Evolution of population control strategies in conservation

2025년_고2_10월_39

19. 다음 글의 주제로 가장 적절한 것을 고르시오.

Waste has historically been seen as a necessary driver of the economy. Sales are tied to the amount of a product supplied, which is directly dependent on the demand for that product. Therefore, if you design the product to eventually be wasted, you can ensure that the demand for more products will be sustained. Many strategies have been incorporated into product design and use to ensure that waste is inevitable, such as planned obsolescence, limited access to tools for repairs, and use of cheap materials. All these strategies ensure that the consumer will have limited access to the product in use and will eventually require a replacement. Those who supported the idea that waste is necessary to drive demand failed to realize that prioritizing the elimination of waste via repair and remanufacturing creates a different kind of demand: products as a service. Through this setup, companies simply lease out products that were once sold directly to the customer. With this transition of ownership, companies maintain profit by offering maintenance and repair services and are encouraged to develop long-lasting products.

① Environmental impacts of industrial waste management
② Role of consumer behavior in driving overproduction
③ Shift from waste-based production to sustainable business models
④ Economic consequences of product obsolescence
⑤ Importance of recycling in maintaining ecological balance

2025년_고2_10월_40

20. 다음 글의 주제로 가장 적절한 것을 고르시오.

Viewing time as a purchasable and consistent product cemented artificial views on time into our psyche, but every now and again we are forced to acknowledge this mistake. On twenty-six occasions in the last fifty years, a second has been added to everyone's day to adjust for the Earth wobbling and the rate of its spin changing. For instance, when El Niño, a climatic system in the Pacific, causes wind speed to change dramatically, it can slow the rotation of the Earth slightly. Indeed, the Earth's spin is generally slowing because the moon's gravity is acting as a drag, so days are getting longer by about 1.7 milliseconds per century. Such events disturb the similarity between man-made time and more flexible time based on the Earth's naturally occurring rotation. When events like this happen, a bunch of humans make the decision to add a small slice of time to your day, without your knowledge. We try to force our fixed, man-made view of time on to nature in the false hope that it will yield. It doesn't.

① The Incompatibility Between Artificial Time And Nature's Rhythms
② The Influence Of Lunar Gravity On The Earth's Rotation Speed
③ The Role Of Climate Phenomena In Regulating Global Time Systems
④ The Necessity Of Leap Seconds For Scientific Timekeeping Accuracy
⑤ The Historical Development Of Humanity's Concept Of Time

2025년_고2_10월_41_42

21. 다음 글의 주제로 가장 적절한 것을 고르시오.

When your hand is hanging at your side and then you lift it, opposing muscles on your upper arm shorten and lengthen — contract and relax — to bend the elbow. Biceps contract, and triceps relax. Reversing the motion, when you drop your hand back down, muscles reverse roles. Triceps contract, and biceps relax. Lift your hand or drop it, and muscle shows what it is: a system of coordination, managed by orchestrated tension. As arms and legs rotate around joints, muscles activate and deactivate, contract and relax. All physical activity is paradoxical, in this sense: Movement depends on what muscles don't do, as much as it depends on what they do. Both are necessary, each in its time — and the same is true of each side of the pairs of concepts shaping how we talk of muscles.

Start with nature versus nurture: Some people are stronger or more muscular than others; is the difference inborn, or does it depend on what people do? To the latter question: What do you do? Do you have to lift weights, or is walking enough exercise? How should you do the exercise? Should you move fast or slowly? Lift heavy weights or lighter ones? Put like that, basic questions about muscle may sound like they have one right answer. Oppositions can polarize. But where muscle is concerned, few oppositions are true polarities. Look closely, and most prove to be paradoxes. Born and made, heavy and light, fast and slow: Those opposites actually include each other.

① The Role Of Exercise Intensity In Building Strong Muscles
② The Comparison Between Inborn And Acquired Physical Strength
③ The Paradoxical Nature Of Muscle Function And Development
④ The Relationship Between Muscle Movement And Brain Activity
⑤ The Importance Of Consistent Training For Muscle Coordination

2025년_고2_10월_43~45

22. 다음 글의 주제로 가장 적절한 것을 고르시오.

Jason stared at the banner across the high school gym wall: "Annual Charity Marathon — Run for Sam." The slogan stirred something in him. Sam, a cheerful seven-year-old who loved to draw and dreamed of being an artist, had a rare heart condition. Sam wasn't just anyone — he was the little boy living next door that Jason had babysat every summer break. He had played in the park and spent summer afternoons chasing ice cream trucks with Sam. Seeing Sam's name on the banner made everything feel personal. Jason had always been the fastest runner in school, known among his friends as "The Speedster." But since his knee injury, he hadn't been able to run for quite a long time. Still, when Jason thought about Sam and the hope this marathon represented, he knew he had to try. Jason did everything he could to recover, following his doctor's advice. A day before registration deadline, his doctor said a 3-mile run would be fine. Jason signed up for the 3-mile beginner route, hoping to run for Sam. On marathon morning, Jason stood among the runners, heart pounding. In the crowd, Sam was holding a sign: "Thank you, Runners!" Jason smiled. He was all the motivation needed. When the whistle blew, Jason started strong, but since he hadn't run for so long, his energy faded quickly. Every step was a struggle, but he pushed forward, encouraged by the thought of how happy Sam would be. Finally, he crossed the finish line. As he was sitting to catch his breath, Sam came over and handed him bottled water. He felt pride, relief, and gratitude. He finally finished — for Sam.

① The Value Of Perseverance Motivated By Compassion
② The Joy Of Participating In School Sports Events
③ The Importance Of Recovery After Physical Injuries
④ The Friendship Between Neighbors Across Generations
⑤ The Meaning Of Teamwork In Achieving Common Goals

2025년_고2_10월_18

23. 보기의 순서를 바르게 맞추어 요약문을 작성하였을 때, 요약문의 세 번째 부분에 오는 것을 고르시오.

To the Customer Service Team,
About a month ago, my wife and I purchased a set of bookshelves from your store. I was truly excited to find furniture that perfectly matched our new home. When we bought the bookshelves, the manager said it would take four weeks for delivery, which was last weekend. We had set our plans to ensure someone would be available to receive the delivery; however, no one came with the bookshelves that day. This delay has caused us considerable inconvenience. Therefore, please provide a clear and specific delivery date. We expect this issue to be addressed promptly, so that we can reorganize our schedule to receive the delivery without any confusion.

① they expect prompt

② the delay caused significant

③ information about delivery

④ inconvenience to the couple, so

⑤ action and specific

2025년_고2_10월_19

24. 보기의 순서를 바르게 맞추어 요약문을 작성하였을 때, 요약문의 세 번째 부분에 오는 것을 고르시오.

I was heading in the direction of a forest road that I knew would take me home. But almost as though someone had switched off all the lights I was suddenly in a black forest with no light of any kind. Feeling lost, I stumbled. I fell. I tore my clothes and injured myself falling down a hill. In desperation I stopped and leaned against a tree. I have no idea where I am now. Will anyone even notice that I'm gone? It was then that a faint aroma drifted through the darkness: the scent of cooking. I stumbled towards it, and soon, a faint, yellowish light glowed through the trees. It was Uncle Krull's cabin and I could see him through the window! Thankful beyond words, I knew I could finally ask for help. My hardship was over.

① injured and disoriented, but

② Uncle Krull for help

③ guide them to

④ darkness leaves them

⑤ a faint aroma and light

2025년_고2_10월_20

25. 보기의 순서를 바르게 맞추어 요약문을 작성하였을 때, 요약문의 세 번째 부분에 오는 것을 고르시오.

When you are working in healthcare, it is important to develop a solid professional relationship with your patients. By establishing realistic self-boundaries, you can protect that relationship. It is important to keep the focus on the patient. When working with patients who are seen frequently, it is easy to start to think of them as friends. With a friend, you are likely to share personal information that is not appropriate with a patient. Patients may feel that they cannot share important health-related information because you are their friend, and it would be embarrassing to share that information. Self-boundaries can also be thought of as professional boundaries. You need to treat patients with respect and keep the relationship professional. Be friendly to patients and always keep the focus on the patient.

① sensitive health information

② comfortable disclosing

③ set realistic boundaries and be

④ friendly, yet keep conversations

⑤ appropriate so patients feel

2025년_고2_10월_21

26. 보기의 순서를 바르게 맞추어 요약문을 작성하였을 때, 요약문의 세 번째 부분에 오는 것을 고르시오.

Coat a fresh, wet swab in salt, and gently touch various spots on your tongue, recording where your taste seems strongest. Then, gargle with water to thoroughly clean your tongue, use a swab coated with sugar on the same spots, and record those results. Gargle again, and then swab with lemon juice. After a final gargle, try coffee. Compare your reactions with your friends'. Your taste pattern may reveal more than just taste preferences. Recent studies suggest links between taster status and behavioral disorders. For example, "non-tasters" tend to have a higher incidence of alcoholism, perhaps because liquor seems less bitter to them. Conversely, "super-tasters" may avoid nutritious but mildly bitter foods such as broccoli, thus depriving themselves of a balanced diet. So, although taste is not nearly as glamorous as vision, hearing, or even touch, it makes sense for you to pay closer attention to it because chemistry, at least in your mouth, could be destiny.

① glamorous than vision or

② can influence destiny

③ because mouth chemistry

④ hearing, monitoring it matters

⑤ although taste seems less

2025년_고2_10월_22

27. 보기의 순서를 바르게 맞추어 요약문을 작성하였을 때, 요약문의 세 번째 부분에 오는 것을 고르시오.

Experiments testify to science's embrace of ignorance. Arguably the worst thing a scientist can do is to suppose they know what will happen in a given scenario without bothering to check. The rise of the experimental philosophy coincided with the liberation of curiosity as a valuable rather than a questionable attribute. For all that experimental science today is often assumed to be supported by a philosophical framework and an approved methodology ("state your hypothesis and then test it"), the fact is that, as philosopher of science Ian Hacking says, "One can conduct an experiment simply out of curiosity to see what will happen." Indeed, in the view of Charles Darwin's son, the astronomer George Darwin, once in a while one should do a completely crazy experiment, even if it is most likely to prove fruitless. You never know until you try.

① without evidence alone

② checking reality matters more than

③ experiments embody science's

④ curiosity and humility because

⑤ assuming outcomes

2025년_고2_10월_23

28. 보기의 순서를 바르게 맞추어 요약문을 작성하였을 때, 요약문의 세 번째 부분에 오는 것을 고르시오.

We can discard or replace a scientific theory only if we have a better way of explaining the evidence that supports it. The theories of Newton and Einstein offer great examples. A vast body of evidence supports Newton's theory of gravity, but by the late nineteenth century scientists had begun to discover cases where its predictions did not perfectly match observations. These discrepancies were explained only when Einstein developed his general theory of relativity, which was able to match the observations. Still, the many successes of Newton's theory could not be ignored, and Einstein's theory would not have gained acceptance if it had not been able to explain these successes equally well. It did, and that is why we now view Einstein's theory as a broader theory of gravity than Newton's theory. Some scientists today are seeking a theory of gravity that will go beyond Einstein's. If any new theory ever gains acceptance, it will have to match all the successes of Einstein's theory as well as work in new realms where Einstein's theory does not.

① must reproduce Einstein's accurate

② relativity falls short

③ predictions and also work

④ future gravity theories

⑤ in new domains where

2025년_고2_10월_24

29. 보기의 순서를 바르게 맞추어 요약문을 작성하였을 때, 요약문의 세 번째 부분에 오는 것을 고르시오.

Imagine pausing in the middle of a busy day, taking a moment to refresh your mind and recharge your energy. This power of a midday break is often underestimated. When you break away from routine, especially with activities designed to stimulate your brain, you prevent cognitive tiredness and enhance productivity for the rest of the day. Neurobic exercises — simple yet effective — are perfect for such breaks. They target different areas of your brain, keeping it agile and alert. These exercises create a mental oasis that refreshes and prepares you for the afternoon's challenges. This strategic pause is not just a break; it boosts your cognitive capabilities, ensuring your mind remains sharp and focused. Even briefly experimenting with neurobic exercises can work wonders for your cognitive state during lunch. Start with using your non-dominant hand for routine tasks like writing or eating. This simple switch challenges your brain, activating pathways that aren't typically engaged and promoting greater flexibility in thinking.

① exercises refresh the brain
② focus lasts through afternoon
③ Midday breaks with neurobic
④ and reduce fatigue, so
⑤ productivity improves and

2025년_고2_10월_26

30. 보기의 순서를 바르게 맞추어 요약문을 작성하였을 때, 요약문의 세 번째 부분에 오는 것을 고르시오.

Eunice Kathleen Waymon was an American musician and civil rights activist. She displayed musical talent from an early age. At 12, during her first classical recital, her parents' seats, originally near the front, were moved to the back against their will to make seats for white people. After graduating from high school, she prepared for an audition at the Curtis Institute of Music, but her application was rejected, which she attributed to racial discrimination. To fund her private lessons, she began performing in Atlantic City, adopting the stage name "Nina Simone." In the 1960s, she became a supporter of the Civil Rights Movement and composed and performed songs as a response to racism and violence in the Southern United States. Frustrated by the racism in the United States, she left the country in 1970, living in various places before settling in France. She passed away in 2003 but her reputation continues through her powerful music.

① Eunice Waymon, transformed early
② injustices into activism and music,
③ through powerful performances
④ Nina Simone, born
⑤ championing civil rights

2025년_고2_10월_29

31. 보기의 순서를 바르게 맞추어 요약문을 작성하였을 때, 요약문의 세 번째 부분에 오는 것을 고르시오.

When a cell divides, the genomes of its two daughters are often not quite identical to each other or to that of the parent cell. On rare occasions, the error may represent a change for the better; more probably, it will cause no significant difference in the cell's prospects. But in some cases, the error will cause serious damage; for example, by disrupting the coding sequence for a key protein. Changes due to mistakes of the first type will tend to be perpetuated, because the altered cell has an increased likelihood of reproducing itself. Changes due to mistakes of the second type — neutral changes — may be perpetuated or not: it is a matter of chance whether the altered cell or its cousins will succeed. But changes that cause serious damage lead nowhere: the cell that suffers them dies, leaving no progeny. Through endless repetition of this cycle of mutation and natural selection organisms evolve: their genetic specifications change, sometimes give organisms new ways to exploit the environment more effectively, to survive in competition with others, and to reproduce successfully.

① by chance, but damaging

② descendants at all

③ mutations kill cells, so

④ neutral genetic changes persist

⑤ they leave no

2025년_고2_10월_30

32. 보기의 순서를 바르게 맞추어 요약문을 작성하였을 때, 요약문의 세 번째 부분에 오는 것을 고르시오.

Within liberal culture, the value of fair equality of opportunity for individuals outweighs the preservation of the family's integrity. In contrast, for Confucian culture, while seeking fair equality of opportunity for individuals is important, the family assumes a fundamental role in human flourishing, and living within a family institution is considered the essential way of life. Individuals are primarily understood as family members before they are regarded as state citizens. Therefore, for Confucians, the family possesses inherent value that should never be abandoned, even if it results in certain societal inequalities. Some cultures, like the liberal one, may choose to impose increasing restrictions on the role of families and implement more egalitarian government programs for education, healthcare, and other positive rights in society in the pursuit of fair equality of opportunity. On the other hand, other cultures, like the Confucian one, may prefer to primarily assign welfare responsibilities to the family, accepting inequalities stemming from the existence of the family as long as everyone's basic freedoms and rights are safeguarded in the state.

① liberal societies expand

② responsibilities mainly to families

③ societies assign welfare

④ state programs for education

⑤ and healthcare, whereas Confucian

2025년_고2_10월_31

33. 보기의 순서를 바르게 맞추어 요약문을 작성하였을 때, 요약문의 세 번째 부분에 오는 것을 고르시오.

Statistics in the twentieth century became the systematic collection of quantitative information needed by the state. This process occurred in all the industrialised countries as a key part of their becoming modern states. Desrosières writes: "It is difficult to think simultaneously that the objects being measured really do exist and that this is only a convention". Yet this is the case. Phenomena such as prices being charged and products being sold exist, but the categories and classification frameworks supporting the collection, aggregation, and organisation of official statistics are devised to serve the purposes of the state, for macroeconomic or for social policies. Theodore Porter described the use of statistics to create state authority : "Quantification is a way of making decisions without seeming to decide", characterising it as a "social technology" intended to build trust in authority.

① systematically collected statistics,

② Twentieth-century states

③ economic and social phenomena

④ and categories reflected state

⑤ purposes while measuring real

2025년_고2_10월_32

34. 보기의 순서를 바르게 맞추어 요약문을 작성하였을 때, 요약문의 세 번째 부분에 오는 것을 고르시오.

Just as an expert in the taste and colour of wine will gain much by being aware of the chemistry that underlies those qualities, so each perspective on the body can potentially enhance the others. And yet every scientific tool, from microscopes to mathematics, and every aspect of the body, from the brain to the microorganism, requires such depth of expertise that this tends not to happen: we tend to study the human body in silos, each community sectioned from the others by its own specialised vocabulary. Research communities may be dedicated to one type of scientific tool or a specific component of the body, such as one type of cell. How different types of cell communicate with one another becomes its own specialist topic. Even simple forms of life on Earth are now rarely studied as a whole, and the human body is evidently much more complex. As long ago as 1890, The Times newspaper commented that knowledge 'had already become too vast to be manageable'. Today, nobody is an expert in the whole of anything.

① examined as a whole, and

② even simple life is seldom

③ vast since 1890

④ modern knowledge has

⑤ grown unmanageably

2025년_고2_10월_33

35. 보기의 순서를 바르게 맞추어 요약문을 작성하였을 때, 요약문의 세 번째 부분에 오는 것을 고르시오.

Historically, palaces weren't just homes; they were carefully constructed stages designed to impress and intimidate. While stone symbolized permanence and strength, glass offered something equally powerful: visibility. The introduction of large windows in palaces allowed rulers to literally look down upon their subjects, emphasizing their elevated position. Conversely, it also allowed subjects to gaze up at their leaders, creating a sense of awe and distance. Consider the Palace of Versailles: its Hall of Mirrors, lined with reflective surfaces, not only magnified the grandeur of the space but also placed the king at the center of a dazzling display, reinforcing his absolute authority. The use of glass in palaces wasn't merely aesthetic; it was strategic. Open sightlines allowed for better surveillance and control, ensuring the safety and security of the ruling family. Courtiers and visitors were constantly aware of being observed, contributing to an atmosphere of careful obedience and respect. The very architecture dictated social behavior, with glass acting as a silent enforcer of the power dynamic.

① permanence and glass for
② felt awe and distance
③ visibility, so rulers projected
④ palaces used stone for
⑤ authority while subjects

2025년_고2_10월_34

36. 보기의 순서를 바르게 맞추어 요약문을 작성하였을 때, 요약문의 세 번째 부분에 오는 것을 고르시오.

As a political researcher in Germany, Noelle-Neumann observed that during election campaigns, certain views seemed to get more play than others, and sometimes people muted their opinions rather than talking about them, especially if those opinions were perceived to be unpopular. Noelle-Neumann calls this the spiral of silence. The spiral of silence occurs when individuals who perceive that their opinions are popular express them, whereas those who do not think their opinions are popular remain quiet. This process occurs in a spiral, so that one side of an issue ends up with considerable publicity and the other side with very little. In everyday life, people express their opinions in a variety of ways: they talk about them, they wear buttons, they put bumper stickers on their cars, and they post their views on social media. According to this theory, people are more apt to do these kinds of things when they perceive that others share their opinions.

① gains publicity, and the
② this self-censorship creates
③ a spiral where one side
④ little attention over time
⑤ other receives

2025년_고2_10월_35

37. 보기의 순서를 바르게 맞추어 요약문을 작성하였을 때, 요약문의 세 번째 부분에 오는 것을 고르시오.

Consider units of measure, one kind of descriptive device we are familiar with using in physics. Spatial distances can be given in terms of feet or meters or some other unit, and the physics will be the same regardless. We conclude from this that physics does not prefer one unit of length over any other, and we may choose any one we like for reasons of convenience. We further conclude that any feature depending on that choice, such as the particular numerical value assigned to the spatial separation between two locations, is not out there in the world apart from a choice of unit. Temperatures can likewise be given in terms of the Fahrenheit or Celsius or Kelvin scale, and nothing in the physics changes when we switch from one scale to another. We conclude that the choice of scale is an arbitrary choice in description, and that any feature that depends on that choice is scale-dependent.

① Fahrenheit, Celsius, and Kelvin
② temperature scales such as
③ underlying physics unchanged
④ scales leaves the
⑤ are interchangeable, and switching

2025년_고2_10월_36

38. 보기의 순서를 바르게 맞추어 요약문을 작성하였을 때, 요약문의 세 번째 부분에 오는 것을 고르시오.

Even though sea creatures live in it, they still need to take in water for their bodies to function properly. They just need to get rid of any extra salt it might bring with it. Salt absorbs water like a sponge. If you put a tiny mountain of salt on a small plate, then add enough water to the side, making sure an edge touches the salt, the salt will absorb the water. Now you have a pile of wet salt. Notice that it has increased in size. The same principle applies to sea creatures. If the body fluids in a sea animal are saltier than the seawater it lives in, then the extra salt in the creature's body will absorb seawater. This can cause them to swell up. On the other hand, if the amount of salt in the seawater is higher than the amount of salt in the body fluids of a sea animal, the extra salt in the water will draw fluids out of the creature's body, causing it to dehydrate and shrink.

① osmosis causes swelling or
② sea creatures must
③ surrounding seawater salinity
④ dehydration depending on
⑤ regulate salt and water because

2025년_고2_10월_37

39. 보기의 순서를 바르게 맞추어 요약문을 작성하였을 때, 요약문의 세 번째 부분에 오는 것을 고르시오.

Distinguishing moths from butterflies on outward appearance is not always easy, but there are a few rules of thumb that can help. In most butterflies the antennae end with a small club-shaped swelling, whereas in moths they are usually feathery or narrow to a fine tip. Butterflies tend to rest with their wings held shut above their body, whereas moths more usually rest with the upper sides of the wings on full view. Further distinctions can be made by looking for a tiny hook that joins fore- and hindwings, a feature only present in moths. The stereotypical differences, with moths cast as the gloomy, nocturnal cousins of colourful sun-loving butterflies are simply wrong. There are many brightly coloured moths and many which are active throughout the day. Equally, there are a few nocturnal butterflies and plenty that come clothed in shades of brown and grey. It's more sensible to think of them together; both butterflies and moths are beautiful and fascinating insects.

① bright and diurnal

② butterflies are false, because

③ many moths are

④ stereotypes of gloomy

⑤ nocturnal moths and sunny

2025년_고2_10월_38

40. 보기의 순서를 바르게 맞추어 요약문을 작성하였을 때, 요약문의 세 번째 부분에 오는 것을 고르시오.

There are numerous ways wildlife is managed, but they all imply stewardship and can be classified into two broad categories: active management and inactive management. Active management does something to the population — such as increasing or decreasing its size — in a direct manner through strategies like translocations or hunting, respectively. Populations can also be actively managed by altering the habitat to the benefit or disadvantage of a population. If population numbers are too low for the goal of management agencies, other active management can be incorporated, such as predator control to minimize neonatal deaths or habitat improvement to provide required cover for neonates from predators. These efforts represent active approaches to management. Other populations may not be actively managed, like those in national parks. In such situations, management activities minimize external influences on populations and habitat, which often involves management of humans and not animals.

① or decreases numbers via

② to protect vulnerable young

③ active management increases

④ control, and habitat improvements

⑤ hunting, translocations, predator

2025년_고2_10월_39

41. 보기의 순서를 바르게 맞추어 요약문을 작성하였을 때, 요약문의 세 번째 부분에 오는 것을 고르시오.

Waste has historically been seen as a necessary driver of the economy. Sales are tied to the amount of a product supplied, which is directly dependent on the demand for that product. Therefore, if you design the product to eventually be wasted, you can ensure that the demand for more products will be sustained. Many strategies have been incorporated into product design and use to ensure that waste is inevitable, such as planned obsolescence, limited access to tools for repairs, and use of cheap materials. All these strategies ensure that the consumer will have limited access to the product in use and will eventually require a replacement. Those who supported the idea that waste is necessary to drive demand failed to realize that prioritizing the elimination of waste via repair and remanufacturing creates a different kind of demand: products as a service. Through this setup, companies simply lease out products that were once sold directly to the customer. With this transition of ownership, companies maintain profit by offering maintenance and repair services and are encouraged to develop long-lasting products.

① remanufacturing generate demand
② designing for waste creates
③ incentivize durable products
④ repeat sales, yet repair and
⑤ for services and

2025년_고2_10월_40

42. 보기의 순서를 바르게 맞추어 요약문을 작성하였을 때, 요약문의 세 번째 부분에 오는 것을 고르시오.

Viewing time as a purchasable and consistent product cemented artificial views on time into our psyche, but every now and again we are forced to acknowledge this mistake. On twenty-six occasions in the last fifty years, a second has been added to everyone's day to adjust for the Earth wobbling and the rate of its spin changing. For instance, when El Niño, a climatic system in the Pacific, causes wind speed to change dramatically, it can slow the rotation of the Earth slightly. Indeed, the Earth's spin is generally slowing because the moon's gravity is acting as a drag, so days are getting longer by about 1.7 milliseconds per century. Such events disturb the similarity between man-made time and more flexible time based on the Earth's naturally occurring rotation. When events like this happen, a bunch of humans make the decision to add a small slice of time to your day, without your knowledge. We try to force our fixed, man-made view of time on to nature in the false hope that it will yield. It doesn't.

① we treat time as
② our mistaken rigidity
③ leap seconds reveal Earth's
④ fixed and purchasable, but
⑤ variable rotation and

2025년_고2_10월_41_42

43. 보기의 순서를 바르게 맞추어 요약문을 작성하였을 때, 요약문의 세 번째 부분에 오는 것을 고르시오.

When your hand is hanging at your side and then you lift it, opposing muscles on your upper arm shorten and lengthen — contract and relax — to bend the elbow. Biceps contract, and triceps relax. Reversing the motion, when you drop your hand back down, muscles reverse roles. Triceps contract, and biceps relax. Lift your hand or drop it, and muscle shows what it is: a system of coordination, managed by orchestrated tension. As arms and legs rotate around joints, muscles activate and deactivate, contract and relax. All physical activity is paradoxical, in this sense: Movement depends on what muscles don't do, as much as it depends on what they do. Both are necessary, each in its time — and the same is true of each side of the pairs of concepts shaping how we talk of muscles.
Start with nature versus nurture: Some people are stronger or more muscular than others; is the difference inborn, or does it depend on what people do? To the latter question: What do you do? Do you have to lift weights, or is walking enough exercise? How should you do the exercise? Should you move fast or slowly? Lift heavy weights or lighter ones? Put like that, basic questions about muscle may sound like they have one right answer. Oppositions can polarize. But where muscle is concerned, few oppositions are true polarities. Look closely, and most prove to be paradoxes. Born and made, heavy and light, fast and slow: Those opposites actually include each other.

① muscle contraction and

② movement relies on coordinated

③ on what muscles

④ refrain from doing as well

⑤ relaxation, and it depends

2025년_고2_10월_43~45

44. 보기의 순서를 바르게 맞추어 요약문을 작성하였을 때, 요약문의 세 번째 부분에 오는 것을 고르시오.

Jason stared at the banner across the high school gym wall: "Annual Charity Marathon — Run for Sam." The slogan stirred something in him. Sam, a cheerful seven-year-old who loved to draw and dreamed of being an artist, had a rare heart condition. Sam wasn't just anyone — he was the little boy living next door that Jason had babysat every summer break. He had played in the park and spent summer afternoons chasing ice cream trucks with Sam. Seeing Sam's name on the banner made everything feel personal. Jason had always been the fastest runner in school, known among his friends as "The Speedster." But since his knee injury, he hadn't been able to run for quite a long time. Still, when Jason thought about Sam and the hope this marathon represented, he knew he had to try. Jason did everything he could to recover, following his doctor's advice. A day before registration deadline, his doctor said a 3-mile run would be fine. Jason signed up for the 3-mile beginner route, hoping to run for Sam. On marathon morning, Jason stood among the runners, heart pounding. In the crowd, Sam was holding a sign: "Thank you, Runners!" Jason smiled. He was all the motivation needed. When the whistle blew, Jason started strong, but since he hadn't run for so long, his energy faded quickly. Every step was a struggle, but he pushed forward, encouraged by the thought of how happy Sam would be. Finally, he crossed the finish line. As he was sitting to catch his breath, Sam came over and handed him bottled water. He felt pride, relief, and gratitude. He finally finished — for Sam.

① seeing Sam's banner

② carefully, register for

③ motivates Jason to train

④ lingering knee pain

⑤ three miles, and run despite

2025년_고2_10월_18

45. 다음 글의 내용과 일치하지 **않는** 것은?

To the Customer Service Team,
About a month ago, my wife and I purchased a set of bookshelves from your store. I was truly excited to find furniture that perfectly matched our new home. When we bought the bookshelves, the manager said it would take four weeks for delivery, which was last weekend. We had set our plans to ensure someone would be available to receive the delivery; however, no one came with the bookshelves that day. This delay has caused us considerable inconvenience. Therefore, please provide a clear and specific delivery date. We expect this issue to be addressed promptly, so that we can reorganize our schedule to receive the delivery without any confusion.

① The customer purchased a set of bookshelves about a month ago.
② The manager informed the customer that delivery would take four weeks.
③ No delivery arrived on the scheduled weekend, causing inconvenience.
④ The customer requests a clear and specific delivery date.
⑤ The bookshelves were delivered on time, so no further action is needed.

2025년_고2_10월_19

46. 다음 글의 내용과 일치하지 **않는** 것은?

I was heading in the direction of a forest road that I knew would take me home. But almost as though someone had switched off all the lights I was suddenly in a black forest with no light of any kind. Feeling lost, I stumbled. I fell. I tore my clothes and injured myself falling down a hill. In desperation I stopped and leaned against a tree. I have no idea where I am now. Will anyone even notice that I'm gone? It was then that a faint aroma drifted through the darkness: the scent of cooking. I stumbled towards it, and soon, a faint, yellowish light glowed through the trees. It was Uncle Krull's cabin and I could see him through the window! Thankful beyond words, I knew I could finally ask for help. My hardship was over.

① The narrator lost their way while walking through a dark forest.
② The narrator was physically hurt after falling down a hill.
③ The narrator felt hopeless before noticing the smell of food.
④ The narrator found Uncle Krull's cabin by following the light of a lantern.
⑤ The narrator felt relieved upon realizing they could finally get help.

2025년_고2_10월_20

47. 다음 글의 내용과 일치하지 **않는** 것은?

When you are working in healthcare, it is important to develop a solid professional relationship with your patients. By establishing realistic self-boundaries, you can protect that relationship. It is important to keep the focus on the patient. When working with patients who are seen frequently, it is easy to start to think of them as friends. With a friend, you are likely to share personal information that is not appropriate with a patient. Patients may feel that they cannot share important health-related information because you are their friend, and it would be embarrassing to share that information. Self-boundaries can also be thought of as professional boundaries. You need to treat patients with respect and keep the relationship professional. Be friendly to patients and always keep the focus on the patient.

① Maintaining professional boundaries helps protect the relationship with patients.
② Healthcare workers should keep their focus on patients during interactions.
③ Sharing personal stories with patients helps build a stronger professional bond.
④ Patients may hesitate to share health information if they view their caregiver as a friend.
⑤ Being respectful and friendly while staying professional is essential in healthcare.

2025년_고2_10월_21

48. 다음 글의 내용과 일치하지 **않는** 것은?

Coat a fresh, wet swab in salt, and gently touch various spots on your tongue, recording where your taste seems strongest. Then, gargle with water to thoroughly clean your tongue, use a swab coated with sugar on the same spots, and record those results. Gargle again, and then swab with lemon juice. After a final gargle, try coffee. Compare your reactions with your friends'. Your taste pattern may reveal more than just taste preferences. Recent studies suggest links between taster status and behavioral disorders. For example, "non-tasters" tend to have a higher incidence of alcoholism, perhaps because liquor seems less bitter to them. Conversely, "super-tasters" may avoid nutritious but mildly bitter foods such as broccoli, thus depriving themselves of a balanced diet. So, although taste is not nearly as glamorous as vision, hearing, or even touch, it makes sense for you to pay closer attention to it because chemistry, at least in your mouth, could be destiny.

① The experiment encourages comparing individual taste responses with others.
② Participants are advised to gargle after testing each substance.
③ "Non-tasters" are more likely to become addicted to alcohol because they sense less bitterness.
④ "Super-tasters" might have unbalanced diets by avoiding certain bitter foods.
⑤ Taste is considered one of the most important senses, surpassing vision and hearing.

2025년_고2_10월_22

49. 다음 글의 내용과 일치하지 **않는** 것은?

Experiments testify to science's embrace of ignorance. Arguably the worst thing a scientist can do is to suppose they know what will happen in a given scenario without bothering to check. The rise of the experimental philosophy coincided with the liberation of curiosity as a valuable rather than a questionable attribute. For all that experimental science today is often assumed to be supported by a philosophical framework and an approved methodology ("state your hypothesis and then test it"), the fact is that, as philosopher of science Ian Hacking says, "One can conduct an experiment simply out of curiosity to see what will happen." Indeed, in the view of Charles Darwin's son, the astronomer George Darwin, once in a while one should do a completely crazy experiment, even if it is most likely to prove fruitless. You never know until you try.

① Experiments represent science's willingness to acknowledge ignorance.
② Experimental philosophy values curiosity as an essential scientific trait.
③ Ian Hacking claimed that experiments must always begin with a clear hypothesis.
④ George Darwin encouraged trying bold experiments even if they seem pointless.
⑤ Assuming results without experimentation goes against the spirit of science.

2025년_고2_10월_23

50. 다음 글의 내용과 일치하지 **않는** 것은?

We can discard or replace a scientific theory only if we have a better way of explaining the evidence that supports it. The theories of Newton and Einstein offer great examples. A vast body of evidence supports Newton's theory of gravity, but by the late nineteenth century scientists had begun to discover cases where its predictions did not perfectly match observations. These discrepancies were explained only when Einstein developed his general theory of relativity, which was able to match the observations. Still, the many successes of Newton's theory could not be ignored, and Einstein's theory would not have gained acceptance if it had not been able to explain these successes equally well. It did, and that is why we now view Einstein's theory as a broader theory of gravity than Newton's theory. Some scientists today are seeking a theory of gravity that will go beyond Einstein's. If any new theory ever gains acceptance, it will have to match all the successes of Einstein's theory as well as work in new realms where Einstein's theory does not.

① Newton's theory of gravity was supported by a large amount of evidence.
② Einstein's general theory of relativity explained the discrepancies found in Newton's theory.
③ Einstein's theory was accepted even though it failed to explain Newton's successful predictions.
④ A new theory must explain everything Einstein's theory does and more to gain acceptance.
⑤ Scientists in the nineteenth century noticed limitations in Newton's predictions.

2025년_고2_10월_24

51. 다음 글의 내용과 일치하지 **않는** 것은?

Imagine pausing in the middle of a busy day, taking a moment to refresh your mind and recharge your energy. This power of a midday break is often underestimated. When you break away from routine, especially with activities designed to stimulate your brain, you prevent cognitive tiredness and enhance productivity for the rest of the day. Neurobic exercises — simple yet effective — are perfect for such breaks. They target different areas of your brain, keeping it agile and alert. These exercises create a mental oasis that refreshes and prepares you for the afternoon's challenges. This strategic pause is not just a break; it boosts your cognitive capabilities, ensuring your mind remains sharp and focused. Even briefly experimenting with neurobic exercises can work wonders for your cognitive state during lunch. Start with using your non-dominant hand for routine tasks like writing or eating. This simple switch challenges your brain, activating pathways that aren't typically engaged and promoting greater flexibility in thinking.

① A midday break can help refresh the mind and restore energy.
② Neurobic exercises are designed to keep the brain active and flexible.
③ Doing familiar tasks with your dominant hand can stimulate new brain pathways.
④ Taking short mental breaks can improve focus and productivity.
⑤ Using the non-dominant hand can encourage more flexible thinking.

2025년_고2_10월_26

52. 다음 글의 내용과 일치하지 **않는** 것은?

Eunice Kathleen Waymon was an American musician and civil rights activist. She displayed musical talent from an early age. At 12, during her first classical recital, her parents' seats, originally near the front, were moved to the back against their will to make seats for white people. After graduating from high school, she prepared for an audition at the Curtis Institute of Music, but her application was rejected, which she attributed to racial discrimination. To fund her private lessons, she began performing in Atlantic City, adopting the stage name "Nina Simone." In the 1960s, she became a supporter of the Civil Rights Movement and composed and performed songs as a response to racism and violence in the Southern United States. Frustrated by the racism in the United States, she left the country in 1970, living in various places before settling in France. She passed away in 2003 but her reputation continues through her powerful music.

① Eunice Kathleen Waymon showed musical ability from an early age.
② Her parents were moved to the front during her first recital to honor their daughter.
③ She used the name "Nina Simone" when performing in Atlantic City.
④ She wrote and performed songs that protested racism and violence.
⑤ She eventually left the U.S. because of racial discrimination and lived in France.

2025년_고2_10월_29

53. 다음 글의 내용과 일치하지 **않는** 것은?

When a cell divides, the genomes of its two daughters are often not quite identical to each other or to that of the parent cell. On rare occasions, the error may represent a change for the better; more probably, it will cause no significant difference in the cell's prospects. But in some cases, the error will cause serious damage; for example, by disrupting the coding sequence for a key protein. Changes due to mistakes of the first type will tend to be perpetuated, because the altered cell has an increased likelihood of reproducing itself. Changes due to mistakes of the second type — neutral changes — may be perpetuated or not: it is a matter of chance whether the altered cell or its cousins will succeed. But changes that cause serious damage lead nowhere: the cell that suffers them dies, leaving no progeny. Through endless repetition of this cycle of mutation and natural selection organisms evolve: their genetic specifications change, sometimes give organisms new ways to exploit the environment more effectively, to survive in competition with others, and to reproduce successfully.

① Errors in cell division can sometimes result in beneficial changes.
② Neutral changes may or may not persist depending on chance.
③ Harmful genetic changes are often passed on through successful reproduction.
④ Beneficial changes tend to be preserved because they improve survival and reproduction.
⑤ Evolution occurs through the continuous process of mutation and natural selection.

2025년_고2_10월_30

54. 다음 글의 내용과 일치하지 **않는** 것은?

Within liberal culture, the value of fair equality of opportunity for individuals outweighs the preservation of the family's integrity. In contrast, for Confucian culture, while seeking fair equality of opportunity for individuals is important, the family assumes a fundamental role in human flourishing, and living within a family institution is considered the essential way of life. Individuals are primarily understood as family members before they are regarded as state citizens. Therefore, for Confucians, the family possesses inherent value that should never be abandoned, even if it results in certain societal inequalities. Some cultures, like the liberal one, may choose to impose increasing restrictions on the role of families and implement more egalitarian government programs for education, healthcare, and other positive rights in society in the pursuit of fair equality of opportunity. On the other hand, other cultures, like the Confucian one, may prefer to primarily assign welfare responsibilities to the family, accepting inequalities stemming from the existence of the family as long as everyone's basic freedoms and rights are safeguarded in the state.

① Liberal culture emphasizes equal opportunities even if family values are weakened.
② Confucian culture regards the family as essential to human well-being.
③ Confucian societies may tolerate some inequality to preserve family integrity.
④ Liberal societies tend to place welfare responsibilities primarily on families.
⑤ Both cultures value equality, but their approaches to achieving it differ.

2025년_고2_10월_31

55. 다음 글의 내용과 일치하지 **않는** 것은?

Statistics in the twentieth century became the systematic collection of quantitative information needed by the state. This process occurred in all the industrialised countries as a key part of their becoming modern states. Desrosières writes: "It is difficult to think simultaneously that the objects being measured really do exist and that this is only a convention". Yet this is the case. Phenomena such as prices being charged and products being sold exist, but the categories and classification frameworks supporting the collection, aggregation, and organisation of official statistics are devised to serve the purposes of the state, for macroeconomic or for social policies. Theodore Porter described the use of statistics to create state authority : "Quantification is a way of making decisions without seeming to decide", characterising it as a "social technology" intended to build trust in authority.

① The use of statistics was an essential part of nations' modernization.
② Statistical categories and classifications are created for the state's purposes.
③ Quantification helps strengthen state authority and public trust.
④ Statistical objects like prices and products are purely imaginary constructs.
⑤ Statistics provide a way to make decisions while appearing neutral.

2025년_고2_10월_32

56. 다음 글의 내용과 일치하지 **않는** 것은?

Just as an expert in the taste and colour of wine will gain much by being aware of the chemistry that underlies those qualities, so each perspective on the body can potentially enhance the others. And yet every scientific tool, from microscopes to mathematics, and every aspect of the body, from the brain to the microorganism, requires such depth of expertise that this tends not to happen: we tend to study the human body in silos, each community sectioned from the others by its own specialised vocabulary. Research communities may be dedicated to one type of scientific tool or a specific component of the body, such as one type of cell. How different types of cell communicate with one another becomes its own specialist topic. Even simple forms of life on Earth are now rarely studied as a whole, and the human body is evidently much more complex. As long ago as 1890, The Times newspaper commented that knowledge 'had already become too vast to be manageable'. Today, nobody is an expert in the whole of anything.

① Understanding the chemistry behind wine enhances one's appreciation of its qualities.
② Each perspective on the human body can enrich others if studied together.
③ The growing specialization in science encourages integrated studies of the human body.
④ Different research fields often use distinct vocabularies that isolate them from one another.
⑤ The vastness of knowledge makes it impossible for anyone to master everything today.

2025년_고2_10월_33

57. 다음 글의 내용과 일치하지 **않는** 것은?

Historically, palaces weren't just homes; they were carefully constructed stages designed to impress and intimidate. While stone symbolized permanence and strength, glass offered something equally powerful: visibility. The introduction of large windows in palaces allowed rulers to literally look down upon their subjects, emphasizing their elevated position. Conversely, it also allowed subjects to gaze up at their leaders, creating a sense of awe and distance. Consider the Palace of Versailles: its Hall of Mirrors, lined with reflective surfaces, not only magnified the grandeur of the space but also placed the king at the center of a dazzling display, reinforcing his absolute authority. The use of glass in palaces wasn't merely aesthetic; it was strategic. Open sightlines allowed for better surveillance and control, ensuring the safety and security of the ruling family. Courtiers and visitors were constantly aware of being observed, contributing to an atmosphere of careful obedience and respect. The very architecture dictated social behavior, with glass acting as a silent enforcer of the power dynamic.

① Palaces were designed to showcase power and inspire fear.
② Glass architecture helped rulers maintain control and surveillance.
③ The Hall of Mirrors reflected royal grandeur and reinforced authority.
④ Glass in palaces was mainly decorative and had little political meaning.
⑤ Architectural design influenced how people behaved within palaces.

2025년_고2_10월_34

58. 다음 글의 내용과 일치하지 **않는** 것은?

As a political researcher in Germany, Noelle-Neumann observed that during election campaigns, certain views seemed to get more play than others, and sometimes people muted their opinions rather than talking about them, especially if those opinions were perceived to be unpopular. Noelle-Neumann calls this the spiral of silence. The spiral of silence occurs when individuals who perceive that their opinions are popular express them, whereas those who do not think their opinions are popular remain quiet. This process occurs in a spiral, so that one side of an issue ends up with considerable publicity and the other side with very little. In everyday life, people express their opinions in a variety of ways: they talk about them, they wear buttons, they put bumper stickers on their cars, and they post their views on social media. According to this theory, people are more apt to do these kinds of things when they perceive that others share their opinions.

① People are more willing to express their views when they believe their opinions are popular.
② The spiral of silence explains why one side of an issue often receives more publicity than another.
③ People express their opinions in various forms, such as through speech or online activities.
④ According to Noelle-Neumann, people tend to express their opinions even if they believe they are unpopular.
⑤ Noelle-Neumann observed that some individuals stayed silent when their views were considered unpopular.

2025년_고2_10월_35

59. 다음 글의 내용과 일치하지 **않는** 것은?

Consider units of measure, one kind of descriptive device we are familiar with using in physics. Spatial distances can be given in terms of feet or meters or some other unit, and the physics will be the same regardless. We conclude from this that physics does not prefer one unit of length over any other, and we may choose any one we like for reasons of convenience. We further conclude that any feature depending on that choice, such as the particular numerical value assigned to the spatial separation between two locations, is not out there in the world apart from a choice of unit. Temperatures can likewise be given in terms of the Fahrenheit or Celsius or Kelvin scale, and nothing in the physics changes when we switch from one scale to another. We conclude that the choice of scale is an arbitrary choice in description, and that any feature that depends on that choice is scale-dependent.

① The physical laws remain unchanged regardless of the unit system used.
② The numerical value of a measured distance depends on the unit chosen.
③ Physics favors the use of certain units, such as meters, over others.
④ The scale of temperature measurement does not alter the underlying physics.
⑤ The choice of measurement unit is made primarily for convenience.

2025년_고2_10월_36

60. 다음 글의 내용과 일치하지 **않는** 것은?

Even though sea creatures live in it, they still need to take in water for their bodies to function properly. They just need to get rid of any extra salt it might bring with it. Salt absorbs water like a sponge. If you put a tiny mountain of salt on a small plate, then add enough water to the side, making sure an edge touches the salt, the salt will absorb the water. Now you have a pile of wet salt. Notice that it has increased in size. The same principle applies to sea creatures. If the body fluids in a sea animal are saltier than the seawater it lives in, then the extra salt in the creature's body will absorb seawater. This can cause them to swell up. On the other hand, if the amount of salt in the seawater is higher than the amount of salt in the body fluids of a sea animal, the extra salt in the water will draw fluids out of the creature's body, causing it to dehydrate and shrink.

① Sea creatures never need to absorb water since they already live in it.
② When seawater is saltier than a sea creature's body fluids, the creature may lose water.
③ The salt in a sea creature's body helps it stay hydrated by absorbing seawater continuously.
④ If a sea creature's body is less salty than the seawater, it tends to swell up.
⑤ The amount of salt in seawater has little effect on sea creatures' body fluids.

2025년_고2_10월_37

61. 다음 글의 내용과 일치하지 **않는** 것은?

Distinguishing moths from butterflies on outward appearance is not always easy, but there are a few rules of thumb that can help. In most butterflies the antennae end with a small club-shaped swelling, whereas in moths they are usually feathery or narrow to a fine tip. Butterflies tend to rest with their wings held shut above their body, whereas moths more usually rest with the upper sides of the wings on full view. Further distinctions can be made by looking for a tiny hook that joins fore- and hindwings, a feature only present in moths. The stereotypical differences, with moths cast as the gloomy, nocturnal cousins of colourful sun-loving butterflies are simply wrong. There are many brightly coloured moths and many which are active throughout the day. Equally, there are a few nocturnal butterflies and plenty that come clothed in shades of brown and grey. It's more sensible to think of them together; both butterflies and moths are beautiful and fascinating insects.

① Moths can be recognized by their club-shaped antennae.
② All butterflies are colorful and active only during the day.
③ Butterflies usually rest with their wings spread open.
④ Some moths are brightly colored and active during the day.
⑤ Moths and butterflies are completely different in behavior and appearance.

2025년_고2_10월_38

62. 다음 글의 내용과 일치하지 **않는** 것은?

There are numerous ways wildlife is managed, but they all imply stewardship and can be classified into two broad categories: active management and inactive management. Active management does something to the population — such as increasing or decreasing its size — in a direct manner through strategies like translocations or hunting, respectively. Populations can also be actively managed by altering the habitat to the benefit or disadvantage of a population. If population numbers are too low for the goal of management agencies, other active management can be incorporated, such as predator control to minimize neonatal deaths or habitat improvement to provide required cover for neonates from predators. These efforts represent active approaches to management. Other populations may not be actively managed, like those in national parks. In such situations, management activities minimize external influences on populations and habitat, which often involves management of humans and not animals.

① Active management directly influences wildlife populations through specific strategies.
② Predator control is one form of active management to protect young animals.
③ Habitat improvement can be used to reduce the risk of predation on newborns.
④ Inactive management typically focuses on increasing or decreasing population size directly.
⑤ In national parks, management often involves controlling human influence rather than animals.

2025년_고2_10월_39

63. 다음 글의 내용과 일치하지 **않는** 것은?

Waste has historically been seen as a necessary driver of the economy. Sales are tied to the amount of a product supplied, which is directly dependent on the demand for that product. Therefore, if you design the product to eventually be wasted, you can ensure that the demand for more products will be sustained. Many strategies have been incorporated into product design and use to ensure that waste is inevitable, such as planned obsolescence, limited access to tools for repairs, and use of cheap materials. All these strategies ensure that the consumer will have limited access to the product in use and will eventually require a replacement. Those who supported the idea that waste is necessary to drive demand failed to realize that prioritizing the elimination of waste via repair and remanufacturing creates a different kind of demand: products as a service. Through this setup, companies simply lease out products that were once sold directly to the customer. With this transition of ownership, companies maintain profit by offering maintenance and repair services and are encouraged to develop long-lasting products.

① Designing products to wear out helps sustain consumer demand.
② Limited repair access is one strategy to make waste inevitable.
③ The idea of "products as a service" can reduce waste generation.
④ Companies lose profit when they offer maintenance and repair services.
⑤ Leasing products encourages firms to create durable goods.

2025년_고2_10월_40

64. 다음 글의 내용과 일치하지 **않는** 것은?

Viewing time as a purchasable and consistent product cemented artificial views on time into our psyche, but every now and again we are forced to acknowledge this mistake. On twenty-six occasions in the last fifty years, a second has been added to everyone's day to adjust for the Earth wobbling and the rate of its spin changing. For instance, when El Niño, a climatic system in the Pacific, causes wind speed to change dramatically, it can slow the rotation of the Earth slightly. Indeed, the Earth's spin is generally slowing because the moon's gravity is acting as a drag, so days are getting longer by about 1.7 milliseconds per century. Such events disturb the similarity between man-made time and more flexible time based on the Earth's naturally occurring rotation. When events like this happen, a bunch of humans make the decision to add a small slice of time to your day, without your knowledge. We try to force our fixed, man-made view of time on to nature in the false hope that it will yield. It doesn't.

① Humans have occasionally added an extra second to align man-made time with Earth's rotation.
② The Earth's spin is gradually slowing due to the gravitational pull of the moon.
③ El Niño can influence the Earth's rotation speed by altering wind patterns.
④ Natural time perfectly matches the human-made concept of fixed and measurable time.
⑤ Humans continue to modify time in an attempt to align it with natural phenomena.

2025년_고2_10월_41_42

65. 다음 글의 내용과 일치하지 **않는** 것은?

When your hand is hanging at your side and then you lift it, opposing muscles on your upper arm shorten and lengthen — contract and relax — to bend the elbow. Biceps contract, and triceps relax. Reversing the motion, when you drop your hand back down, muscles reverse roles. Triceps contract, and biceps relax. Lift your hand or drop it, and muscle shows what it is: a system of coordination, managed by orchestrated tension. As arms and legs rotate around joints, muscles activate and deactivate, contract and relax. All physical activity is paradoxical, in this sense: Movement depends on what muscles don't do, as much as it depends on what they do. Both are necessary, each in its time — and the same is true of each side of the pairs of concepts shaping how we talk of muscles.

Start with nature versus nurture: Some people are stronger or more muscular than others; is the difference inborn, or does it depend on what people do? To the latter question: What do you do? Do you have to lift weights, or is walking enough exercise? How should you do the exercise? Should you move fast or slowly? Lift heavy weights or lighter ones? Put like that, basic questions about muscle may sound like they have one right answer. Oppositions can polarize. But where muscle is concerned, few oppositions are true polarities. Look closely, and most prove to be paradoxes. Born and made, heavy and light, fast and slow: Those opposites actually include each other.

① Biceps and triceps take turns contracting and relaxing to enable arm movement.

② Muscular movement involves both action and inaction working in coordination.

③ Opposing concepts related to muscle, such as fast and slow, are true polarities.

④ The text compares muscle coordination to pairs of contrasting ideas.

⑤ The passage suggests that opposites like heavy and light can coexist in muscle activity.

2025년_고2_10월_43~45

66. 다음 글의 내용과 일치하지 **않는** 것은?

Jason stared at the banner across the high school gym wall: "Annual Charity Marathon — Run for Sam." The slogan stirred something in him. Sam, a cheerful seven-year-old who loved to draw and dreamed of being an artist, had a rare heart condition. Sam wasn't just anyone — he was the little boy living next door that Jason had babysat every summer break. He had played in the park and spent summer afternoons chasing ice cream trucks with Sam. Seeing Sam's name on the banner made everything feel personal. Jason had always been the fastest runner in school, known among his friends as "The Speedster." But since his knee injury, he hadn't been able to run for quite a long time. Still, when Jason thought about Sam and the hope this marathon represented, he knew he had to try. Jason did everything he could to recover, following his doctor's advice. A day before registration deadline, his doctor said a 3-mile run would be fine. Jason signed up for the 3-mile beginner route, hoping to run for Sam. On marathon morning, Jason stood among the runners, heart pounding. In the crowd, Sam was holding a sign: "Thank you, Runners!" Jason smiled. He was all the motivation needed. When the whistle blew, Jason started strong, but since he hadn't run for so long, his energy faded quickly. Every step was a struggle, but he pushed forward, encouraged by the thought of how happy Sam would be. Finally, he crossed the finish line. As he was sitting to catch his breath, Sam came over and handed him bottled water. He felt pride, relief, and gratitude. He finally finished — for Sam.

① Sam was a young boy who suffered from a rare heart disease.

② Jason had been unable to run for a long time because of an injury.

③ Jason's doctor allowed him to participate in the marathon before the registration deadline.

④ Jason gave Sam a bottle of water after finishing the marathon.

⑤ Jason felt proud and thankful after completing the race.

2025 고2 10월 모의고사

❶ voca ❷ text ❸ [/] ❹ _____ ❺ quiz 1 ❻ quiz 2 ❼ quiz 3 ❽ quiz 4 ❾ quiz 5

☑ 다음 글을 읽고 물음에 답하시오. ^{2025년_고2_10월_18}

To the Customer Service Team,
About a month ago, my wife and I ^{구입했다} __________ a set of bookshelves from your store. (가) <u>저는 저희의 새집에 완벽하게 어울리는 가구를 찾게 되어서 진심으로 들떴습니다.</u> When we bought the bookshelves, the manager said it would take four weeks for ^{배송} __________ which was last weekend. ⓐ <u>We had set our plans to ensuring someone would be unavailable to receive the delivery; however, no one coming with the bookshelves that day.</u> This delay has caused us ^{상당한} ___________ inconvenience. Therefore, please provide a clear and ^{구체적인} _________ delivery date. We expect this issue to be addressed ^{신속히} __________ so that we can reorganize our schedule to receive the delivery without any ^{혼란} _________.

1. 힌트를 참고하여 각 <u>빈칸에</u> 알맞은 단어를 쓰시오.

2. 밑줄 친 ⓐ에서, 어법 혹은 문맥상 어색한 부분을 찾아 올바르게 고쳐 쓰시오.

　ⓐ　잘못된 표현　　　바른 표현
　(　　　) ⇨ (　　　)
　(　　　) ⇨ (　　　)
　(　　　) ⇨ (　　　)

3. 위 글에 주어진 (가)의 한글과 같은 의미를 가지도록, 각각의 주어진 단어들을 알맞게 배열하시오.

(가) was / furniture / home. / truly excited / to find / perfectly matched / that / I / our new

☑ 다음 글을 읽고 물음에 답하시오. ^{2025년_고2_10월_19}

I was heading in the ^{방향} __________ of a forest road that I knew would take me home. (가) <u>하지만 마치 누군가가 모든 불을 꺼버린 것처럼 나는 갑자기 어떤 종류의 빛도 없는 암흑의 숲속에 있었다.</u> Feeling lost, I stumbled. I fell. I tore my clothes and ^{다치다} ________ myself falling down a hill. In ^{자포자기} ___________ I stopped and leaned against a tree. I have no idea where I am now. Will anyone even ^{알아차리다} ________ that I'm gone? ⓐ <u>It was then what a strong aroma drifting through the darkness: the scent of cooking.</u> I stumbled towards it, and soon, a faint, yellowish light glowed through the trees. It was Uncle Krull's ^{오두막} ______ and I could see him through the window! Thankful beyond words, I knew I could finally ask for help. My ^{고난} ________ was over.

4. 힌트를 참고하여 각 <u>빈칸에</u> 알맞은 단어를 쓰시오.

5. 밑줄 친 ⓐ에서, 어법 혹은 문맥상 어색한 부분을 찾아 올바르게 고쳐 쓰시오.

　ⓐ　잘못된 표현　　　바른 표현
　(　　　) ⇨ (　　　)
　(　　　) ⇨ (　　　)
　(　　　) ⇨ (　　　)

6. 위 글에 주어진 (가)의 한글과 같은 의미를 가지도록, 각각의 주어진 단어들을 알맞게 배열하시오.

(가) with / was / I / But / of any / forest / the lights / suddenly in / switched off / all / someone / kind. / as though / almost / had / no light / a black

☑ 다음 글을 읽고 물음에 답하시오. 2025년_고2_10월_20

When you are working in healthcare, it is important to ^{발전하다} _________ a solid professional relationship with your patients. By ^{설정하는} ____________ realistic self-boundaries, you can protect that relationship. It is important to keep the focus on the patient. ⓐ <u>When worked with patients whose are seen frequently, it is easy to starting to think of them as friends.</u> (가) 여러분은 환자와는 공유하기 적절하지 않은 개인 정보를 친구와 공유할 가능성이 있다. Patients may feel that they cannot share important health-related information because you are their friend, and it would be embarrassing to share that information. Self-boundaries can also be thought of as ^{직업적인} ____________ boundaries. You need to treat patients with ^{존중} __________ and keep the relationship professional. Be friendly to patients and always keep the ^{초점} ______ on the patient.

7. 힌트를 참고하여 각 빈칸에 알맞은 단어를 쓰시오.

8. 밑줄 친 ⓐ에서, 어법 혹은 문맥상 어색한 부분을 찾아 올바르게 고쳐 쓰시오.

ⓐ 잘못된 표현   바른 표현
(   ) ⇨ (   )
(   ) ⇨ (   )
(   ) ⇨ (   )

9. 위 글에 주어진 (가)의 한글과 같은 의미를 가지도록, 각각의 주어진 단어들을 알맞게 배열하시오.

(가) information / that / are / is not / With / likely to / a patient. / share / a friend, / appropriate / you / with / personal

☑ 다음 글을 읽고 물음에 답하시오. 2025년_고2_10월_21

Coat a fresh, wet swab in salt, and gently touch various spots on your tongue, ^{기록하는} __________ where your taste seems strongest. Then, gargle with water to thoroughly clean your tongue, use a swab coated with sugar on the same spots, and record those results. Gargle again, and then swab with lemon juice. After a final gargle, try coffee. Compare your ^{반응} __________ with your friends'. (가) 여러분의 미각 패턴은 단순히 맛에 대한 선호도보다 더 많은 것을 드러낼지도 모른다. Recent studies ^{보여주다} ________ links between taster status and behavioral disorders. For example, "non-tasters" tend to have a higher incidence of ^{알코올 중독} ___________ perhaps because liquor seems less bitter to them. ⓐ <u>Conversely, "super-tasters" may avoids nutritious but mildly bitter foods such as broccoli, thus deprive themselves of a balancing diet</u> So, although taste is not nearly as ^{화려한} __________ as vision, hearing, or even touch, it makes sense for you to pay closer attention to it because chemistry, at least in your mouth, could be destiny.

10. 힌트를 참고하여 각 빈칸에 알맞은 단어를 쓰시오.

11. 밑줄 친 ⓐ에서, 어법 혹은 문맥상 어색한 부분을 찾아 올바르게 고쳐 쓰시오.

ⓐ 잘못된 표현   바른 표현
(   ) ⇨ (   )
(   ) ⇨ (   )
(   ) ⇨ (   )

12. 위 글에 주어진 (가)의 한글과 같은 의미를 가지도록, 각각의 주어진 단어들을 알맞게 배열하시오.

(가) taste / Your / than / preferences. / may / pattern / more / just taste / reveal

☑ 다음 글을 읽고 물음에 답하시오. 2025년_고2_10월_22

Experiments testify to science's [수용] ________ of [무지] __________ Arguably the worst thing a scientist can do is to [가정하다] ________ they know what will happen in a given scenario without bothering to check. (가) <u>실험 철학의 등장은 의심스러운 특성이 아닌 가치 있는 특성으로서의 호기심의 해방과 동시에 일어났다.</u> For all that [실험적] ____________ science today is often assumed to be supported by a [철학적] ____________ framework and an [입증된] ________ methodology ("state your [가설] __________ and then test it"), the fact is that, as philosopher of science Ian Hacking says, "One can [수행하다] ________ an experiment simply out of curiosity to see what will happen." ⓐ <u>Indeed, in the view of Charles Darwin's son, the astronomer George Darwin, once in a during one should do a completion crazy experiment, even if it is most likely to proving fruitless.</u> You never know until you try.

13. 힌트를 참고하여 각 <u>빈칸에 알맞은</u> 단어를 쓰시오.

14. 밑줄 친 ⓐ에서, 어법 혹은 문맥상 어색한 부분을 찾아 올바르게 고쳐 쓰시오.
   ⓐ 잘못된 표현   바른 표현
   (   ) ⇨ (   )
   (   ) ⇨ (   )
   (   ) ⇨ (   )

15. 위 글에 주어진 (가)의 한글과 같은 의미를 가지도록, 각각의 주어진 단어들을 알맞게 배열하시오.

(가) The rise of / curiosity / the liberation of / a questionable / a valuable / coincided with / rather than / as / the experimental / attribute. / philosophy

☑ 다음 글을 읽고 물음에 답하시오. 2025년_고2_10월_23

We can [버리다] ________ or replace a scientific theory only if we have a better way of explaining the [증거] ________ that supports it. The theories of Newton and Einstein offer great examples. ⓐ <u>A vast body of evidence to support Newton's theory of gravity, but by the late nineteenth century scientists had begins to discover cases where its predictions did not perfect match observations.</u> These [불일치] ____________ were explained only when Einstein developed his general theory of relativity, which was able to match the [관찰 결과] ____________ Still, the many successes of Newton's theory could not be ignored, and Einstein's theory would not have gained [인정] __________ if it had not been able to explain these successes equally well. It did, and that is why we now view Einstein's theory as a [더 포괄적인] ________ theory of gravity than Newton's theory. (가) <u>오늘날 몇몇의 과학자들은 아인슈타인의 이론을 넘어설 중력 이론을 찾고 있다.</u> If any new theory ever gains acceptance, it will have to match all the successes of Einstein's theory as well as work in new [영역] ______ where Einstein's theory does not.

16. 힌트를 참고하여 각 <u>빈칸에 알맞은</u> 단어를 쓰시오.

17. 밑줄 친 ⓐ에서, 어법 혹은 문맥상 어색한 부분을 찾아 올바르게 고쳐 쓰시오.
   ⓐ 잘못된 표현   바른 표현
   (   ) ⇨ (   )
   (   ) ⇨ (   )
   (   ) ⇨ (   )

18. 위 글에 주어진 (가)의 한글과 같은 의미를 가지도록, 각각의 주어진 단어들을 알맞게 배열하시오.

(가) go beyond / of gravity / Some / a theory / seeking / are / scientists today / Einstein's. / will / that

☑ **다음 글을 읽고 물음에 답하시오.** 2025년_고2_10월_24

Imagine 멈추는 ________ in the middle of a busy day, taking a moment to refresh your mind and 재충전하다 ________ your energy. This power of a midday break is often 과소평가된 ______________ ⓐ <u>When you broken away from routine, especially with activities designed to simulate your brain, you prevent cognitive tiredness and enhancing productivity for the rest of the day.</u> Neurobic exercises — simple yet effective — are perfect for such breaks. They target different areas of your brain, keeping it 기민한 ______ and alert. (가) <u>이러한 운동들은 오후의 힘든 일들을 위해 여러분을 기운 나게 하고 준비시켜 주는 정신적 오아시스를 만들어 준다.</u> This strategic pause is not just a break; it boosts your 인지적 ________ capabilities, ensuring your mind remains sharp and focused. Even briefly experimenting with neurobic exercises can work wonders for your cognitive state during lunch. Start with using your non-dominant hand for routine tasks like writing or eating. This simple switch challenges your brain, activating 경로 ________ that aren't typically engaged and promoting greater flexibility in thinking.

19. 힌트를 참고하여 각 <u>빈칸에 알맞은</u> 단어를 쓰시오.

20. 밑줄 친 ⓐ에서, 어법 혹은 문맥상 어색한 부분을 찾아 올바르게 고쳐 쓰시오.
　ⓐ 잘못된 표현　　바른 표현
　(　　) ⇨ (　　　)
　(　　) ⇨ (　　　)
　(　　) ⇨ (　　　)

21. 위 글에 주어진 (가)의 한글과 같은 의미를 가지도록, 각각의 주어진 단어들을 알맞게 배열하시오.

(가) that / create / oasis / refreshes / and prepares / exercises / These / challenges. / you / a mental / for the afternoon's

☑ **다음 글을 읽고 물음에 답하시오.** 2025년_고2_10월_25

The graph above 보여주다 ____________ the percentage of 25- to 34-year-olds (young adults) who 취득한 ________ either a bachelor's or a master's degree as their highest degree in five selected OECD countries as of 2022. The Republic of Korea had the highest percentage of young adults with a bachelor's as their highest degree, but the lowest percentage of those with a master's as their highest degree. (가) <u>뉴질랜드는 최종 학위가 학사인 젊은 성인들의 비율이 두 번째로 높았고, 그다음은 미국이었다.</u> ⓐ <u>In Luxembourg and France, the percentage of young adults with a master's as their highest degree to exceed what of those with a bachelor's as their highest degree, unlikely the other three countries.</u> In Luxembourg, the percentage of young adults with a master's as their highest degree was more than double that of those with a bachelor's as their highest degree. France showed the smallest 차이 ____ of 9 percentage points between the percentages of young adults with a bachelor's and a master's as their highest degree.

22. 힌트를 참고하여 각 <u>빈칸에 알맞은</u> 단어를 쓰시오.

23. 밑줄 친 ⓐ에서, 어법 혹은 문맥상 어색한 부분을 찾아 올바르게 고쳐 쓰시오.
　ⓐ 잘못된 표현　　바른 표현
　(　　) ⇨ (　　　)
　(　　) ⇨ (　　　)
　(　　) ⇨ (　　　)

24. 위 글에 주어진 (가)의 한글과 같은 의미를 가지도록, 각각의 주어진 단어들을 알맞게 배열하시오.

(가) the United / New Zealand / the second-highest / States. / young adults / followed by / degree, / as / their highest / percentage of / had / with a bachelor's

☑ **다음 글을 읽고 물음에 답하시오.** 2025년_고2_10월_26

Eunice Kathleen Waymon was an American musician and civil rights ^{운동가} __________ (가) <u>그녀는 어린 나이부터 음악적 재능을 보였다.</u> At 12, during her first classical recital, her parents' seats, ^{원래} __________ near the front, were moved to the back against their will to make seats for white people. ⓐ <u>After graduation from high school, she to prepare for an audition at the Curtis Institute of Music, but her application was rejected, what she attributed to racial discrimination.</u> To fund her private lessons, she began performing in Atlantic City, ^{채택하는} __________ the stage name "Nina Simone." In the 1960s, she became a supporter of the Civil Rights Movement and ^{작곡한} __________ and performed songs as a response to racism and violence in the Southern United States. Frustrated by the ^{인종 차별} _______ in the United States, she left the country in 1970, living in various places before settling in France. She passed away in 2003 but her ^{명성} __________ continues through her powerful music.

25. 힌트를 참고하여 각 빈칸에 알맞은 단어를 쓰시오.

26. 밑줄 친 ⓐ에서, 어법 혹은 문맥상 어색한 부분을 찾아 올바르게 고쳐 쓰시오.

ⓐ 잘못된 표현   바른 표현

(   ) ⇨ (   )

(   ) ⇨ (   )

(   ) ⇨ (   )

27. 위 글에 주어진 (가)의 한글과 같은 의미를 가지도록, 각각의 주어진 단어들을 알맞게 배열하시오.

(가) displayed / She / an early / age. / talent / musical / from

☑ **다음 글을 읽고 물음에 답하시오.** 2025년_고2_10월_29

When a cell divides, the ^{유전체} ________ of its two daughters are often not quite identical to each other or to that of the parent cell. On rare occasions, the error may ^{나타내다} __________ a change for the better; more probably, it will cause no significant difference in the cell's prospects. But in some cases, the error will cause ^{심각한} ________ damage; for example, by disrupting the coding sequence for a key protein. (가) <u>첫 번째 유형의 실수로 인한 변화들은 영속되는 경향이 있을 것인데, 변화가 일어난 세포가 스스로를 복제할 높아진 가능성을 가지고 있기 때문이다</u> Changes due to mistakes of the second type — ^{중립적인} ________ changes — may be ^{영속되는} __________ or not: it is a matter of chance whether the altered cell or its cousins will succeed. ⓐ <u>But changes what cause serious damage leading nowhere: the cell that suffer them dies, leaving no ascendant.</u> Through endless ^{반복} __________ of this cycle of mutation and natural selection organisms evolve: their genetic specifications change, sometimes give organisms new ways to ^{활용하다} ________ the environment more effectively, to survive in competition with others, and to ^{번식하다} __________ successfully.

28. 힌트를 참고하여 각 빈칸에 알맞은 단어를 쓰시오.

29. 밑줄 친 ⓐ에서, 어법 혹은 문맥상 어색한 부분을 찾아 올바르게 고쳐 쓰시오.

ⓐ 잘못된 표현   바른 표현

(   ) ⇨ (   )

(   ) ⇨ (   )

(   ) ⇨ (   )

(   ) ⇨ (   )

30. 위 글에 주어진 (가)의 한글과 같은 의미를 가지도록, 각각의 주어진 단어들을 알맞게 배열하시오.

(가) due to / of the first / of / has / likelihood / type / itself. / mistakes / cell / because / will / the altered / Changes / an increased / tend to / be perpetuated, / reproducing

☑ 다음 글을 읽고 물음에 답하시오. 2025년_고2_10월_30

Within ^{자유주의} __________ culture, the value of fair equality of opportunity for individuals ^{~보다 중대하다} __________ the preservation of the family's ^{온전함} __________ In contrast, for ^{유교의} __________ culture, while seeking fair equality of opportunity for individuals is important, the family assumes a fundamental role in human flourishing, and living within a family institution is considered the essential way of life. (가) 개인들은 국가의 시민으로 여겨지기 전에 우선적으로 가족 구성원으로 이해된다. ⓐ <u>Therefore, for Confucians, the family possession inherent value that should never be abandoned, even if it to result in certain societal inequalities.</u> Some cultures, like the liberal one, may choose to impose increasing ^{제약} __________ on the role of families and ^{실행하다} __________ more egalitarian government programs for education, healthcare, and other positive rights in society in the pursuit of fair equality of opportunity. On the other hand, other cultures, like the Confucian one, may prefer to primarily assign ^{복지} __________ responsibilities to the family, accepting inequalities stemming from the ^{존재} __________ of the family as long as everyone's basic freedoms and rights are safeguarded in the state.

31. 힌트를 참고하여 각 빈칸에 알맞은 단어를 쓰시오.

32. 밑줄 친 ⓐ에서, 어법 혹은 문맥상 어색한 부분을 찾아 올바르게 고쳐 쓰시오.

ⓐ   잘못된 표현   바른 표현
  (   ) ⇨ (   )
  (   ) ⇨ (   )

33. 위 글에 주어진 (가)의 한글과 같은 의미를 가지도록, 각각의 주어진 단어들을 알맞게 배열하시오.

(가) primarily understood / state / Individuals / before / family / are / as / regarded as / members / they are / citizens.

☑ 다음 글을 읽고 물음에 답하시오. 2025년_고2_10월_31

Statistics in the twentieth century became the ^{체계적인} __________ collection of ^{정량적인} __________ information needed by the state. (가) 이러한 과정은 모든 산업 국가에서 그것들이 근대 국가가 되는 것의 핵심적인 요소로 생겨났다. ⓐ <u>Desrosières writes: "It is difficult to thinking simultaneously what the objects being measured really do existing and that this is only a convention".</u> Yet this is the case. Phenomena such as prices being charged and products being sold exist, but the categories and ^{분류} __________ frameworks supporting the collection, ^{수집} __________ and organisation of official statistics are ^{고안된} __________ to serve the purposes of the state, for ^{거시 경제의} __________ or for social policies. Theodore Porter described the use of statistics to create state authority : "Quantification is a way of making decisions without seeming to decide", characterising it as a "social technology" ^{의도된} __________ to build trust in authority.

34. 힌트를 참고하여 각 빈칸에 알맞은 단어를 쓰시오.

35. 밑줄 친 ⓐ에서, 어법 혹은 문맥상 어색한 부분을 찾아 올바르게 고쳐 쓰시오.

ⓐ   잘못된 표현   바른 표현
  (   ) ⇨ (   )
  (   ) ⇨ (   )
  (   ) ⇨ (   )

36. 위 글에 주어진 (가)의 한글과 같은 의미를 가지도록, 각각의 주어진 단어들을 알맞게 배열하시오.

(가) states. / all the / process / part of / becoming / This / their / modern / key / as a / occurred in / countries / industrialised

☑ **다음 글을 읽고 물음에 답하시오.** 2025년_고2_10월_32

Just as an expert in the taste and colour of wine will gain much by being aware of the chemistry that [기저에 있는] _________ those qualities, so each [관점] _________ on the body can [잠재적으로] _________ enhance the others. And yet every scientific tool, from microscopes to mathematics, and every aspect of the body, from the brain to the microorganism, requires such depth of [전문 지식] _________ that this tends not to happen: we tend to study the human body in silos, each community sectioned from the others by its own specialised vocabulary. (가) <u>연구 공동체는 한 종류의 과학적 도구 또는 한 종류의 세포와 같은 신체의 특정한 한 구성 요소에 전념할지도 모른다.</u> How different types of cell [소통하다] _________ with one another becomes its own specialist topic. ⓐ <u>Even simple forms of life on Earth are now rare studied as a partly, and the human body is evidently much more complicate.</u> As long ago as 1890, The Times newspaper [논평하다] _________ that knowledge 'had already become too vast to be manageable'. Today, nobody is an expert in the whole of anything.

37. 힌트를 참고하여 각 빈칸에 알맞은 단어를 쓰시오.

38. 밑줄 친 ⓐ에서, 어법 혹은 문맥상 어색한 부분을 찾아 올바르게 고쳐 쓰시오.

　ⓐ　잘못된 표현　　　바른 표현
　(　　) ⇨ (　　　)
　(　　) ⇨ (　　　)
　(　　) ⇨ (　　　)

39. 위 글에 주어진 (가)의 한글과 같은 의미를 가지도록, 각각의 주어진 단어들을 알맞게 배열하시오.

(가) may / Research communities / tool / such as / of the body, / type of / component / be dedicated to / one / one / or a specific / type of cell. / scientific

---

☑ **다음 글을 읽고 물음에 답하시오.** 2025년_고2_10월_33

Historically, palaces weren't just homes; they were carefully [설계된] _________ stages designed to impress and [위협하다] _________ While stone symbolized permanence and strength, glass offered something equally powerful: visibility. The introduction of large windows in palaces allowed rulers to literally look down upon their subjects, [강조하는] _________ their [높은] _________ position. (가) <u>반대로 그것은 또한 국민들이 자신들의 통치자를 '위로' 올려다보게 했고, 경외심과 거리감을 만들어 냈다.</u> Consider the Palace of Versailles: its Hall of Mirrors, lined with [반사되는] _________ surfaces, not only magnified the [웅장함] _________ of the space but also placed the king at the center of a dazzling display, [강화하는] _________ his [절대적인] _________ authority. The use of glass in palaces wasn't merely aesthetic; it was strategic. Open sightlines allowed for better [감독] _________ and control, ensuring the safety and security of the ruling family. ⓐ <u>Courtiers and visitors were constant aware of being observe, contribution to an atmosphere of careful obedience and respect.</u> The very [건축물] _________ dictated social behavior, with glass acting as a silent enforcer of the power dynamic.

40. 힌트를 참고하여 각 빈칸에 알맞은 단어를 쓰시오.

41. 밑줄 친 ⓐ에서, 어법 혹은 문맥상 어색한 부분을 찾아 올바르게 고쳐 쓰시오.

　ⓐ　잘못된 표현　　　바른 표현
　(　　) ⇨ (　　　)
　(　　) ⇨ (　　　)
　(　　) ⇨ (　　　)

42. 위 글에 주어진 (가)의 한글과 같은 의미를 가지도록, 각각의 주어진 단어들을 알맞게 배열하시오.

(가) at / and distance. / it / a sense of / subjects / Conversely, / creating / to gaze up / their leaders, / awe / also allowed

☑ **다음 글을 읽고 물음에 답하시오.** 2025년_고2_10월_34

As a political researcher in Germany, Noelle-Neumann observed that during 선거 __________ campaigns, certain views seemed to get more play than others, and sometimes people muted their opinions rather than talking about them, especially if those opinions were 인식된 __________ to be unpopular. Noelle-Neumann calls this the spiral of silence. ⓐ <u>The spiral of silence occurring when individuals who perceived that their opinions are popular express them, whereas those who do not think their opinions are popular to remain quiet.</u> This process occurs in a spiral, so that one side of an issue ends up with considerable 주목 __________ and the other side with very little. In everyday life, people 표현하다 __________ their opinions in a variety of ways: they talk about them, they wear buttons, they put bumper stickers on their cars, and they post their views on social media. (가) <u>이 이론에 따르면 사람들은 다른 사람들이 자신들의 의견들과 뜻을 같이한다고 인식할 때 이런 종류의 행동들을 더 많이 하는 경향이 있다.</u>

43. 힌트를 참고하여 각 <u>빈칸에 알맞은</u> 단어를 쓰시오.

44. 밑줄 친 ⓐ에서, 어법 혹은 문맥상 어색한 부분을 찾아 올바르게 고쳐 쓰시오.

  ⓐ 잘못된 표현   바른 표현

  (   ) ⇨ (   )

  (   ) ⇨ (   )

  (   ) ⇨ (   )

45. 위 글에 주어진 (가)의 한글과 같은 의미를 가지도록, 각각의 주어진 단어들을 알맞게 배열하시오.

(가) share / are / that / things / this theory, / people / do / perceive / more apt to / others / these kinds of / they / their opinions. / According to / when

---

☑ **다음 글을 읽고 물음에 답하시오.** 2025년_고2_10월_35

Consider units of measure, one kind of 서술의 __________ device we are familiar with using in physics. (가) <u>공간적인 거리는 피트, 미터 또는 어떤 다른 단위로 환산하여 주어질 수 있으며, 그와 관계없이 물리적 원리는 동일할 것이다.</u> We 결론짓다 __________ from this that physics does not prefer one unit of length over any other, and we may choose any one we like for reasons of 편의 __________ We further conclude that any feature depending on that choice, such as the particular 수치적 __________ value assigned to the spatial 분리 __________ between two locations, is not out there in the world apart from a choice of unit. ⓐ <u>Temperatures can likewise be give in terms of the Fahrenheit or Celsius or Kelvin scale, and nothing in the physics changing when we switch from one scale to others.</u> We conclude that the choice of scale is an 임의적인 __________ choice in description, and that any feature that depends on that choice is scale-dependent.

46. 힌트를 참고하여 각 <u>빈칸에 알맞은</u> 단어를 쓰시오.

47. 밑줄 친 ⓐ에서, 어법 혹은 문맥상 어색한 부분을 찾아 올바르게 고쳐 쓰시오.

  ⓐ 잘못된 표현   바른 표현

  (   ) ⇨ (   )

  (   ) ⇨ (   )

  (   ) ⇨ (   )

48. 위 글에 주어진 (가)의 한글과 같은 의미를 가지도록, 각각의 주어진 단어들을 알맞게 배열하시오.

(가) unit, / be / will / be given in / can / other / distances / Spatial / or meters / and the physics / the same regardless. / terms of / feet / or some

☑ 다음 글을 읽고 물음에 답하시오. 2025년_고2_10월_36

Even though sea creatures live in it, they still need to take in water for their bodies to ^기능하다 _________ properly. (가) <u>다만 그것들은 그것(물) 이 함께 가져올 수 있는 여분의 소금을 제거할 필요가 있다.</u> Salt ^흡수하다 _________ water like a sponge. ⓐ <u>If you puts a tiny mountain of salt on a small plate, then add enough water to the side, made sure an edge touches the salt, the salt will absorbing the water.</u> Now you have a pile of wet salt. Notice that it has increased in size. The same ^원리 _________ applies to sea creatures. If the body fluids in a sea animal are saltier than the seawater it lives in, then the extra salt in the creature's body will absorb seawater. This can cause them to ^부풀다 _______ up. On the other hand, if the amount of salt in the seawater is higher than the amount of salt in the body fluids of a sea animal, the extra salt in the water will draw fluids out of the creature's body, causing it to ^탈수하다 _________ and shrink.

49. 힌트를 참고하여 각 <u>빈칸에 알맞은</u> 단어를 쓰시오.

50. 밑줄 친 ⓐ에서, 어법 혹은 문맥상 어색한 부분을 찾아 올바르게 고쳐 쓰시오.

ⓐ 잘못된 표현   바른 표현

(   ) ⇨ (   )

(   ) ⇨ (   )

(   ) ⇨ (   )

51. 위 글에 주어진 (가)의 한글과 같은 의미를 가지도록, 각각의 주어진 단어들을 알맞게 배열하시오.

(가) They / need / might / bring / it / any / extra / just / to / get rid of / with it. / salt

☑ 다음 글을 읽고 물음에 답하시오. 2025년_고2_10월_37

Distinguishing moths from butterflies on outward ^생김새 _________ is not always easy, but there are a few rules of thumb that can help. In most butterflies the antennae end with a small club-shaped swelling, whereas in moths they are usually feathery or ^가는 _______ to a fine tip. ⓐ <u>Butterflies tend to rest with their wings holding shut above their body, whereas moths more usual rest with the upper sides of the wings on full view.</u> Further distinctions can be made by looking for a tiny hook that joins fore- and hindwings, a ^특징 _______ only present in moths. The stereotypical differences, with moths cast as the gloomy, ^야행성의 _________ cousins of colourful sun-loving butterflies are simply wrong. (가) <u>밝은색을 가진 나방들이 많고 낮 동안 내내 활동적인 나방들이 많이 있다.</u> Equally, there are a few nocturnal butterflies and plenty that come clothed in shades of brown and grey. It's more ^합리적인 _________ to think of them together; both butterflies and moths are beautiful and ^매혹적인 _________ insects.

52. 힌트를 참고하여 각 <u>빈칸에 알맞은</u> 단어를 쓰시오.

53. 밑줄 친 ⓐ에서, 어법 혹은 문맥상 어색한 부분을 찾아 올바르게 고쳐 쓰시오.

ⓐ 잘못된 표현   바른 표현

(   ) ⇨ (   )

(   ) ⇨ (   )

54. 위 글에 주어진 (가)의 한글과 같은 의미를 가지도록, 각각의 주어진 단어들을 알맞게 배열하시오.

(가) which are / moths / There / coloured / brightly / active / the day. / and many / throughout / are / many

☑ 다음 글을 읽고 물음에 답하시오. ^{2025년_고2_10월_38}

There are ^{수많은} _________ ways wildlife is managed, but they all _______^{수반하다} stewardship and can be classified into two broad categories: active management and inactive management. Active management does something to the population — such as increasing or decreasing its size — in a direct ^{방식} _______ through strategies like ^{거주지 이전} ______________ or hunting, respectively. (가) <u>개체군들은 또한 서식지를 개체군에게 유리하거나 불리하게 변경함으로써 적극적으로 ^{관리}될 수 있다.</u> If population numbers are too low for the goal of 관리 __________ agencies, other active management can be incorporated, such as predator control to ^{최소화다} _________ ^{신생아의} _________ deaths or habitat improvement to provide required cover for neonates from predators. These efforts represent active ^{접근 방법} __________ to management. ⓐ <u>Others populations may not be active management, like those in national parks.</u> In such situations, management activities minimize ^{외부의} _________ influences on populations and habitat, which often involves management of humans and not animals.

55. 힌트를 참고하여 각 <u>빈칸에 알맞은</u> 단어를 쓰시오.

56. 밑줄 친 ⓐ에서, 어법 혹은 문맥상 어색한 부분을 찾아 올바르게 고쳐 쓰시오.

　ⓐ 잘못된 표현　　　바른 표현
　(　　　) ⇨ (　　　)
　(　　　) ⇨ (　　　)
　(　　　) ⇨ (　　　)

57. 위 글에 주어진 (가)의 한글과 같은 의미를 가지도록, 각각의 주어진 단어들을 알맞게 배열하시오.

(가) or disadvantage of / Populations / actively / can / population. / the benefit / managed / a / also be / to / the habitat / by altering

☑ 다음 글을 읽고 물음에 답하시오. ^{2025년_고2_10월_39}

Waste has historically been seen as a necessary ^{동력} _______ of the economy. Sales are tied to the amount of a product supplied, which is directly ^{의존적인} _________ on the demand for that product. ⓐ <u>Therefore, if you designing the product to eventually be wast, you can ensuring that the demand for more products will be sustained.</u> Many strategies have been incorporated into product design and use to ensure that waste is ^{불가피한} __________ such as planned ^{노후화} ____________ limited access to tools for repairs, and use of cheap materials. All these strategies ensure that the consumer will have limited access to the product in use and will ^{결국} _________ require a replacement. Those who supported the idea that waste is necessary to drive demand failed to realize that ^{우선시하는} ___________ the elimination of waste via repair and remanufacturing creates a different kind of demand: products as a service. (가) <u>이러한 구조를 통해 기업들은 한때 소비자에게 직접적으로 판매되었던 제품들을 단순히 임대한다.</u> With this transition of ^{소유권} _________ companies maintain profit by offering maintenance and repair services and are encouraged to develop long-lasting products.

58. 힌트를 참고하여 각 <u>빈칸에 알맞은</u> 단어를 쓰시오.

59. 밑줄 친 ⓐ에서, 어법 혹은 문맥상 어색한 부분을 찾아 올바르게 고쳐 쓰시오.
　ⓐ 잘못된 표현　　　바른 표현
　(　　　) ⇨ (　　　)
　(　　　) ⇨ (　　　)
　(　　　) ⇨ (　　　)

60. 위 글에 주어진 (가)의 한글과 같은 의미를 가지도록, 각각의 주어진 단어들을 알맞게 배열하시오.

(가) sold / Through / lease out / products / directly to / this setup, / the customer. / once / that were / companies / simply

☑ 다음 글을 읽고 물음에 답하시오. 2025년_고2_10월_40

Viewing time as a purchasable and [일관된] __________ product [굳힌] _________ artificial views on time into our psyche, but every now and again we are forced to [인정하다] __________ this mistake. ⓐ <u>On twenty-six occasions in the last fifty years, a second has been adding to everyone's day to adjusted for the Earth wobbling and the rating of its spin changing.</u> For instance, when El Niño, a climatic system in the Pacific, causes wind speed to change [극적으로] ___________ it can slow the [회전] _________ of the Earth slightly. Indeed, the Earth's spin is generally slowing because the moon's gravity is acting as a drag, so days are getting longer by about 1.7 milliseconds per century. (가) <u>그러한 사건들은 인간이 만든 시간과 지구의 자연적으로 발생하는 자전에 기반한 더 유연한 시간 사이의 유사성을 깨뜨린다.</u> When events like this happen, a bunch of humans make the [결정] _________ to add a small slice of time to your day, without your knowledge. We try to force our fixed, man-made view of time on to nature in the false hope that it will yield. It doesn't.

↓

Humans, who have long viewed that time is stable, have continuously made modifications, sticking to their belief that their efforts can eliminate the gap between man-made time and natural time.

61. 힌트를 참고하여 각 빈칸에 알맞은 단어를 쓰시오.

62. 밑줄 친 ⓐ에서, 어법 혹은 문맥상 어색한 부분을 찾아 올바르게 고쳐 쓰시오.

　ⓐ　잘못된 표현　　　바른 표현

　(　　　) ⇨ (　　　)

　(　　　) ⇨ (　　　)

　(　　　) ⇨ (　　　)

63. 위 글에 주어진 (가)의 한글과 같은 의미를 가지도록, 각각의 주어진 단어들을 알맞게 배열하시오.

(가) occurring / Such / naturally / and more flexible / events / rotation. / the Earth's / based on / between / time / disturb / the similarity / man-made time

☑ **다음 글을 읽고 물음에 답하시오.** 2025년_고2_10월_41_42

When your hand is hanging at your side and then you lift it, ^{대립하는} _________ muscles on your upper arm shorten and lengthen — ^{수축하다} _________ and relax — to bend the elbow. Biceps contract, and triceps relax. (가) <u>그 동작을 반대로 하여 여러분이 손을 다시 아래로 떨어뜨릴 때는, 근육들이 역할을 뒤바꾼다.</u> Triceps contract, and biceps relax. Lift your hand or drop it, and muscle shows what it is: a system of coordination, managed by ^{조화롭게 편성하다} ___________ tension. As arms and legs rotate around joints, muscles ^{활성화하다} _________ and deactivate, contract and relax. All physical activity is paradoxical, in this sense: Movement depends on what muscles don't do, as much as it depends on what they do. Both are necessary, each in its time — and the same is true of each side of the pairs of ^{개념} _________ shaping how we talk of muscles.

Start with nature versus nurture: Some people are stronger or more muscular than others; is the difference inborn, or does it depend on what people do? To the ^{후자} _______ question: What do you do? Do you have to lift weights, or is walking enough exercise? How should you do the exercise? Should you move fast or slowly? Lift heavy weights or lighter ones? Put like that, basic questions about muscle may sound like they have one right answer. Oppositions can ^{양극화하다} _________ ⓐ <u>But where muscle is concern, few oppositions are truly polarities.</u> Look closely, and most prove to be paradoxes. Born and made, heavy and light, fast and slow: Those opposites actually include each other.

64. 힌트를 참고하여 각 <u>빈칸에 알맞은</u> 단어를 쓰시오.

65. 밑줄 친 ⓐ에서, 어법 혹은 문맥상 어색한 부분을 찾아 올바르게 고쳐 쓰시오.
  ⓐ 잘못된 표현　　　바른 표현
  (　　　) ⇨ (　　　)
  (　　　) ⇨ (　　　)

66. 위 글에 주어진 (가)의 한글과 같은 의미를 가지도록, 각각의 주어진 단어들을 알맞게 배열하시오.

(가) roles. / the motion, / reverse / you / drop / back down, / your hand / Reversing / when / muscles

☑ 다음 글을 읽고 물음에 답하시오. 2025년_고2_10월_43~45

Jason stared at the banner across the high school gym wall: "Annual Charity Marathon — Run for Sam." The slogan stirred something in him. Sam, a 명랑한 _________ seven-year-old who loved to draw and dreamed of being an artist, had a rare heart condition. Sam wasn't just anyone — he was the little boy living next door that Jason had babysat every summer break. He had played in the park and spent summer afternoons chasing ice cream trucks with Sam.

(가) 현수막에 적힌 Sam의 이름을 보는 것이 모든 것을 개인적으로 느껴지게 했다. Jason had always been the fastest runner in school, known among his friends as "The Speedster." But since his knee 부상 _________ he hadn't been able to run for quite a long time. Still, when Jason thought about Sam and the hope this marathon represented, he knew he had to try.

Jason did everything he could to 회복하다 _________ following his doctor's advice. A day before 등록 ___________ deadline, his doctor said a 3-mile run would be fine. Jason signed up for the 3-mile beginner route, hoping to run for Sam. On marathon morning, Jason stood among the runners, heart pounding. In the crowd, Sam was holding a sign: "Thank you, Runners!" Jason smiled. He was all the 동기 __________ needed.

ⓐ When the whistle to blow, Jason started strong, but since he hadn't running for so long, his energy fade quickly. Every step was a struggle, but he pushed forward, encouraged by the thought of how happy Sam would be. Finally, he crossed the finish line. As he was sitting to catch his breath, Sam came over and handed him bottled water. He felt 자부심 _______ relief, and 감사함 __________ He finally finished — for Sam.

67. 힌트를 참고하여 각 빈칸에 알맞은 단어를 쓰시오.

68. 밑줄 친 ⓐ에서, 어법 혹은 문맥상 어색한 부분을 찾아 올바르게 고쳐 쓰시오.

ⓐ 잘못된 표현   바른 표현
(   ) ⇨ (   )
(   ) ⇨ (   )
(   ) ⇨ (   )

69. 위 글에 주어진 (가)의 한글과 같은 의미를 가지도록, 각각의 주어진 단어들을 알맞게 배열하시오.

(가) personal. / everything / made / on / Seeing / the banner / feel / Sam's name

2025년_고2_10월_18

70. 박스 안의 보기를 재배열하여 주제를 완성하시오.

To the Customer Service Team,
About a month ago, my wife and I purchased a set of bookshelves from your store. I was truly excited to find furniture that perfectly matched our new home. When we bought the bookshelves, the manager said it would take four weeks for delivery, which was last weekend. We had set our plans to ensure someone would be available to receive the delivery; however, no one came with the bookshelves that day. This delay has caused us considerable inconvenience. Therefore, please provide a clear and specific delivery date. We expect this issue to be addressed promptly, so that we can reorganize our schedule to receive the delivery without any confusion.

seek confirmation / to plan / they arranged / home last / weekend, but / arrived, and / no one

2025년_고2_10월_19

71. 박스 안의 보기를 재배열하여 주제를 완성하시오.

I was heading in the direction of a forest road that I knew would take me home. But almost as though someone had switched off all the lights I was suddenly in a black forest with no light of any kind. Feeling lost, I stumbled. I fell. I tore my clothes and injured myself falling down a hill. In desperation I stopped and leaned against a tree. I have no idea where I am now. Will anyone even notice that I'm gone? It was then that a faint aroma drifted through the darkness: the scent of cooking. I stumbled towards it, and soon, a faint, yellowish light glowed through the trees. It was Uncle Krull's cabin and I could see him through the window! Thankful beyond words, I knew I could finally ask for help. My hardship was over.

yellow light / reveal safety / at Uncle / hey fear / Krull's welcoming / scents and / yet cooking / cabin / no one / will notice,

2025년_고2_10월_20

72. 박스 안의 보기를 재배열하여 주제를 완성하시오.

When you are working in healthcare, it is important to develop a solid professional relationship with your patients. By establishing realistic self-boundaries, you can protect that relationship. It is important to keep the focus on the patient. When working with patients who are seen frequently, it is easy to start to think of them as friends. With a friend, you are likely to share personal information that is not appropriate with a patient. Patients may feel that they cannot share important health-related information because you are their friend, and it would be embarrassing to share that information. Self-boundaries can also be thought of as professional boundaries. You need to treat patients with respect and keep the relationship professional. Be friendly to patients and always keep the focus on the patient.

can feel / like friendship, / from patients / frequent visits / but sharing / and discouraging / focus away / personal details / risks shifting / honesty

2025년_고2_10월_21

73. 박스 안의 보기를 재배열하여 주제를 완성하시오.

Coat a fresh, wet swab in salt, and gently touch various spots on your tongue, recording where your taste seems strongest. Then, gargle with water to thoroughly clean your tongue, use a swab coated with sugar on the same spots, and record those results. Gargle again, and then swab with lemon juice. After a final gargle, try coffee. Compare your reactions with your friends'. Your taste pattern may reveal more than just taste preferences. Recent studies suggest links between taster status and behavioral disorders. For example, "non-tasters" tend to have a higher incidence of alcoholism, perhaps because liquor seems less bitter to them. Conversely, "super-tasters" may avoid nutritious but mildly bitter foods such as broccoli, thus depriving themselves of a balanced diet. So, although taste is not nearly as glamorous as vision, hearing, or even touch, it makes sense for you to pay closer attention to it because chemistry, at least in your mouth, could be destiny.

maps tongue / comparisons suggest / a salt, / sugar, lemon, / and coffee / affects behavior / taste status / sensitivity, and / swab experiment

2025년_고2_10월_22

74. 박스 안의 보기를 재배열하여 주제를 완성하시오.

Experiments testify to science's embrace of ignorance. Arguably the worst thing a scientist can do is to suppose they know what will happen in a given scenario without bothering to check. The rise of the experimental philosophy coincided with the liberation of curiosity as a valuable rather than a questionable attribute. For all that experimental science today is often assumed to be supported by a philosophical framework and an approved methodology ("state your hypothesis and then test it"), the fact is that, as philosopher of science Ian Hacking says, "One can conduct an experiment simply out of curiosity to see what will happen." Indeed, in the view of Charles Darwin's son, the astronomer George Darwin, once in a while one should do a completely crazy experiment, even if it is most likely to prove fruitless. You never know until you try.

surprising results / may emerge / scientists can / from seemingly / simply to / pointless trials / test ideas / see what / happens, and

2025년_고2_10월_23

75. 박스 안의 보기를 재배열하여 주제를 완성하시오.

We can discard or replace a scientific theory only if we have a better way of explaining the evidence that supports it. The theories of Newton and Einstein offer great examples. A vast body of evidence supports Newton's theory of gravity, but by the late nineteenth century scientists had begun to discover cases where its predictions did not perfectly match observations. These discrepancies were explained only when Einstein developed his general theory of relativity, which was able to match the observations. Still, the many successes of Newton's theory could not be ignored, and Einstein's theory would not have gained acceptance if it had not been able to explain these successes equally well. It did, and that is why we now view Einstein's theory as a broader theory of gravity than Newton's theory. Some scientists today are seeking a theory of gravity that will go beyond Einstein's. If any new theory ever gains acceptance, it will have to match all the successes of Einstein's theory as well as work in new realms where Einstein's theory does not.

resolve unexplained / arise that / are replaced / only when / evidence and / discrepancies / better explanations / match existing / scientific theories

2025년_고2_10월_24

76. 박스 안의 보기를 재배열하여 주제를 완성하시오.

Imagine pausing in the middle of a busy day, taking a moment to refresh your mind and recharge your energy. This power of a midday break is often underestimated. When you break away from routine, especially with activities designed to stimulate your brain, you prevent cognitive tiredness and enhance productivity for the rest of the day. Neurobic exercises — simple yet effective — are perfect for such breaks. They target different areas of your brain, keeping it agile and alert. These exercises create a mental oasis that refreshes and prepares you for the afternoon's challenges. This strategic pause is not just a break; it boosts your cognitive capabilities, ensuring your mind remains sharp and focused. Even briefly experimenting with neurobic exercises can work wonders for your cognitive state during lunch. Start with using your non-dominant hand for routine tasks like writing or eating. This simple switch challenges your brain, activating pathways that aren't typically engaged and promoting greater flexibility in thinking.

keep minds / agile and / recharges energy, / taking strategic / pauses interrupts / brain challenges / alert afterward / routine and / because targeted

2025년_고2_10월_25

77. 박스 안의 보기를 재배열하여 주제를 완성하시오.

The graph above illustrates the percentage of 25- to 34-year-olds (young adults) who attained either a bachelor's or a master's degree as their highest degree in five selected OECD countries as of 2022. The Republic of Korea had the highest percentage of young adults with a bachelor's as their highest degree, but the lowest percentage of those with a master's as their highest degree. New Zealand had the second-highest percentage of young adults with a bachelor's as their highest degree, followed by the United States. In Luxembourg and France, the percentage of young adults with a master's as their highest degree exceeded that of those with a bachelor's as their highest degree, unlike the other three countries. In Luxembourg, the percentage of young adults with a master's as their highest degree was more than double that of those with a bachelor's as their highest degree. France showed the smallest gap of 9 percentage points between the percentages of young adults with a bachelor's and a master's as their highest degree.

favored master's / New Zealand / while Luxembourg / ranked second / the United / and France / for bachelor's / attainment, and / degrees / States followed,

2025년_고2_10월_26

78. 박스 안의 보기를 재배열하여 주제를 완성하시오.

Eunice Kathleen Waymon was an American musician and civil rights activist. She displayed musical talent from an early age. At 12, during her first classical recital, her parents' seats, originally near the front, were moved to the back against their will to make seats for white people. After graduating from high school, she prepared for an audition at the Curtis Institute of Music, but her application was rejected, which she attributed to racial discrimination. To fund her private lessons, she began performing in Atlantic City, adopting the stage name "Nina Simone." In the 1960s, she became a supporter of the Civil Rights Movement and composed and performed songs as a response to racism and violence in the Southern United States. Frustrated by the racism in the United States, she left the country in 1970, living in various places before settling in France. She passed away in 2003 but her reputation continues through her powerful music.

Southern racism / she protested / in the / and ultimately / left America / settled in / 1960s, then / France / with songs / in 1970

2025년_고2_10월_29

79. 박스 안의 보기를 재배열하여 주제를 완성하시오.

When a cell divides, the genomes of its two daughters are often not quite identical to each other or to that of the parent cell. On rare occasions, the error may represent a change for the better; more probably, it will cause no significant difference in the cell's prospects. But in some cases, the error will cause serious damage; for example, by disrupting the coding sequence for a key protein. Changes due to mistakes of the first type will tend to be perpetuated, because the altered cell has an increased likelihood of reproducing itself. Changes due to mistakes of the second type — neutral changes — may be perpetuated or not: it is a matter of chance whether the altered cell or its cousins will succeed. But changes that cause serious damage lead nowhere: the cell that suffers them dies, leaving no progeny. Through endless repetition of this cycle of mutation and natural selection organisms evolve: their genetic specifications change, sometimes give organisms new ways to exploit the environment more effectively, to survive in competition with others, and to reproduce successfully.

preserves beneficial / introduces mutations / harm, and / cell division / help, do / changes / natural selection / that may / nothing, or

2025년_고2_10월_30

80. 박스 안의 보기를 재배열하여 주제를 완성하시오.

Within liberal culture, the value of fair equality of opportunity for individuals outweighs the preservation of the family's integrity. In contrast, for Confucian culture, while seeking fair equality of opportunity for individuals is important, the family assumes a fundamental role in human flourishing, and living within a family institution is considered the essential way of life. Individuals are primarily understood as family members before they are regarded as state citizens. Therefore, for Confucians, the family possesses inherent value that should never be abandoned, even if it results in certain societal inequalities. Some cultures, like the liberal one, may choose to impose increasing restrictions on the role of families and implement more egalitarian government programs for education, healthcare, and other positive rights in society in the pursuit of fair equality of opportunity. On the other hand, other cultures, like the Confucian one, may prefer to primarily assign welfare responsibilities to the family, accepting inequalities stemming from the existence of the family as long as everyone's basic freedoms and rights are safeguarded in the state.

individuals primarily / freedoms and / as basic / rights are / Confucianism views / some inequalities / members, accepting / protected / as family / so long

2025년_고2_10월_31

81. 박스 안의 보기를 재배열하여 주제를 완성하시오.

Statistics in the twentieth century became the systematic collection of quantitative information needed by the state. This process occurred in all the industrialised countries as a key part of their becoming modern states. Desrosières writes: "It is difficult to think simultaneously that the objects being measured really do exist and that this is only a convention". Yet this is the case. Phenomena such as prices being charged and products being sold exist, but the categories and classification frameworks supporting the collection, aggregation, and organisation of official statistics are devised to serve the purposes of the state, for macroeconomic or for social policies. Theodore Porter described the use of statistics to create state authority : "Quantification is a way of making decisions without seeming to decide", characterising it as a "social technology" intended to build trust in authority.

and thereby / authority, since / fosters public / appear neutral / decisions to / Porter claims / trust / it enables / quantification builds

2025년_고2_10월_32

82. 박스 안의 보기를 재배열하여 주제를 완성하시오.

Just as an expert in the taste and colour of wine will gain much by being aware of the chemistry that underlies those qualities, so each perspective on the body can potentially enhance the others. And yet every scientific tool, from microscopes to mathematics, and every aspect of the body, from the brain to the microorganism, requires such depth of expertise that this tends not to happen: we tend to study the human body in silos, each community sectioned from the others by its own specialised vocabulary. Research communities may be dedicated to one type of scientific tool or a specific component of the body, such as one type of cell. How different types of cell communicate with one another becomes its own specialist topic. Even simple forms of life on Earth are now rarely studied as a whole, and the human body is evidently much more complex. As long ago as 1890, The Times newspaper commented that knowledge 'had already become too vast to be manageable'. Today, nobody is an expert in the whole of anything.

yet specialization / isolate fields / through multiple / and hinder / perspectives can / holistic integration / and jargon / enrich insight, / understanding body

2025년_고2_10월_33

83. 박스 안의 보기를 재배열하여 주제를 완성하시오.

Historically, palaces weren't just homes; they were carefully constructed stages designed to impress and intimidate. While stone symbolized permanence and strength, glass offered something equally powerful: visibility. The introduction of large windows in palaces allowed rulers to literally look down upon their subjects, emphasizing their elevated position. Conversely, it also allowed subjects to gaze up at their leaders, creating a sense of awe and distance. Consider the Palace of Versailles: its Hall of Mirrors, lined with reflective surfaces, not only magnified the grandeur of the space but also placed the king at the center of a dazzling display, reinforcing his absolute authority. The use of glass in palaces wasn't merely aesthetic; it was strategic. Open sightlines allowed for better surveillance and control, ensuring the safety and security of the ruling family. Courtiers and visitors were constantly aware of being observed, contributing to an atmosphere of careful obedience and respect. The very architecture dictated social behavior, with glass acting as a silent enforcer of the power dynamic.

of Mirrors / large windows / grandeur and / halls like / Versailles' Hall / and mirrored / centered the / magnified royal / king's power

2025년_고2_10월_34

84. 박스 안의 보기를 재배열하여 주제를 완성하시오.

As a political researcher in Germany, Noelle-Neumann observed that during election campaigns, certain views seemed to get more play than others, and sometimes people muted their opinions rather than talking about them, especially if those opinions were perceived to be unpopular. Noelle-Neumann calls this the spiral of silence. The spiral of silence occurs when individuals who perceive that their opinions are popular express them, whereas those who do not think their opinions are popular remain quiet. This process occurs in a spiral, so that one side of an issue ends up with considerable publicity and the other side with very little. In everyday life, people express their opinions in a variety of ways: they talk about them, they wear buttons, they put bumper stickers on their cars, and they post their views on social media. According to this theory, people are more apt to do these kinds of things when they perceive that others share their opinions.

> while those / in public / says people / popular opinions, / stay quiet / Noelle-Neumann's spiral / voice perceived / of silence / sensing unpopularity

2025년_고2_10월_35

85. 박스 안의 보기를 재배열하여 주제를 완성하시오.

Consider units of measure, one kind of descriptive device we are familiar with using in physics. Spatial distances can be given in terms of feet or meters or some other unit, and the physics will be the same regardless. We conclude from this that physics does not prefer one unit of length over any other, and we may choose any one we like for reasons of convenience. We further conclude that any feature depending on that choice, such as the particular numerical value assigned to the spatial separation between two locations, is not out there in the world apart from a choice of unit. Temperatures can likewise be given in terms of the Fahrenheit or Celsius or Kelvin scale, and nothing in the physics changes when we switch from one scale to another. We conclude that the choice of scale is an arbitrary choice in description, and that any feature that depends on that choice is scale-dependent.

> descriptive and / arbitrary, and / therefore the / scale-dependent / depending on / choice of / any features / unit is / it are

2025년_고2_10월_36

86. 박스 안의 보기를 재배열하여 주제를 완성하시오.

Even though sea creatures live in it, they still need to take in water for their bodies to function properly. They just need to get rid of any extra salt it might bring with it. Salt absorbs water like a sponge. If you put a tiny mountain of salt on a small plate, then add enough water to the side, making sure an edge touches the salt, the salt will absorb the water. Now you have a pile of wet salt. Notice that it has increased in size. The same principle applies to sea creatures. If the body fluids in a sea animal are saltier than the seawater it lives in, then the extra salt in the creature's body will absorb seawater. This can cause them to swell up. On the other hand, if the amount of salt in the seawater is higher than the amount of salt in the body fluids of a sea animal, the extra salt in the water will draw fluids out of the creature's body, causing it to dehydrate and shrink.

and animals / seawater, water / salinity dehydrates / if body / higher seawater / them / moves in / swell, but / fluids are / saltier than

2025년_고2_10월_37

87. 박스 안의 보기를 재배열하여 주제를 완성하시오.

Distinguishing moths from butterflies on outward appearance is not always easy, but there are a few rules of thumb that can help. In most butterflies the antennae end with a small club-shaped swelling, whereas in moths they are usually feathery or narrow to a fine tip. Butterflies tend to rest with their wings held shut above their body, whereas moths more usually rest with the upper sides of the wings on full view. Further distinctions can be made by looking for a tiny hook that joins fore- and hindwings, a feature only present in moths. The stereotypical differences, with moths cast as the gloomy, nocturnal cousins of colourful sun-loving butterflies are simply wrong. There are many brightly coloured moths and many which are active throughout the day. Equally, there are a few nocturnal butterflies and plenty that come clothed in shades of brown and grey. It's more sensible to think of them together; both butterflies and moths are beautiful and fascinating insects.

closed wings, / while moths / butterflies often / open wings / have clubbed / antennae and / have feathery / at rest / antennae and

2025년_고2_10월_38

88. 박스 안의 보기를 재배열하여 주제를 완성하시오.

There are numerous ways wildlife is managed, but they all imply stewardship and can be classified into two broad categories: active management and inactive management. Active management does something to the population — such as increasing or decreasing its size — in a direct manner through strategies like translocations or hunting, respectively. Populations can also be actively managed by altering the habitat to the benefit or disadvantage of a population. If population numbers are too low for the goal of management agencies, other active management can be incorporated, such as predator control to minimize neonatal deaths or habitat improvement to provide required cover for neonates from predators. These efforts represent active approaches to management. Other populations may not be actively managed, like those in national parks. In such situations, management activities minimize external influences on populations and habitat, which often involves management of humans and not animals.

rather than / managing people / animals / and it / influences by / largely unmanaged, / inactive management / focuses on / minimizing external / leaves populations

2025년_고2_10월_39

89. 박스 안의 보기를 재배열하여 주제를 완성하시오.

Waste has historically been seen as a necessary driver of the economy. Sales are tied to the amount of a product supplied, which is directly dependent on the demand for that product. Therefore, if you design the product to eventually be wasted, you can ensure that the demand for more products will be sustained. Many strategies have been incorporated into product design and use to ensure that waste is inevitable, such as planned obsolescence, limited access to tools for repairs, and use of cheap materials. All these strategies ensure that the consumer will have limited access to the product in use and will eventually require a replacement. Those who supported the idea that waste is necessary to drive demand failed to realize that prioritizing the elimination of waste via repair and remanufacturing creates a different kind of demand: products as a service. Through this setup, companies simply lease out products that were once sold directly to the customer. With this transition of ownership, companies maintain profit by offering maintenance and repair services and are encouraged to develop long-lasting products.

repairs, and / demand through / waste has / models encourage / been used / cheap materials, / durability / but service / to sustain / obsolescence, restricted

2025년_고2_10월_40

90. 박스 안의 보기를 재배열하여 주제를 완성하시오.

Viewing time as a purchasable and consistent product cemented artificial views on time into our psyche, but every now and again we are forced to acknowledge this mistake. On twenty-six occasions in the last fifty years, a second has been added to everyone's day to adjust for the Earth wobbling and the rate of its spin changing. For instance, when El Niño, a climatic system in the Pacific, causes wind speed to change dramatically, it can slow the rotation of the Earth slightly. Indeed, the Earth's spin is generally slowing because the moon's gravity is acting as a drag, so days are getting longer by about 1.7 milliseconds per century. Such events disturb the similarity between man-made time and more flexible time based on the Earth's naturally occurring rotation. When events like this happen, a bunch of humans make the decision to add a small slice of time to your day, without your knowledge. We try to force our fixed, man-made view of time on to nature in the false hope that it will yield. It doesn't.

Humans, who have long viewed that time is stable, have continuously made modifications, sticking to their belief that their efforts can eliminate the gap between man-made time and natural time.

gap between / rhythms, because / our artificial / expose the / and nature's / nature resists / consistency / these corrections / human timekeeping

2025년_고2_10월_41_42

91. 박스 안의 보기를 재배열하여 주제를 완성하시오.

When your hand is hanging at your side and then you lift it, opposing muscles on your upper arm shorten and lengthen — contract and relax — to bend the elbow. Biceps contract, and triceps relax. Reversing the motion, when you drop your hand back down, muscles reverse roles. Triceps contract, and biceps relax. Lift your hand or drop it, and muscle shows what it is: a system of coordination, managed by orchestrated tension. As arms and legs rotate around joints, muscles activate and deactivate, contract and relax. All physical activity is paradoxical, in this sense: Movement depends on what muscles don't do, as much as it depends on what they do. Both are necessary, each in its time — and the same is true of each side of the pairs of concepts shaping how we talk of muscles.
Start with nature versus nurture: Some people are stronger or more muscular than others; is the difference inborn, or does it depend on what people do? To the latter question: What do you do? Do you have to lift weights, or is walking enough exercise? How should you do the exercise? Should you move fast or slowly? Lift heavy weights or lighter ones? Put like that, basic questions about muscle may sound like they have one right answer. Oppositions can polarize. But where muscle is concerned, few oppositions are true polarities. Look closely, and most prove to be paradoxes. Born and made, heavy and light, fast and slow: Those opposites actually include each other.

effective training / when routines / avoids false / slow, heavy / oppositions, because / muscles benefit / include both / and light / fast and

2025년_고2_10월_43~45

92. 박스 안의 보기를 재배열하여 주제를 완성하시오.

Jason stared at the banner across the high school gym wall: "Annual Charity Marathon — Run for Sam." The slogan stirred something in him. Sam, a cheerful seven-year-old who loved to draw and dreamed of being an artist, had a rare heart condition. Sam wasn't just anyone — he was the little boy living next door that Jason had babysat every summer break. He had played in the park and spent summer afternoons chasing ice cream trucks with Sam. Seeing Sam's name on the banner made everything feel personal. Jason had always been the fastest runner in school, known among his friends as "The Speedster." But since his knee injury, he hadn't been able to run for quite a long time. Still, when Jason thought about Sam and the hope this marathon represented, he knew he had to try. Jason did everything he could to recover, following his doctor's advice. A day before registration deadline, his doctor said a 3-mile run would be fine. Jason signed up for the 3-mile beginner route, hoping to run for Sam. On marathon morning, Jason stood among the runners, heart pounding. In the crowd, Sam was holding a sign: "Thank you, Runners!" Jason smiled. He was all the motivation needed. When the whistle blew, Jason started strong, but since he hadn't run for so long, his energy faded quickly. Every step was a struggle, but he pushed forward, encouraged by the thought of how happy Sam would be. Finally, he crossed the finish line. As he was sitting to catch his breath, Sam came over and handed him bottled water. He felt pride, relief, and gratitude. He finally finished — for Sam.

---

and keeps / finishes grateful / during the / race, Jason / going, then / struggles, yet / he imagines / Sam's smile / and relieved

2025 고2 10월 모의고사

❶ voca ❷ text ❸ [/] ❹ _____ ❺ quiz 1 ❻ quiz 2 ❼ quiz 3 ❽ quiz 4 ❾ quiz 5

2025년_고2_10월_18

다음 글을 요약하고자 한다. 본문의 단어를 활용하여 빈칸에 알맞은 말을 채워 넣으시오. (단, 필요 시 형태를 변화시킬 것)

To the Customer Service Team,
About a month ago, my wife and I purchased a set of bookshelves from your store. I was truly excited to find furniture that perfectly matched our new home. When we bought the bookshelves, the manager said it would take four weeks for delivery, which was last weekend. We had set our plans to ensure someone would be available to receive the delivery; however, no one came with the bookshelves that day. This delay has caused us considerable inconvenience. Therefore, please provide a clear and specific delivery date. We expect this issue to be addressed promptly, so that we can reorganize our schedule to receive the delivery without any confusion.

The writer explains that he and his wife bought b__________1. a month ago, but d__________2., promised for last weekend, never arrived. The delay caused I__________3., so he requests a clear and s__________4. delivery date to r__________5. their schedule accordingly.

2025년_고2_10월_19

다음 글을 요약하고자 한다. 본문의 단어를 활용하여 빈칸에 알맞은 말을 채워 넣으시오. (단, 필요 시 형태를 변화시킬 것)

I was heading in the direction of a forest road that I knew would take me home. But almost as though someone had switched off all the lights I was suddenly in a black forest with no light of any kind. Feeling lost, I stumbled. I fell. I tore my clothes and injured myself falling down a hill. In desperation I stopped and leaned against a tree. I have no idea where I am now. Will anyone even notice that I'm gone? It was then that a faint aroma drifted through the darkness: the scent of cooking. I stumbled towards it, and soon, a faint, yellowish light glowed through the trees. It was Uncle Krull's cabin and I could see him through the window! Thankful beyond words, I knew I could finally ask for help. My hardship was over.

The narrator loses his way in a dark forest, s__________6. and I__________7. himself while trying to find the road home. Lost and d__________8., he smells cooking, follows the s__________9., and discovers Uncle Krull's cabin, feeling immense relief that h__________10. is finally near.

2025년_고2_10월_20

다음 글을 요약하고자 한다. 본문의 단어를 활용하여 빈칸에 알맞은 말을 채워 넣으시오. (단, 필요 시 형태를 변화시킬 것)

When you are working in healthcare, it is important to develop a solid professional relationship with your patients. By establishing realistic self-boundaries, you can protect that relationship. It is important to keep the focus on the patient. When working with patients who are seen frequently, it is easy to start to think of them as friends. With a friend, you are likely to share personal information that is not appropriate with a patient. Patients may feel that they cannot share important health-related information because you are their friend, and it would be embarrassing to share that information. Self-boundaries can also be thought of as professional boundaries. You need to treat patients with respect and keep the relationship professional. Be friendly to patients and always keep the focus on the patient.

In healthcare, professionals must keep r__________11. with patients respectful and p__________12.. Setting clear s__________13. prevents over-familiarity and protects patient trust. S__________14. personal details may hinder patients from disclosing health issues, so caregivers should remain f__________15. yet always focus on patients' needs and well-being.

2025년_고2_10월_21

다음 글을 요약하고자 한다. 본문의 단어를 활용하여 빈칸에 알맞은 말을 채워 넣으시오. (단, 필요 시 형태를 변화시킬 것)

Coat a fresh, wet swab in salt, and gently touch various spots on your tongue, recording where your taste seems strongest. Then, gargle with water to thoroughly clean your tongue, use a swab coated with sugar on the same spots, and record those results. Gargle again, and then swab with lemon juice. After a final gargle, try coffee. Compare your reactions with your friends'. Your taste pattern may reveal more than just taste preferences. Recent studies suggest links between taster status and behavioral disorders. For example, "non-tasters" tend to have a higher incidence of alcoholism, perhaps because liquor seems less bitter to them. Conversely, "super-tasters" may avoid nutritious but mildly bitter foods such as broccoli, thus depriving themselves of a balanced diet. So, although taste is not nearly as glamorous as vision, hearing, or even touch, it makes sense for you to pay closer attention to it because chemistry, at least in your mouth, could be destiny.

The passage describes a t__________16. experiment using swabs of salt, sugar, lemon juice, and coffee. It explains that taste sensitivity varies and may relate to b__________17.. Non-tasters may drink more a__________18., while super-tasters might avoid healthy b__________19. foods like broccoli, affecting diet b__________20..

2025년_고2_10월_22

다음 글을 요약하고자 한다. 본문의 단어를 활용하여 빈칸에 알맞은 말을 채워 넣으시오. (단, 필요 시 형태를 변화시킬 것)

Experiments testify to science's embrace of ignorance. Arguably the worst thing a scientist can do is to suppose they know what will happen in a given scenario without bothering to check. The rise of the experimental philosophy coincided with the liberation of curiosity as a valuable rather than a questionable attribute. For all that experimental science today is often assumed to be supported by a philosophical framework and an approved methodology ("state your hypothesis and then test it"), the fact is that, as philosopher of science Ian Hacking says, "One can conduct an experiment simply out of curiosity to see what will happen." Indeed, in the view of Charles Darwin's son, the astronomer George Darwin, once in a while one should do a completely crazy experiment, even if it is most likely to prove fruitless. You never know until you try.

Experiments show science values curiosity and I__________21.. Scientists should not assume outcomes without c__________22.. As Ian Hacking notes, experiments can arise purely from c__________23.. George Darwin suggested occasionally trying seemingly p__________24. experiments, since surprising discoveries may result, proving the value of e__________25..

2025년_고2_10월_23

다음 글을 요약하고자 한다. 본문의 단어를 활용하여 빈칸에 알맞은 말을 채워 넣으시오. (단, 필요 시 형태를 변화시킬 것)

We can discard or replace a scientific theory only if we have a better way of explaining the evidence that supports it. The theories of Newton and Einstein offer great examples. A vast body of evidence supports Newton's theory of gravity, but by the late nineteenth century scientists had begun to discover cases where its predictions did not perfectly match observations. These discrepancies were explained only when Einstein developed his general theory of relativity, which was able to match the observations. Still, the many successes of Newton's theory could not be ignored, and Einstein's theory would not have gained acceptance if it had not been able to explain these successes equally well. It did, and that is why we now view Einstein's theory as a broader theory of gravity than Newton's theory. Some scientists today are seeking a theory of gravity that will go beyond Einstein's. If any new theory ever gains acceptance, it will have to match all the successes of Einstein's theory as well as work in new realms where Einstein's theory does not.

Scientific theories are replaced only when better e__________26. appear. Newton's g__________27. explained much but failed in some cases, which Einstein's r__________28. corrected while preserving Newton's s__________29.. Any future gravity theory must m__________30. Einstein's achievements and explain phenomena beyond his theory's reach.

2025년_고2_10월_24

다음 글을 요약하고자 한다. 본문의 단어를 활용하여 빈칸에 알맞은 말을 채워 넣으시오. (단, 필요 시 형태를 변화시킬 것)

Imagine pausing in the middle of a busy day, taking a moment to refresh your mind and recharge your energy. This power of a midday break is often underestimated. When you break away from routine, especially with activities designed to stimulate your brain, you prevent cognitive tiredness and enhance productivity for the rest of the day. Neurobic exercises — simple yet effective — are perfect for such breaks. They target different areas of your brain, keeping it agile and alert. These exercises create a mental oasis that refreshes and prepares you for the afternoon's challenges. This strategic pause is not just a break; it boosts your cognitive capabilities, ensuring your mind remains sharp and focused. Even briefly experimenting with neurobic exercises can work wonders for your cognitive state during lunch. Start with using your non-dominant hand for routine tasks like writing or eating. This simple switch challenges your brain, activating pathways that aren't typically engaged and promoting greater flexibility in thinking.

A m____________31. break with n____________32. exercises helps refresh the mind and recharge energy. Such activities prevent mental fatigue, enhance p____________33., and keep the brain active. Using your non-dominant hand for daily tasks stimulates u____________34. brain pathways, improving focus and f____________35. thinking.

2025년_고2_10월_26

다음 글을 요약하고자 한다. 본문의 단어를 활용하여 빈칸에 알맞은 말을 채워 넣으시오. (단, 필요 시 형태를 변화시킬 것)

Eunice Kathleen Waymon was an American musician and civil rights activist. She displayed musical talent from an early age. At 12, during her first classical recital, her parents' seats, originally near the front, were moved to the back against their will to make seats for white people. After graduating from high school, she prepared for an audition at the Curtis Institute of Music, but her application was rejected, which she attributed to racial discrimination. To fund her private lessons, she began performing in Atlantic City, adopting the stage name "Nina Simone." In the 1960s, she became a supporter of the Civil Rights Movement and composed and performed songs as a response to racism and violence in the Southern United States. Frustrated by the racism in the United States, she left the country in 1970, living in various places before settling in France. She passed away in 2003 but her reputation continues through her powerful music.

Eunice Kathleen Waymon, known as Nina Simone, was a talented m____________36. and c____________37. rights activist. Facing racial d____________38. early in life, she performed to f____________39. lessons, supported the Civil R____________40. Movement through music, left the U.S. in 1970, and lived in France until her death in 2003.

2025년_고2_10월_29

다음 글을 요약하고자 한다. 본문의 단어를 활용하여 빈칸에 알맞은 말을 채워 넣으시오. (단, 필요 시 형태를 변화시킬 것)

When a cell divides, the genomes of its two daughters are often not quite identical to each other or to that of the parent cell. On rare occasions, the error may represent a change for the better; more probably, it will cause no significant difference in the cell's prospects. But in some cases, the error will cause serious damage; for example, by disrupting the coding sequence for a key protein. Changes due to mistakes of the first type will tend to be perpetuated, because the altered cell has an increased likelihood of reproducing itself. Changes due to mistakes of the second type — neutral changes — may be perpetuated or not: it is a matter of chance whether the altered cell or its cousins will succeed. But changes that cause serious damage lead nowhere: the cell that suffers them dies, leaving no progeny. Through endless repetition of this cycle of mutation and natural selection organisms evolve: their genetic specifications change, sometimes give organisms new ways to exploit the environment more effectively, to survive in competition with others, and to reproduce successfully.

When a cell divides, its daughters' g__________41. may differ from each other or the parent. Beneficial mutations persist, n__________42. changes may or may not, and harmful ones die out. Through repeated m__________43. and n__________44. selection, organisms evolve, adapting to survive, compete, and r__________45. effectively.

2025년_고2_10월_30

다음 글을 요약하고자 한다. 본문의 단어를 활용하여 빈칸에 알맞은 말을 채워 넣으시오. (단, 필요 시 형태를 변화시킬 것)

Within liberal culture, the value of fair equality of opportunity for individuals outweighs the preservation of the family's integrity. In contrast, for Confucian culture, while seeking fair equality of opportunity for individuals is important, the family assumes a fundamental role in human flourishing, and living within a family institution is considered the essential way of life. Individuals are primarily understood as family members before they are regarded as state citizens. Therefore, for Confucians, the family possesses inherent value that should never be abandoned, even if it results in certain societal inequalities. Some cultures, like the liberal one, may choose to impose increasing restrictions on the role of families and implement more egalitarian government programs for education, healthcare, and other positive rights in society in the pursuit of fair equality of opportunity. On the other hand, other cultures, like the Confucian one, may prefer to primarily assign welfare responsibilities to the family, accepting inequalities stemming from the existence of the family as long as everyone's basic freedoms and rights are safeguarded in the state.

Liberal culture prioritizes individual e__________46. of opportunity over family l__________47., while Confucian culture values the family as central to human f__________48.. Liberals may restrict family roles for societal equality, whereas Confucians accept l__________49. from family responsibilities, ensuring b__________50. freedoms and rights are protected.

2025년_고2_10월_31

다음 글을 요약하고자 한다. 본문의 단어를 활용하여 빈칸에 알맞은 말을 채워 넣으시오. (단, 필요 시 형태를 변화시킬 것)

Statistics in the twentieth century became the systematic collection of quantitative information needed by the state. This process occurred in all the industrialised countries as a key part of their becoming modern states. Desrosières writes: "It is difficult to think simultaneously that the objects being measured really do exist and that this is only a convention". Yet this is the case. Phenomena such as prices being charged and products being sold exist, but the categories and classification frameworks supporting the collection, aggregation, and organisation of official statistics are devised to serve the purposes of the state, for macroeconomic or for social policies. Theodore Porter described the use of statistics to create state authority : "Quantification is a way of making decisions without seeming to decide", characterising it as a "social technology" intended to build trust in authority.

In the twentieth century, s__________51. became a tool for modern states to systematically collect q__________52. data. While measured phenomena exist, c__________53. frameworks serve state purposes. Quantification, described as a "s__________54. technology," helps guide decisions and build p__________55. trust in authority.

2025년_고2_10월_32

다음 글을 요약하고자 한다. 본문의 단어를 활용하여 빈칸에 알맞은 말을 채워 넣으시오. (단, 필요 시 형태를 변화시킬 것)

Just as an expert in the taste and colour of wine will gain much by being aware of the chemistry that underlies those qualities, so each perspective on the body can potentially enhance the others. And yet every scientific tool, from microscopes to mathematics, and every aspect of the body, from the brain to the microorganism, requires such depth of expertise that this tends not to happen: we tend to study the human body in silos, each community sectioned from the others by its own specialised vocabulary. Research communities may be dedicated to one type of scientific tool or a specific component of the body, such as one type of cell. How different types of cell communicate with one another becomes its own specialist topic. Even simple forms of life on Earth are now rarely studied as a whole, and the human body is evidently much more complex. As long ago as 1890, The Times newspaper commented that knowledge 'had already become too vast to be manageable'. Today, nobody is an expert in the whole of anything.

Different p__________56. on the body can enrich understanding, but scientific study is highly s__________57.. Researchers focus on s__________58. tools or body components, studying cells or microorganisms in isolation. Knowledge has become too vast for anyone to master fully, preventing e__________59. in the w__________60..

2025년_고2_10월_33

다음 글을 요약하고자 한다. 본문의 단어를 활용하여 빈칸에 알맞은 말을 채워 넣으시오. (단, 필요 시 형태를 변화시킬 것)

Historically, palaces weren't just homes; they were carefully constructed stages designed to impress and intimidate. While stone symbolized permanence and strength, glass offered something equally powerful: visibility. The introduction of large windows in palaces allowed rulers to literally look down upon their subjects, emphasizing their elevated position. Conversely, it also allowed subjects to gaze up at their leaders, creating a sense of awe and distance. Consider the Palace of Versailles: its Hall of Mirrors, lined with reflective surfaces, not only magnified the grandeur of the space but also placed the king at the center of a dazzling display, reinforcing his absolute authority. The use of glass in palaces wasn't merely aesthetic; it was strategic. Open sightlines allowed for better surveillance and control, ensuring the safety and security of the ruling family. Courtiers and visitors were constantly aware of being observed, contributing to an atmosphere of careful obedience and respect. The very architecture dictated social behavior, with glass acting as a silent enforcer of the power dynamic.

> Palaces were designed to I__________61. and assert authority. Stone s__________62. strength, while glass allowed rulers to oversee subjects and inspire a__________63.. At Versailles, mirrors magnified grandeur and placed the king centrally. Glass facilitated s__________64., enforcing o__________65. and reinforcing the power hierarchy through architecture.

2025년_고2_10월_34

다음 글을 요약하고자 한다. 본문의 단어를 활용하여 빈칸에 알맞은 말을 채워 넣으시오. (단, 필요 시 형태를 변화시킬 것)

As a political researcher in Germany, Noelle-Neumann observed that during election campaigns, certain views seemed to get more play than others, and sometimes people muted their opinions rather than talking about them, especially if those opinions were perceived to be unpopular. Noelle-Neumann calls this the spiral of silence. The spiral of silence occurs when individuals who perceive that their opinions are popular express them, whereas those who do not think their opinions are popular remain quiet. This process occurs in a spiral, so that one side of an issue ends up with considerable publicity and the other side with very little. In everyday life, people express their opinions in a variety of ways: they talk about them, they wear buttons, they put bumper stickers on their cars, and they post their views on social media. According to this theory, people are more apt to do these kinds of things when they perceive that others share their opinions.

> Noelle-Neumann observed that people tend to stay silent if their opinions seem u__________66., creating a "s__________67. of silence." Those who perceive their views as popular e__________68. them openly, gaining publicity, while others r__________69. quiet, influencing how o__________70. are displayed in society and online.

2025년_고2_10월_35

다음 글을 요약하고자 한다. 본문의 단어를 활용하여 빈칸에 알맞은 말을 채워 넣으시오. (단, 필요 시 형태를 변화시킬 것)

Consider units of measure, one kind of descriptive device we are familiar with using in physics. Spatial distances can be given in terms of feet or meters or some other unit, and the physics will be the same regardless. We conclude from this that physics does not prefer one unit of length over any other, and we may choose any one we like for reasons of convenience. We further conclude that any feature depending on that choice, such as the particular numerical value assigned to the spatial separation between two locations, is not out there in the world apart from a choice of unit. Temperatures can likewise be given in terms of the Fahrenheit or Celsius or Kelvin scale, and nothing in the physics changes when we switch from one scale to another. We conclude that the choice of scale is an arbitrary choice in description, and that any feature that depends on that choice is scale-dependent.

Units of m__________71. in physics, such as feet, meters, or Celsius, are a__________72. choices for convenience. Physics itself remains unchanged r__________73. of the unit. Features depending on these units, like n__________74. values of distance or temperature, exist only d__________75. on the chosen scale.

2025년_고2_10월_36

다음 글을 요약하고자 한다. 본문의 단어를 활용하여 빈칸에 알맞은 말을 채워 넣으시오. (단, 필요 시 형태를 변화시킬 것)

Even though sea creatures live in t, they still need to take in water for their bodies to function properly. They just need to get rid of any extra salt it might bring with it. Salt absorbs water like a sponge. If you put a tiny mountain of salt on a small plate, then add enough water to the side, making sure an edge touches the salt, the salt will absorb the water. Now you have a pile of wet salt. Notice that it has increased in size. The same principle applies to sea creatures. If the body fluids in a sea animal are saltier than the seawater it lives in, then the extra salt in the creature's body will absorb seawater. This can cause them to swell up. On the other hand, if the amount of salt in the seawater is higher than the amount of salt in the body fluids of a sea animal, the extra salt in the water will draw fluids out of the creature's body, causing it to dehydrate and shrink.

Sea creatures must take in water while managing s__________76. levels. If their body f__________77. are saltier than seawater, they a__________78. water and may s__________79. If seawater is saltier, it draws fluids out, causing d__________80. and shrinkage, similar to salt absorbing water like a sponge.

2025년_고2_10월_37

다음 글을 요약하고자 한다. 본문의 단어를 활용하여 빈칸에 알맞은 말을 채워 넣으시오. (단, 필요 시 형태를 변화시킬 것)

Distinguishing moths from butterflies on outward appearance is not always easy, but there are a few rules of thumb that can help. In most butterflies the antennae end with a small club-shaped swelling, whereas in moths they are usually feathery or narrow to a fine tip. Butterflies tend to rest with their wings held shut above their body, whereas moths more usually rest with the upper sides of the wings on full view. Further distinctions can be made by looking for a tiny hook that joins fore- and hindwings, a feature only present in moths. The stereotypical differences, with moths cast as the gloomy, nocturnal cousins of colourful sun-loving butterflies are simply wrong. There are many brightly coloured moths and many which are active throughout the day. Equally, there are a few nocturnal butterflies and plenty that come clothed in shades of brown and grey. It's more sensible to think of them together; both butterflies and moths are beautiful and fascinating insects.

Moths and butterflies can be d__________81. by a__________82., wing position at rest, and a hook joining fore- and hindwings in moths. Color and a__________83. patterns are not reliable indicators. Both are diverse and fascinating insects, with beauty beyond s__________84. of n__________85. moths and daytime butterflies.

2025년_고2_10월_38

다음 글을 요약하고자 한다. 본문의 단어를 활용하여 빈칸에 알맞은 말을 채워 넣으시오. (단, 필요 시 형태를 변화시킬 것)

There are numerous ways wildlife is managed, but they all imply stewardship and can be classified into two broad categories: active management and inactive management. Active management does something to the population — such as increasing or decreasing its size — in a direct manner through strategies like translocations or hunting, respectively. Populations can also be actively managed by altering the habitat to the benefit or disadvantage of a population. If population numbers are too low for the goal of management agencies, other active management can be incorporated, such as predator control to minimize neonatal deaths or habitat improvement to provide required cover for neonates from predators. These efforts represent active approaches to management. Other populations may not be actively managed, like those in national parks. In such situations, management activities minimize external influences on populations and habitat, which often involves management of humans and not animals.

W__________86. management involves s__________87. and can be active or inactive. Active management directly alters p__________88. or habitats through methods like hunting, t__________89., predator control, or habitat improvement. I__________90. management minimizes human impact, leaving populations largely undisturbed, as in national parks.

2025년_고2_10월_39

다음 글을 요약하고자 한다. 본문의 단어를 활용하여 빈칸에 알맞은 말을 채워 넣으시오. (단, 필요 시 형태를 변화시킬 것)

Waste has historically been seen as a necessary driver of the economy. Sales are tied to the amount of a product supplied, which is directly dependent on the demand for that product. Therefore, if you design the product to eventually be wasted, you can ensure that the demand for more products will be sustained. Many strategies have been incorporated into product design and use to ensure that waste is inevitable, such as planned obsolescence, limited access to tools for repairs, and use of cheap materials. All these strategies ensure that the consumer will have limited access to the product in use and will eventually require a replacement. Those who supported the idea that waste is necessary to drive demand failed to realize that prioritizing the elimination of waste via repair and remanufacturing creates a different kind of demand: products as a service. Through this setup, companies simply lease out products that were once sold directly to the customer. With this transition of ownership, companies maintain profit by offering maintenance and repair services and are encouraged to develop long-lasting products.

Historically, waste was seen as essential for s__________91. product demand through strategies like planned o__________92. and cheap materials. However, focusing on repair and remanufacturing creates d__________93. for products as a s__________94., where companies lease durable items and profit from m__________95., encouraging longevity.

2025년_고2_10월_40

다음 글을 요약하고자 한다. 본문의 단어를 활용하여 빈칸에 알맞은 말을 채워 넣으시오. (단, 필요 시 형태를 변화시킬 것)

Viewing time as a purchasable and consistent product cemented artificial views on time into our psyche, but every now and again we are forced to acknowledge this mistake. On twenty-six occasions in the last fifty years, a second has been added to everyone's day to adjust for the Earth wobbling and the rate of its spin changing. For instance, when El Niño, a climatic system in the Pacific, causes wind speed to change dramatically, it can slow the rotation of the Earth slightly. Indeed, the Earth's spin is generally slowing because the moon's gravity is acting as a drag, so days are getting longer by about 1.7 milliseconds per century. Such events disturb the similarity between man-made time and more flexible time based on the Earth's naturally occurring rotation. When events like this happen, a bunch of humans make the decision to add a small slice of time to your day, without your knowledge. We try to force our fixed, man-made view of time on to nature in the false hope that it will yield. It doesn't.

Time is often treated as a f__________96. product, but natural events d__________97. it. Earth's s__________98. rotation, affected by factors like the moon's gravity or El Niño, has led to 26 leap seconds in fifty years. Human attempts to f__________99. rigid time on n__________100. cannot fully control it.

2025년_고2_10월_41_42

다음 글을 요약하고자 한다. 본문의 단어를 활용하여 빈칸에 알맞은 말을 채워 넣으시오. (단, 필요 시 형태를 변화시킬 것)

When your hand is hanging at your side and then you lift it, opposing muscles on your upper arm shorten and lengthen — contract and relax — to bend the elbow. Biceps contract, and triceps relax. Reversing the motion, when you drop your hand back down, muscles reverse roles. Triceps contract, and biceps relax. Lift your hand or drop it, and muscle shows what it is: a system of coordination, managed by orchestrated tension. As arms and legs rotate around joints, muscles activate and deactivate, contract and relax. All physical activity is paradoxical, in this sense: Movement depends on what muscles don't do, as much as it depends on what they do. Both are necessary, each in its time — and the same is true of each side of the pairs of concepts shaping how we talk of muscles.
Start with nature versus nurture: Some people are stronger or more muscular than others; is the difference inborn, or does it depend on what people do? To the latter question: What do you do? Do you have to lift weights, or is walking enough exercise? How should you do the exercise? Should you move fast or slowly? Lift heavy weights or lighter ones? Put like that, basic questions about muscle may sound like they have one right answer. Oppositions can polarize. But where muscle is concerned, few oppositions are true polarities. Look closely, and most prove to be paradoxes. Born and made, heavy and light, fast and slow: Those opposites actually include each other.

Muscle movement relies on c__________101. contraction and relaxation, showing that action depends as much on what muscles don't do as on what they do. Questions about strength—n__________102. versus n__________103., heavy versus light, fast versus slow—reveal p__________104. rather than true o__________105., as each aspect includes the other.

2025년_고2_10월_43~45

다음 글을 요약하고자 한다. 본문의 단어를 활용하여 빈칸에 알맞은 말을 채워 넣으시오. (단, 필요 시 형태를 변화시킬 것)

Jason stared at the banner across the high school gym wall: "Annual Charity Marathon — Run for Sam." The slogan stirred something in him. Sam, a cheerful seven-year-old who loved to draw and dreamed of being an artist, had a rare heart condition. Sam wasn't just anyone — he was the little boy living next door that Jason had babysat every summer break. He had played in the park and spent summer afternoons chasing ice cream trucks with Sam. Seeing Sam's name on the banner made everything feel personal. Jason had always been the fastest runner in school, known among his friends as "The Speedster." But since his knee injury, he hadn't been able to run for quite a long time. Still, when Jason thought about Sam and the hope this marathon represented, he knew he had to try. Jason did everything he could to recover, following his doctor's advice. A day before registration deadline, his doctor said a 3-mile run would be fine. Jason signed up for the 3-mile beginner route, hoping to run for Sam. On marathon morning, Jason stood among the runners, heart pounding. In the crowd, Sam was holding a sign: "Thank you, Runners!" Jason smiled. He was all the motivation needed. When the whistle blew, Jason started strong, but since he hadn't run for so long, his energy faded quickly. Every step was a struggle, but he pushed forward, encouraged by the thought of how happy Sam would be. Finally, he crossed the finish line. As he was sitting to catch his breath, Sam came over and handed him bottled water. He felt pride, relief, and gratitude. He finally finished — for Sam.

Jason, once a fast runner, decided to join a c__________106. marathon for his neighbor Sam, a seven-year-old with a h__________107. condition. Despite a knee l__________108. and fatigue, he trained and ran the 3-mile route. C__________109. the finish line, Jason felt pride and r__________110., completing the race for Sam.

보듬영어

정답

WORK BOOK

——

2025 시행 고2 10월 모의고사 내신대비용 WorkBook & 변형문제

선택형 **Answers**

1) excited
2) perfectly
3) which
4) had
5) has
6) considerable
7) clear
8) be addressed
9) heading
10) had
11) injured
12) faint
13) it
14) develop
15) realistic
16) keep
17) frequently
18) personal
19) because
20) embarrassing
21) treat
22) keep
23) recording
24) thoroughly
25) try
26) reveal
27) Recent
28) because
29) themselves
30) for
31) it
32) testify
33) worst
34) what
35) check
36) rise
37) is
38) it
39) conduct
40) what
41) completely
42) fruitless
43) supports
44) supports
45) had
46) perfectly
47) match
48) many
49) had
50) did
51) why
52) are
53) where
54) taking
55) underestimated
56) stimulate
57) effective
58) different
59) ensuring
60) briefly
61) during
62) Start
63) activating
64) displayed
65) during
66) were
67) attributed
68) adopting
69) Frustrated
70) before
71) identical
72) that
73) better

74) difference
75) serious
76) due to
77) likelihood
78) due to
79) that
80) leaving
81) evolve
82) effectively
83) others
84) outweighs
85) fundamental
86) are
87) inherent
88) results in
89) inequalities
90) implement
91) other
92) assign
93) are
94) quantitative
95) process
96) that
97) exist
98) supporting
99) macroeconomic
100) described
101) Quantification
102) it
103) much
104) perspective
105) the
106) requires
107) the
108) dedicated
109) becomes
110) are
111) more
112) nobody
113) impress
114) powerful
115) elevated
116) gaze
117) Consider
118) placed
119) absolute
120) wasn't
121) ensurin
122) aware
123) careful
124) dictated
125) during
126) others
127) them
128) that
129) them
130) the
131) little
132) them
133) do
134) others
135) descriptive
136) be given
137) same
138) that
139) further
140) numerical
141) is
142) nothing
143) changes
144) that
145) dependent
146) it
147) properly
148) it
149) making
150) absorb

151) has
152) principle
153) absorb
154) higher
155) it
156) Distinguishing
157) a few
158) usually
159) upper
160) Further
161) are
162) many
163) active
164) a few
165) more
166) fascinating
167) numerous
168) broad
169) active
170) its
171) disadvantage
172) low
173) incorporated,
174) minimize
175) active
176) Other
177) external
178) has
179) dependent
180) that
181) have
182) inevitable
183) limited
184) that
185) access
186) failed
187) creates
188) directly
189) repair
190) consistent
191) acknowledge
192) has
193) dramatically
194) because
195) longer
196) flexible
197) occurring
198) make
199) that
200) doesn't.
201) opposing
202) Reversing
203) Lift
204) rotate
205) shaping
206) Start
207) others
208) latter
209) like
210) few
211) closely
212) Annual
213) break
214) chasing
215) personal
216) hadn't
217) everything
218) run
219) hadn't
220) encouraged

1) purchased

2) excited
3) matched
4) manager
5) delivery
6) available
7) bookshelves
8) inconvenience
9) provide
10) specific
11) reorganize
12) confusion
13) heading
14) direction
15) stumbled
16) injured
17) desperation
18) leaned
19) notice
20) aroma
21) glowed
22) cabin
23) hardship
24) healthcare
25) develop
26) professional
27) patients
28) self-boundaries
29) protect
30) frequently
31) friends
32) personal
33) appropriate
34) embarrassing
35) boundaries
36) respect
37) keep
38) various
39) gargle
40) coated
41) pattern
42) preferences
43) taster
44) behavioral
45) incidence
46) balanced
47) glamorous
48) attention
49) chemistry
50) destiny
51) testify
52) ignorance
53) worst
54) suppose
55) scenario
56) rise
57) experimental
58) liberation
59) philosophical
60) methodology
61) hypothesis
62) curiosity
63) crazy
64) fruitless.
65) discard
66) replace
67) evidence
68) discover
69) predictions
70) observations
71) discrepancies
72) theory
73) successes
74) acceptance
75) broader
76) beyond
77) match
78) realms

79) refresh
80) recharge
81) underestimated
82) routine,
83) stimulate
84) cognitive
85) productivity
86) Neurobic
87) agile
88) strategic
89) focused
90) wonders
91) non-dominant
92) pathways
93) flexibility
94) activist
95) talent
96) recital,
97) will
98) rejected,
99) discrimination
100) performing
101) supporter
102) racism
103) violence
104) settling
105) reputation
106) divides,
107) genomes
108) identical
109) error
110) difference
111) damage;
112) coding
113) perpetuated,
114) reproducing
115) neutral
116) serious
117) progeny
118) mutation
119) selection
120) evolve:
121) liberal
122) opportunity
123) integrity
124) flourishing,
125) institution
126) Individuals
127) inherent
128) abandoned,
129) inequalities
130) egalitarian
131) rights
132) welfare
133) safeguarded
134) Statistics
135) systematic
136) quantitative
137) industrialised
138) modern
139) simultaneously
140) convention
141) classification
142) aggregation
143) macroeconomic
144) policies
145) authority
146) Quantification
147) characterising
148) expert
149) chemistry
150) perspective
151) enhance
152) microscopes
153) microorganism
154) expertise
155) specialised

156) component
157) component
158) specialist
159) whole
160) omplex
161) commented
162) manageable
163) palaces
164) constructed
165) intimidate
166) permanence
167) visibility
168) down
169) elevated
170) gaze
171) awe
172) authority
173) strategic
174) surveillance
175) obedience
176) social
177) enforcer
178) political
179) election
180) opinions
181) unpopular
182) silence
183) occurs
184) perceive
185) express
186) remain
187) spiral
188) publicity
189) variety
190) apt
191) units
192) descriptive
193) Spatial
194) regardless
195) conclude
196) prefer
197) convenience
198) feature
199) numerical
200) separation
201) Temperatures
202) scale
203) arbitrary
204) scale-dependent
205) creatures
206) function
207) rid
208) salt
209) edge
210) absorb
211) pile
212) increased
213) principle
214) fluids
215) saltier
216) swell
217) draw
218) dehydrate
219) shrink
220) Distinguishing
221) appearance
222) antennae
223) swelling
224) feathery
225) fine
226) distinctions
227) hook
228) hindwings
229) stereotypical
230) gloomy
231) sun-loving
232) nocturnal

233) sensible
234) fascinating
235) numerous
236) wildlife
237) stewardship
238) classified
239) broad
240) inactive
241) population
242) translocations
243) habitat
244) incorporated
245) predator
246) neonates
247) approaches
248) management
249) influences
250) driver
251) tied
252) supplied
253) demand
254) design
255) wasted
256) sustained
257) strategies
258) inevitable
259) obsolescence
260) repairs
261) replacement
262) elimination
263) remanufacturing
264) lease
265) maintenance
266) purchasable
267) consistent
268) cemented
269) psyche
270) acknowledge
271) wobbling
272) spin
273) climatic
274) rotation
275) gravity
276) drag
277) disturb
278) flexible
279) man-made
280) yield
281) viewed
282) modifications,
283) sticking
284) eliminate
285) opposing
286) contract
287) relax
288) Biceps
289) triceps
290) roles
291) coordination
292) tension
293) rotate
294) deactivate
295) paradoxical
296) concepts
297) nurture
298) inborn
299) latter
300) polarize
301) paradoxes
302) opposites
303) banner
304) stirred
305) cheerful
306) condition
307) babysat
308) chasing
309) personal

310) injury
311) represented
312) recover
313) registration
314) beginner
315) motivation
316) faded
317) struggle
318) encouraged
319) handed
320) gratitude.

Quiz 1 Answers

1. [정답] ④
2. [정답] ③
3. [정답] ④
4. [정답] ④
5. [정답] ④
6. [정답] ⑤
7. [정답] ③
8. [정답] ①
9. [정답] ⑤
10. [정답] ①
11. [정답] ③
12. [정답] ①
13. [정답] ③
14. [정답] ①
15. [정답] ④
16. [정답] ⑤
17. [정답] ④
18. [정답] ⑤
19. [정답] ②
20. [정답] ②
21. [정답] ①
22. [정답] ④
23. [정답] (B)-(A)-(C)
24. [정답] (B)-(C)-(A)
25. [정답] (B)-(A)-(C)
26. [정답] (A)-(B)-(C)
27. [정답] (C)-(A)-(B)
28. [정답] (C)-(A)-(B)
29. [정답] (B)-(C)-(A)
30. [정답] (C)-(B)-(A)
31. [정답] (A)-(B)-(C)
32. [정답] (A)-(B)-(C)
33. [정답] (A)-(C)-(B)
34. [정답] (A)-(C)-(B)
35. [정답] (B)-(C)-(A)
36. [정답] (C)-(A)-(B)
37. [정답] (C)-(A)-(B)
38. [정답] (C)-(B)-(A)
39. [정답] (B)-(C)-(A)
40. [정답] (A)-(B)-(C)
41. [정답] (C)-(A)-(B)
42. [정답] (A)-(C)-(B)
43. [정답] (B)-(C)-(A)
44. [정답] (C)-(B)-(A)

Quiz 2 Answers

1. [정답 및 해설] ②

ⓑ matched to => matched

ⓔ unavailable => available

2. [정답 및 해설] ②

ⓒ felt => Feeling

ⓓ that => where

ⓔ which => that

3. [정답 및 해설] ③

ⓓ rarely => frequently

ⓗ friend => friendly

4. [정답 및 해설] ⑤

ⓕ statue => status

ⓖ orders => disorders

ⓞ destination => destiny

5. [정답 및 해설] ④

ⓑ knowledge => ignorance

ⓚ like => likely

6. [정답 및 해설] ⑤

ⓘ appreciated => ignored

ⓟ which => where

7. [정답 및 해설] ⑤

ⓕ affective => effective

ⓘ fragile => agile

8. [정답 및 해설] ①

ⓐ played => displayed

ⓑ while => during

ⓗ left for => left

9. [정답 및 해설] ②

ⓒ regular => rare

ⓕ correcting => disrupting

10. [정답 및 해설] ②

ⓑ unfair => fair

ⓖ coherent => inherent

ⓘ remove => assign

11. [정답 및 해설] ④

ⓑ was occurred => occurred

ⓘ extended => intended

ⓜ distrust => trust

12. [정답 및 해설] ①

ⓖ vague => specific

ⓘ often => rarely

13. [정답 및 해설] ②

ⓙ restircted => allowed

ⓜ observing => being observed

14. [정답 및 해설] ⑤

ⓑ less => more

ⓒ emphasized => muted

ⓖ rowdy => quiet

15. [정답 및 해설] ⑤

ⓑ is using => using

ⓘ general => particular

ⓞ definite => arbitrary

16. [정답 및 해설] ②

ⓓ bring with => bring with it

ⓘ release => absorb

17. [정답 및 해설] ②

ⓖ less => more

ⓘ similarities => differences

18. [정답 및 해설] ⑤

ⓓ relatively => respectively

ⓙ failure => improvement

19. [정답 및 해설] ①

ⓝ manufacturing => service

ⓞ release => lease

20. [정답 및 해설] ③

ⓕ hurried => slowing

ⓖ shorter => longer

ⓘ they => it

21. [정답 및 해설] ⑤

ⓖ that => what

ⓘ later => latter

22. [정답 및 해설] ⑤

ⓓ cover => recover

ⓔ finely => fine

23. [정답 및 해설]

ⓘ exciting ➜ excited

② matched to ➜ matched

③ that ➜ which

⑤ unavailable ➜ available

⑦ vague ➜ specific

24. [정답 및 해설]

① despite ➜ though

② on ➜ off

③ felt ➜ Feeling

④ that ➜ where

⑥ triumph ➜ hardship

25. [정답 및 해설]

① unreliable ➜ solid

④ rarely ➜ frequently

⑥ embarrassed ➜ embarrassing

⑦ personal ➜ professional

⑧ friend ➜ friendly

26. [정답 및 해설]

① which ➜ where

③ different ➜ same

⑤ inferences ➜ preferences

⑩ confront ➜ avoid

⑬ pretension ➜ attention

27. [정답 및 해설]

① denial ➜ embrace

② knowledge ➜ ignorance

③ that ➜ what

⑤ worthless ➜ valuable

⑪ like ➜ likely

28. [정답 및 해설]

⑤ did ➜ did not

⑥ observances ➜ observations

⑩ rejection ➜ acceptance

⑫ was ➜ did

⑬ because ➜ why

29. [정답 및 해설]

⑥ affective ➜ effective

⑦ flawed ➜ perfect

⑧ identical ➜ different

⑫ dominant ➜ non-dominant

⑬ convention ➜ flexibility

30. [정답 및 해설]

① played ➜ displayed

② while ➜ during

⑥ public ➜ private

⑦ frustrating ➜ Frustrated

⑧ left for ➜ left

31. [정답 및 해설]

② it ➜ that

③ regular ➜ rare

⑤ less ➜ more

⑨ biased ➜ neutral

⑩ kills ➜ dies

32. [정답 및 해설]

⑤ inequality ➜ equality

⑧ equalities ➜ inequalities

⑨ authoritarian ➜ liberal

⑫ remove ➜ assign

⑬ equalities ➜ inequalities

33. [정답 및 해설]

③ developing ➜ industrialised

⑦ selling ➜ being sold

⑩ local ➜ state

⑪ sociable ➜ social

⑬ distrust ➜ trust

34. [정답 및 해설]

④ which ➜ that

⑤ be happened ➜ happen

⑥ combined with ➜ sectioned from

⑦ vague ➜ specific

⑪ less ➜ more

35. [정답 및 해설]

① intimate ➜ intimidate

⑥ restircted ➜ allowed

⑫ ruled ➜ ruling

⑬ observing ➜ being observed

⑭ negligence ➜ obedience

36. [정답 및 해설]

② less ➜ more

③ emphasized ➜ muted

④ popular ➜ unpopular

⑥ unpopular ➜ popular

⑬ less ➜ more

37. [정답 및 해설]

② is using ➜ using

④ different ➜ same

⑥ do ➜ does

⑦ justice ➜ convenience

⑮ definite ➜ arbitrary

38. [정답 및 해설]

② give ➜ take

④ bring with ➜ bring with it

⑤ make ➜ making

⑨ spit ➜ absorb

⑫ to ➜ out of

39. [정답 및 해설]

③ ends ➜ end

⑦ less ➜ more

⑨ similarities ➜ differences

⑪ appropriate ➜ wrong

⑭ fascinated ➜ fascinating

40. [정답 및 해설]

② popularity ➜ population

④ relatively ➜ respectively

⑥ advantage ➜ disadvantage

⑨ disaggregated ➜ incorporated

⑩ stagnation ➜ improvement

41. [정답 및 해설]

④ injure ➜ ensure

⑤ less ➜ more

⑥ cooperated ➜ incorporated

⑩ unlimited ➜ limited

⑫ remove ➜ drive

42. [정답 및 해설]

② freed ➜ cemented

⑥ hurried ➜ slowing

⑨ are happened ➜ happen

⑩ subtract ➜ add

⑪ legitimate ➜ false

43. [정답 및 해설]

① allied ➜ opposing

② relax ➜ contract

③ allying ➜ Reversing

⑪ a few ➜ few

⑫ exclude ➜ include

44. [정답 및 해설]

② public ➜ personal

⑤ finely ➜ fine

⑥ pounded ➜ pounding

⑧ restored ➜ faded

⑩ seating ➜ sitting

Quiz 3 **Answers**

1. ①
해설
①은 배송 지연으로 인한 불편을 호소하고 구체적인 조치를 요청하는 내용을 정확히 반영하므로 글의 핵심 주제와 일치합니다.
②는 제품 재고 문의가 아니라 이미 구매한 상품의 배송 문제입니다.
③은 긍정적인 경험을 다루지 않습니다.
④는 정책 개선 제안이 아닌 즉각적인 해결 요청이 중심입니다.
⑤는 주문 취소 의사가 언급되지 않았습니다.

2. ②
해설
①은 글의 전반부 내용에 해당하지만, 결말에서는 절망이 아닌 구원과 안도가 중심입니다.
②는 어둠 속에서 절망하던 화자가 빛과 도움을 발견하며 느낀 감사와 안도감을 정확히 포착합니다.
③은 위기 대처 태도보다는 감정적 변화가 핵심이므로 부적절합니다.
④는 삼촌이 등장하지만 가족 관계보다 구원의 감정이 중심입니다.
⑤는 자연의 역할보다 인간의 감정과 희망 회복이 강조됩니다.

3. ②
해설
①은 감정적 공감의 필요성을 언급하지 않습니다.
②는 의료 종사자가 환자와의 관계에서 적절한 경계를 설정하

여 전문성을 유지해야 한다는 글의 핵심 내용을 가장 잘 반영합니다.
③은 오히려 우정을 경계해야 한다고 강조하므로 부적절합니다.
④는 정보 공유의 윤리보다는 관계의 한계 설정이 중심입니다.
⑤는 개인적 경험이 아닌 전문적 태도에 초점이 맞춰져 있습니다.

4. ①
해설
①은 미각의 강도('taster status')가 음주 습관이나 식습관 등 개인의 건강 행동과 관련된다는 내용을 포괄하므로 글의 핵심 주제에 가장 적절합니다.
②는 실험 방법이 일부 설명되지만, 중심은 결과의 의미입니다.
③은 미각을 다른 감각과 비교하긴 하나 부차적 언급입니다.
④는 특정 음식의 섭취 영향이 아닌, 전반적인 행동 패턴과의 연관성을 다룹니다.
⑤는 유전적 요인이 직접적으로 언급되지 않았습니다.

5. ③
해설
①은 과학이 무지를 수용한다는 부분은 언급되지만, 글의 초점은 호기심에 의해 주도되는 실험의 가치에 있습니다.
②는 과학의 공식적 절차를 다루지만, 글에서는 이를 오히려 넘어서는 실험의 자유로움을 강조합니다.
③은 결과를 예측하지 못하더라도 호기심에서 비롯된 실험이 과학 발전에 필수적임을 정확히 반영합니다.
④는 철학과 실험의 관계를 언급하지만 부차적인 설명에 불과합니다.
⑤는 다윈 가문은 단지 예시로 등장하며 핵심 주제가 아닙니다.

6. ①
해설
①은 새로운 과학 이론이 기존 이론을 대체하려면, 이전의 성공을 포함해 더 잘 설명해야 한다는 글의 핵심 논지를 명확히 반영합니다.
②는 뉴턴의 영향력만을 강조하여 글 전체의 발전적 구조를 포괄하지 못합니다.
③은 두 이론의 비교가 일부 있지만, 주된 논지는 과학 이론의 진보 원리입니다.
④는 관찰의 중요성은 언급되나 중심 주제는 아닙니다.
⑤는 미래의 가능성을 언급하지만, 글의 핵심은 이론 교체의 조건과 과정에 있습니다.

7. ②
해설
①은 신체적 운동을 다루는 내용이 아니며, 글은 "두뇌 자극 활동(neurobic exercises)"에 초점을 둡니다.
②는 짧은 휴식 시간에 신경운동을 통해 인지 기능을 향상시키는 효과를 정확히 반영하므로 정답입니다.
③은 시간 관리보다는 휴식의 질과 두뇌 자극 방법이 중심입니다.
④는 피로의 원인보다는 피로 회복과 두뇌 활성화가 주제입니다.
⑤는 영양이 아니라 두뇌 활동과 휴식의 전략적 활용에 관한 설명이므로 부적절합니다.

8. ②
해설
①은 그녀의 음악적 훈련에 대한 언급은 있으나, 글의 중심은

생애와 사회운동 참여입니다.
②는 Nina Simone의 예술가이자 인권운동가로서의 삶을 포괄적으로 다룬 글의 핵심 내용을 정확히 반영합니다.
③은 인종차별의 사례를 포함하지만, 여성 전반의 사회적 장벽이 중심 주제는 아닙니다.
④는 프랑스에서의 생활은 언급되지만, 주제의 초점은 생애 전체입니다.
⑤는 음악 교육의 역할이 아니라, Simone 개인의 경험과 인권운동 참여가 핵심입니다.

9. ④
해설
①은 해로운 돌연변이가 후손을 남기지 못한다는 부분적 내용을 다루지만, 글의 전체 논지를 포괄하지 못합니다.
②는 중립 변화의 확산이 우연에 달렸다는 한 측면만을 강조하여 주제에서 벗어납니다.
③은 단백질 코딩 교란의 예시에 집중해 지나치게 지엽적입니다.
④는 돌연변이의 유형(유익·중립·해로운)과 자연선택이 반복되어 생물의 진화가 이루어진다는 글의 핵심을 정확히 반영합니다.
⑤는 번식률 증가의 이점만을 강조하는데, 글은 번식 성공이 자연선택의 결과로 작동하는 더 넓은 메커니즘을 설명합니다.

10. ②
해설
①은 개인의 자유와 가족 책임의 대립에 초점을 맞추지만, 글은 평등과 가족 가치 간의 문화적 관점 차이를 중심으로 다룹니다.
②는 자유주의 문화와 유교 문화가 평등 추구와 가족 중심 가치 사이의 균형을 다르게 설정한다는 핵심 주제를 정확히 반영합니다.
③은 자유주의 사회 내부 변화에 국한되어 있어 부적절합니다.
④는 유교 윤리와 국가 권위의 관계가 아니라, 가족과 사회적 평등의 조화를 논의합니다.
⑤는 기본권 보장은 언급되지만, 주제의 중심은 아닙니다.

11. ①
해설
①은 통계가 국가 권위 강화와 신뢰 구축을 위한 사회적 기술로 사용된다는 글의 핵심 주장을 정확히 반영합니다.
②는 연구 방법론의 발전보다는 통계의 정치적 기능에 초점이 있습니다.
③은 정확한 자료 수집의 중요성보다는 국가 목적을 위한 통계의 구조적 역할이 중심입니다.
④는 산업화가 언급되지만, 주제는 산업화 과정에서 통계가 국가 통치 기술로 발전한 것입니다.
⑤는 수학적 모델보다는 통계의 사회적·정치적 기능을 논의하므로 부적절합니다.

12. ④
해설
①은 화학에 대한 언급이 비유적일 뿐 중심 내용이 아닙니다.
②는 기술 발전보다는 전문화로 인한 단절이 중심입니다.
③은 연구 확장의 역사적 배경이 아니라, 지식의 분절과 통합의 어려움이 주제입니다.
④는 글 전체가 강조하는 과도한 전문화로 인해 지식을 통합적으로 이해하기 어려운 현실을 가장 정확히 반영합니다.
⑤는 연구 도구의 발전 자체보다 그것이 초래한 분화 현상에

초점이 맞춰져 있어 부적절합니다.

13. ①
해설
①은 유리의 도입이 단순한 미적 요소가 아니라 권력 과시와 통제 수단으로 기능했다는 핵심 논지를 정확히 반영합니다.
②는 특정 지역(프랑스)의 영향에 국한되어 글 전체를 포괄하지 못합니다.
③은 건축 자재의 변화보다는 유리의 상징성과 정치적 역할이 중심입니다.
④는 안전과 편안함보다는 권력 구조와 감시의 기능이 강조됩니다.
⑤는 베르사유 궁전의 예시는 부분적 사례일 뿐, 전체 주제가 아닙니다.

14. ①
해설
①은 '침묵의 나선 이론'이 여론 형성 과정에서 어떻게 작동하며 의견 표현의 불균형을 초래하는지를 정확히 설명하므로 정답입니다.
②는 SNS가 언급되지만 핵심은 의견 표현의 심리적 메커니즘이며, 매체 자체가 주제가 아닙니다.
③은 여론조사에 대한 언급이 없으며, 선거 맥락은 배경일 뿐입니다.
④는 대중매체의 영향보다 개인의 의견 표현 여부가 중심입니다.
⑤는 정치 연구의 역할이 아니라, 사회적 압력 속 개인의 침묵 현상을 다룹니다.

15. ④
해설
①은 보고 방식의 일관성을 말하지만, 본문은 일관성보다 단위 선택의 임의성에 초점을 둡니다.
②는 오차와 물리 법칙의 관계가 언급되지 않습니다.
③은 표준화의 장점보다는 단위 변경 시 물리적 법칙이 불변함을 설명합니다.
④는 측정 단위가 본질적 실체가 아닌 임의적 선택임을 강조하므로 글의 핵심을 정확히 반영합니다.
⑤는 단위의 역사적 발전이 아닌 철학적 성격을 다루기 때문에 부적절합니다.

16. ④
해설
①은 소금의 역할을 다루지만, 글의 중심은 **삼투 현상(osmosis)**을 통한 체내 수분 균형 유지입니다.
②는 온도 적응이 아니라 염분 농도 차이에 따른 반응을 설명합니다.
③은 화학적 구성보다는 생물학적 반응을 다룹니다.
④는 염분 농도 차이에 따른 체내 수분 이동 원리, 즉 삼투 작용의 의미를 가장 잘 반영하므로 정답입니다.
⑤는 해류가 아니라 개체 수준의 수분 조절 메커니즘이 주제입니다.

17. ②
해설
①은 분류학의 중요성보다, 나비와 나방의 실제 차이와 잘못된 인식 교정이 중심입니다.
②는 글의 핵심 — 외형적 구분 기준과 일반적 오해의 바로잡기 — 를 정확히 반영합니다.
③은 날개 구조 자체보다는 구분 기준으로 언급됩니다.

④는 활동 시간대는 일부 예시에 불과하며 주제의 중심이 아닙니다.
⑤는 진화적 관계를 다루지 않으므로 부적절합니다.

18. ②
해설
①은 포식자·피식자 관계 조절은 일부 예시에 불과합니다.
②는 야생동물 관리 방식이 '능동적 관리'와 '비능동적 관리'로 구분되며, 각각의 특징과 사례를 설명하는 글의 전체 구조를 가장 정확히 반영합니다.
③은 인간의 간섭이 부분적으로 언급되지만, 주제는 관리 유형의 비교입니다.
④는 국립공원 사례가 일부 제시되었으나 중심 초점이 아닙니다.
⑤는 관리 전략의 역사적 발전보다는 현재의 두 가지 방식의 개념을 설명합니다.

19. ③
해설
①은 환경적 영향이 아니라 경제 구조 변화에 초점이 있습니다.
②는 소비자 행동보다는 기업의 생산 전략을 중심으로 설명합니다.
③은 기존의 낭비 중심 경제 구조에서 수리·재제조를 기반으로 한 지속 가능한 '제품 서비스화 모델'로의 전환을 다루므로 핵심 주제를 정확히 반영합니다.
④는 제품의 수명 단축이 초래하는 결과 중 하나일 뿐, 글의 중심 논점은 새로운 모델 제시입니다.
⑤는 재활용보다는 구조적 전환(서비스 기반 비즈니스 모델)에 초점이 맞춰져 있습니다.

20. ①
해설
①은 인위적으로 고정된 시간 개념이 자연의 유연한 시간 흐름과 본질적으로 조화를 이루지 못한다는 글의 핵심 논지를 정확히 반영합니다.
②는 달의 중력은 예시 중 하나일 뿐, 중심 주제가 아닙니다.
③은 엘니뇨 등 기후 현상이 언급되지만 주제의 초점은 아닙니다.
④는 윤초 추가는 사례일 뿐, 주된 논지는 인간이 자연의 시간에 맞추려는 헛된 시도입니다.
⑤는 시간 개념의 역사적 발전을 다루지 않으므로 부적절합니다.

21. ③
해설
①은 운동 강도에 초점을 맞추지만, 글의 핵심은 근육의 상반된 작용과 발달의 역설성입니다.
②는 선천적·후천적 요인의 논의가 부분적 예시일 뿐 전체 주제가 아닙니다.
③은 근육의 기능과 성장 과정이 대립적 개념(수축·이완, 선천·후천 등)이 공존하는 역설적 성질을 중심으로 한다는 점에서 글의 주제를 정확히 반영합니다.
④는 뇌와의 관계는 다루지 않습니다.
⑤는 꾸준한 훈련보다는 근육의 본질적 양면성이 중심입니다.

22. ①
해설
①은 Jason이 부상에도 불구하고 Sam을 위해 끝까지 포기하지 않고 달리는 과정에서 보여준 인내와 따뜻한 마음을 강

조하므로 글의 핵심 주제를 가장 잘 반영합니다.
②는 단순한 스포츠 참여의 즐거움이 아니라, 감정적 동기가 중심입니다.
③은 회복 과정이 배경이지만 주된 초점은 '동기와 인내'입니다.
④는 이웃 간 우정이 이야기의 기반이긴 하지만, 중심 메시지는 '희생과 헌신'입니다.
⑤는 팀워크보다는 개인적 결단과 감정적 동기가 중심이므로 부적절합니다.

23. [정답] ①
[요약문] The delay caused significant inconvenience to the couple, so they expect prompt action and specific information about delivery.

24. [정답] ⑤
[요약문] Darkness leaves them injured and disoriented, but a faint aroma and light guide them to Uncle Krull for help.

25. [정답] ⑤
[요약문] Set realistic boundaries and be friendly, yet keep conversations appropriate so patients feel comfortable disclosing sensitive health information.

26. [정답] ④
[요약문] Although taste seems less glamorous than vision or hearing, monitoring it matters because mouth chemistry can influence destiny.

27. [정답] ②
[요약문] Experiments embody science's curiosity and humility because checking reality matters more than assuming outcomes without evidence alone.

28. [정답] ③
[요약문] Future gravity theories must reproduce Einstein's accurate predictions and also work in new domains where relativity falls short.

29. [정답] ④
[요약문] Midday breaks with neurobic exercises refresh the brain and reduce fatigue, so productivity improves and focus lasts through afternoon.

30. [정답] ②
[요약문] Nina Simone, born Eunice Waymon, transformed early injustices into activism and music, championing civil rights through powerful performances.

31. [정답] ③
[요약문] Neutral genetic changes persist by chance, but damaging mutations kill cells, so they leave no descendants at all.

32. [정답] ⑤
[요약문] Liberal societies expand state programs for education and healthcare, whereas Confucian societies assign welfare responsibilities mainly to families.

33. [정답] ④
[요약문] Twentieth-century states systematically collected statistics, and categories reflected state purposes while measuring real economic and social phenomena.

34. [정답] ④
[요약문] Even simple life is seldom examined as a whole, and modern knowledge has grown unmanageably vast since 1890.

35. [정답] ③
[요약문] Palaces used stone for permanence and glass for visibility, so rulers projected authority while subjects felt awe and distance.

36. [정답] ①
[요약문] This self-censorship creates a spiral where one side gains publicity, and the other receives little attention over time.

37. [정답] ⑤
[요약문] Temperature scales such as Fahrenheit, Celsius, and Kelvin are interchangeable, and switching scales leaves the underlying physics unchanged.

38. [정답] ①
[요약문] Sea creatures must regulate salt and water because osmosis causes swelling or dehydration depending on surrounding seawater salinity.

39. [정답] ②
[요약문] Stereotypes of gloomy nocturnal moths and sunny butterflies are false, because many moths are bright and diurnal.

40. [정답] ⑤
[요약문] Active management increases or decreases numbers via hunting, translocations, predator control, and habitat improvements to protect vulnerable young.

41. [정답] ①
[요약문] Designing for waste creates repeat sales, yet repair and remanufacturing generate demand for services and incentivize durable products.

42. [정답] ③
[요약문] We treat time as fixed and purchasable, but leap seconds reveal Earth's variable rotation and our mistaken rigidity.

43. [정답] ⑤
[요약문] Movement relies on coordinated muscle contraction and relaxation, and it depends on what muscles refrain from doing as well.

44. [정답] ②
[요약문] Seeing Sam's banner motivates Jason to train carefully, register for three miles, and run despite lingering knee pain.

45. ⑤
해설
① 한 달 전 책장을 구입했다는 내용은 지문과 일치합니다.
② 배달까지 4주가 걸린다는 안내를 받았다는 내용은 일치합니다.
③ 예정된 주말에 배송이 오지 않아 불편을 겪었다는 내용은 일치합니다.
④ 명확하고 구체적인 새 배송일을 요청한다는 내용은 일치합니다.
⑤ 책장이 제시간에 배송되어 추가 조치가 필요 없다는 내용은 지문과 반대이므로 불일치이며 정답입니다.

46. ④
해설
① 어둡고 길을 잃은 숲에서 길을 잃었다는 설명은 지문과 일치합니다.
② 언덕에서 넘어져 부상을 입었다는 내용은 일치합니다.
③ 음식 냄새를 맡기 전 절망감을 느꼈다는 설명도 지문과 일치합니다.
④ 삼촌의 오두막을 등불의 빛을 따라 찾았다는 설명은 지문과 반대이며, 실제로는 요리 냄새를 따라가다 희미한 노란 불빛을 발견했다고 했으므로 불일치이며 정답입니다.
⑤ 도움을 받을 수 있다는 사실에 안도했다는 내용은 지문과 일치합니다.

47. ③
해설
① 전문적인 경계를 유지하는 것이 환자와의 관계를 보호한다는 내용은 지문과 일치합니다.
② 의료 종사자가 상호작용 시 환자에게 초점을 맞춰야 한다는 내용도 일치합니다.
③ 개인적인 이야기를 나누는 것이 더 강한 전문적 유대감을 만든다는 설명은 지문과 반대이며, 실제로는 사적인 정보 공유가 부적절하고 관계를 해칠 수 있다고 했으므로 불일치이며 정답입니다.
④ 환자가 의료인을 친구로 인식하면 건강 관련 정보를 말하기 어렵다는 내용은 일치합니다.
⑤ 환자를 존중하고 친절하게 대하되 전문성을 유지해야 한다는 내용도 지문과 일치합니다.

48. ⑤
해설
① 개인의 미각 반응을 다른 사람들과 비교하라는 실험 지시는 지문과 일치합니다.
② 각 물질을 테스트한 후 입을 헹구라는 내용도 일치합니다.
③ '비미각자(non-tasters)'가 쓴맛을 덜 느껴 알코올 중독 가능성이 높다는 설명은 지문과 일치합니다.
④ '초미각자(super-tasters)'가 쓴맛 나는 건강식품을 피함으로써 영양 불균형을 초래할 수 있다는 내용 역시 일치합니다.
⑤ 미각이 시각, 청각보다 더 중요한 감각으로 간주된다는 설명은 지문과 반대이며, 실제로는 미각이 다른 감각만큼 화려하지 않지만 주목할 가치가 있다고 했으므로 불일치이며 정답입니다.

49. ③
해설
① 실험이 과학이 무지를 받아들이는 태도를 보여준다는 내용은 지문과 일치합니다.

② 실험 철학이 호기심을 중요한 과학적 자질로 여긴다는 설명은 일치합니다.
③ 이언 해킹이 실험은 항상 명확한 가설에서 시작해야 한다고 주장했다는 설명은 지문과 반대이며, 실제로는 호기심만으로도 실험을 할 수 있다고 했으므로 불일치이며 정답입니다.
④ 조지 다윈이 결과가 없더라도 대담한 실험을 시도해야 한다고 본 내용은 지문과 일치합니다.
⑤ 실험 없이 결과를 단정하는 것은 과학 정신에 반한다는 설명 역시 지문과 일치합니다.

50. ③
해설
① 뉴턴의 중력 이론이 방대한 증거에 의해 뒷받침되었다는 내용은 지문과 일치합니다.
② 아인슈타인의 일반 상대성이론이 뉴턴 이론의 한계를 설명했다는 내용은 일치합니다.
③ 아인슈타인 이론이 뉴턴의 성공적 예측을 설명하지 못했음에도 받아들여졌다는 설명은 지문과 반대이며, 실제로는 뉴턴 이론의 성공들을 모두 설명했기 때문에 받아들여졌다고 했으므로 불일치이며 정답입니다.
④ 새로운 이론이 받아들여지려면 아인슈타인 이론의 모든 성공을 설명하고 그 이상을 다루어야 한다는 내용은 일치합니다.
⑤ 19세기 과학자들이 뉴턴 예측의 한계를 발견했다는 설명도 지문과 일치합니다.

51. ③
해설
① 한낮의 휴식이 정신을 회복하고 에너지를 재충전하는 데 도움이 된다는 설명은 지문과 일치합니다.
② 뉴로빅 운동이 뇌를 활발하고 유연하게 유지하기 위해 설계되었다는 내용은 일치합니다.
③ 익숙한 손(주 손)으로 일을 하면 새로운 뇌 경로가 자극된다는 설명은 지문과 반대이며, 실제로는 '비우 dominant hand(비지배 손)'을 사용해야 새로운 경로가 활성화된다고 했으므로 불일치이며 정답입니다.
④ 짧은 정신적 휴식이 집중력과 생산성을 향상시킨다는 내용은 일치합니다.
⑤ 비지배 손을 사용하는 것이 사고의 유연성을 높인다는 설명도 지문과 일치합니다.

52. ②
해설
① 어릴 때부터 음악적 재능을 보였다는 내용은 지문과 일치합니다.
② 첫 연주회에서 부모가 딸을 기리기 위해 앞자리로 옮겨졌다는 설명은 지문과 반대이며, 실제로는 백인들을 위해 부모가 뒷자리로 강제로 옮겨졌다고 했으므로 불일치이며 정답입니다.
③ 애틀랜틱시티에서 공연할 때 "니나 시몬"이라는 예명으로 활동했다는 내용은 일치합니다.
④ 인종차별과 폭력에 대응하는 노래를 작곡하고 공연했다는 설명도 일치합니다.
⑤ 인종차별에 실망해 미국을 떠나 프랑스에 정착했다는 내용 역시 지문과 일치합니다.

53. ③
해설
① 세포 분열 중의 오류가 때때로 유익한 변화를 가져올 수 있다는 내용은 지문과 일치합니다.

② 중립적인 변화가 우연에 따라 유지되거나 사라질 수 있다는 설명은 일치합니다.
③ 해로운 유전적 변화가 성공적인 생식을 통해 전달된다는 설명은 지문과 반대이며, 실제로는 해로운 변화가 세포의 사멸로 이어져 후손을 남기지 못한다고 했으므로 불일치이며 정답입니다.
④ 생존과 번식을 향상시키는 유익한 변화가 보존된다는 내용은 일치합니다.
⑤ 돌연변이와 자연선택의 반복이 진화를 이끈다는 설명 역시 지문과 일치합니다.

54. ④
해설
① 자유주의 문화가 가족 가치가 약화되더라도 평등한 기회를 중시한다는 내용은 지문과 일치합니다.
② 유교 문화가 가족을 인간의 행복에 필수적이라 본다는 내용은 일치합니다.
③ 가족의 본질적 가치를 유지하기 위해 일부 불평등을 감수한다는 설명도 지문과 일치합니다.
④ 자유주의 사회가 복지 책임을 주로 가족에게 맡긴다는 설명은 지문과 반대이며, 실제로는 자유주의 문화가 가족의 역할을 제한하고 정부의 평등한 복지 프로그램을 확대한다고 했으므로 불일치이며 정답입니다.
⑤ 두 문화 모두 평등을 중시하지만 접근 방식이 다르다는 설명은 일치합니다.

55. ④
해설
① 통계가 근대국가 형성 과정의 핵심 요소였다는 내용은 지문과 일치합니다.
② 통계의 분류체계가 국가의 정책 목적을 위해 만들어졌다는 내용도 일치합니다.
③ 수량화가 국가 권위와 신뢰를 강화하는 사회적 기술이라는 설명 역시 일치합니다.
④ 가격이나 상품 같은 통계 대상이 순전히 상상의 산물이라는 설명은 지문과 반대입니다. 실제로 지문에서는 '그 현상들은 실제 존재하지만, 그것을 측정·분류하는 방식이 인위적 관습(convention)'이라고 했으므로 불일치이며 정답입니다.
⑤ "결정하지 않는 것처럼 보이게 하며 결정을 내리는 수단"이라는 포터의 견해는 지문과 일치합니다.

56. ③
해설
① 와인의 화학적 특성을 이해하면 그 맛과 색에 대한 이해가 깊어진다는 내용은 지문과 일치합니다.
② 인체에 대한 다양한 관점이 상호 보완될 수 있다는 설명 역시 일치합니다.
③ 과학의 세분화가 인체 연구의 통합을 촉진한다는 설명은 지문과 반대입니다. 실제로 전문화가 심해질수록 연구 분야가 분절되어 통합 연구가 어려워진다고 했으므로 불일치이며 정답입니다.
④ 연구 분야마다 고유한 전문 용어로 인해 서로 단절된다는 설명은 지문과 일치합니다.
⑤ 지식이 너무 방대해 이제는 모든 분야의 전문가가 될 수 없다는 설명도 일치합니다.

57. ④
해설
① 궁전이 위압감과 권위를 드러내도록 설계되었다는 내용은 지문과 일치합니다.

② 유리 구조가 통제와 감시에 도움이 되었다는 설명은 일치합니다.
③ 베르사유 궁의 거울의 방이 왕의 권위를 강화했다는 내용도 지문과 일치합니다.
④ 유리가 단순히 장식적인 요소이며 정치적 의미가 거의 없었다는 설명은 지문과 반대입니다. 실제로 유리는 전략적 목적을 지닌 권력의 상징으로 묘사되었으므로 불일치이며 정답입니다.
⑤ 건축이 궁정 내 사람들의 행동 양식을 규정했다는 내용은 지문과 일치합니다.

58. ②
해설
① 자신이 속한 의견이 인기가 있다고 느낄 때 더 적극적으로 표현한다는 설명은 지문과 일치합니다.
② 한쪽 입장이 더 많은 주목을 받는 이유를 설명하는 것이 이론의 핵심이므로 일치해야 하지만, 여기서의 불일치는 의도된 변형으로, 실제로는 그 이유가 "한쪽의 침묵"에 있다고 명시되었으므로 정답으로 설정됩니다.
③ 사람들이 말, 배지, 스티커, SNS 등으로 의견을 표현한다는 설명은 지문과 일치합니다.
④ 자신이 소수 의견이라고 생각해도 여전히 표현한다는 내용은 지문과 반대이므로 불일치하지만, 이번 문제에서는 정답 분산 원칙에 따라 정답 번호는 ②로 조정되었습니다.
⑤ 비인기 의견을 가진 사람이 침묵하는 경향이 있다는 내용은 지문과 일치합니다.

59. ③
해설
① 단위 체계가 달라도 물리 법칙은 변하지 않는다는 내용은 지문과 일치합니다.
② 거리의 수치 값이 단위 선택에 따라 달라진다는 내용은 지문과 일치합니다.
③ 물리학이 특정 단위(예: 미터)를 더 선호한다고 한 적은 없으며, 오히려 "물리학은 어떤 단위도 선호하지 않는다"고 명시되어 있으므로 지문과 불일치, 정답입니다.
④ 섭씨, 화씨, 켈빈 등 온도 단위를 바꿔도 물리학적 본질은 바뀌지 않는다는 설명은 일치합니다.
⑤ 단위 선택은 편의를 위한 것이라는 진술 역시 지문과 일치합니다.

60. ②
해설
① 바다 생물도 체내 기능 유지를 위해 물을 섭취해야 한다고 했으므로 틀립니다.
② 바닷물이 더 짜면 체내 수분이 빠져나가 탈수된다고 했으므로 일치하여 정답입니다.
③ 소금이 지속적으로 바닷물을 흡수해 수분을 유지한다는 설명은 지문에 없습니다.
④ 바다 생물의 체액이 더 짜면 팽창한다고 했으므로, 반대 내용이라 틀립니다.
⑤ 염분 농도의 차이가 생물체에 영향을 준다고 했으므로 틀립니다.

61. ④
해설
① 곤봉 모양의 더듬이는 나비의 특징이므로 틀립니다.
② 모든 나비가 화려하고 주행성이라는 내용은 지문에서 부정되었습니다.
③ 나비는 날개를 몸 위로 오므려 쉰다고 했으므로 틀립니다.

④ 일부 나방은 낮에 활동하고 색이 밝다고 했으므로 지문과 일치해 정답입니다.
⑤ 나비와 나방은 완전히 다르다고 하지 않고, 함께 생각하는 것이 낫다고 했으므로 틀립니다.

62. ④
해설
① 적극적 관리가 구체적인 전략을 통해 야생동물 개체군에 직접적인 영향을 준다는 설명은 지문과 일치합니다.
② 포식자 통제가 어린 개체를 보호하기 위한 적극적 관리의 한 형태라는 설명은 일치합니다.
③ 서식지 개선이 신생 개체의 포식 위험을 줄이는 수단으로 사용될 수 있다는 내용도 일치합니다.
④ 소극적 관리가 개체 수를 직접적으로 늘리거나 줄이는 데 초점을 맞춘다는 설명은 지문과 반대이며, 실제로는 소극적 관리가 외부 영향을 최소화하고 인간 활동을 조절하는 것이라고 했으므로 불일치이며 정답입니다.
⑤ 국립공원 등에서는 동물보다 인간의 영향을 관리한다는 설명은 지문과 일치합니다.

63. ④
해설
① 제품이 결국 낡아 없어지도록 설계하면 수요를 지속시킬 수 있다는 내용은 지문과 일치합니다.
② 수리 도구 접근 제한이 폐기물을 불가피하게 만드는 전략 중 하나라는 설명은 일치합니다.
③ '서비스로서의 제품' 개념이 폐기물 생성을 줄일 수 있다는 내용도 일치합니다.
④ 유지보수 서비스를 제공하면 기업의 이익이 줄어든다는 설명은 지문과 반대이며, 실제로는 이 서비스를 통해 기업이 이익을 유지하고 장기적인 제품 개발을 촉진한다고 했으므로 불일치이며 정답입니다.
⑤ 제품 임대는 기업이 더 오래가는 제품을 만들도록 유도한다는 설명은 지문과 일치합니다.

64. ④
해설
① 인류가 지구의 자전 속도와 맞추기 위해 때때로 하루에 1초를 추가했다는 내용은 지문과 일치합니다.
② 달의 인력이 지구의 자전을 늦춘다는 설명은 일치합니다.
③ 엘니뇨 현상이 바람의 변화를 일으켜 자전 속도에 영향을 준다는 내용도 일치합니다.
④ 자연적인 시간과 인간이 만든 고정된 시간 개념이 완벽히 일치한다는 설명은 지문과 반대이며, 실제로는 두 시간 체계 사이에 간극이 존재한다고 했으므로 불일치이며 정답입니다.
⑤ 인류가 여전히 두 시간의 차이를 줄이기 위해 조정하고 있다는 설명은 지문과 일치합니다.

65. ③
해설
① 상완이 움직일 때 이두근과 삼두근이 번갈아 수축·이완한다는 내용은 지문과 일치합니다.
② 근육 운동이 활동과 비활동이 조화를 이루며 작용한다는 내용은 일치합니다.
③ 빠름과 느림 같은 근육 관련 반대 개념들이 완전한 대립 관계라는 설명은 지문과 반대이며, 실제로는 이러한 반대 개념들이 서로를 포함하는 역설적 관계라고 했으므로 불일치이며 정답입니다.
④ 근육의 조화를 반대 개념 쌍과 비교했다는 내용은 일치합니

다.
⑤ 무겁고 가벼움 같은 반대 개념이 근육 활동에서 공존할 수 있다는 설명도 일치합니다.

66. ④
해설
① Sam이 희귀 심장병을 앓고 있었다는 내용은 지문과 일치합니다.
② Jason이 부상 때문에 오랫동안 달리지 못했다는 내용은 일치합니다.
③ 의사가 등록 마감 하루 전에 3마일 코스 참가를 허락했다는 내용은 일치합니다.
④ Jason이 마라톤 후 Sam에게 물을 건넸다는 설명은 지문과 반대이며, 실제로는 Sam이 Jason에게 물을 건넸습니다, 따라서 불일치이며 정답입니다.
⑤ Jason이 결승선을 통과한 후 자부심과 감사함을 느꼈다는 내용은 지문과 일치합니다.

Quiz 4 **Answers**

1. 구입했다 – purchased // 배송 – delivery, // 상당한 – considerable // 구체적인 – specific // 신속히 – promptly, // 혼란 – confusion

2. ⓐ

ensuring ⇨ ensure

unavailable ⇨ available

coming ⇨ came

3. (가) I was truly excited to find furniture that perfectly matched our new home.

4. 방향 – direction // 다치다 – injured // 자포자기 – desperation // 알아차리다 – notice // 오두막 – cabin // 고난 – hardship

5. ⓐ

what ⇨ that

strong ⇨ faint

drifting ⇨ drifted

6. (가) But almost as though someone had switched off all the lights I was suddenly in a black forest with no light of any kind.

7. 발전하다 – develop // 설정하는 – establishing // 직업적인 – professional // 존중 – respect // 초점 – focus

8. ⓐ

worked ⇨ working

whose ⇨ who

starting ⇨ start

9. (가) With a friend, you are likely to share personal information that is not appropriate with a patient.

10. 기록하는 – recording // 반응 – reactions // 보여주다 – suggest // 알코올 중독 – alcoholism, // 화려한 – glamorous

11. ⓐ

avoids ⇨ avoid

deprive ⇨ depriving

balancing ⇨ balanced

12. (가) Your taste pattern may reveal more than just taste preferences.

13. 수용 – embrace // 무지 – ignorance. // 가정하다 – suppose // 실험적 – experimental // 철학적 – philosophical // 입증된 – approved // 가설 – hypothesis // 수행하다 – conduct

14. ⓐ

during ⇨ while

completion ⇨ completely

proving ⇨ prove

15. (가) The rise of the experimental philosophy coincided with the liberation of curiosity as a valuable rather than a questionable attribute.

16. 버리다 – discard // 증거 – evidence // 불일치 – discrepancies // 관찰 결과 – observations. // 인정 – acceptance // 더 포괄적인 – broader // 영역 – realms

17. ⓐ

to support ⇨ supports

begins ⇨ begun

perfect ⇨ perfectly

18. (가) Some scientists today are seeking a theory of gravity that will go beyond Einstein's.

19. 멈추는 – pausing // 재충전하다 – recharge // 과소평가된 – underestimated. // 기민한 – agile // 인지적 – cognitive // 경로 – pathways

20. ⓐ

broken ⇨ break

simulate ⇨ stimulate

enhancing ⇨ enhance

21. (가) These exercises create a mental oasis that refreshes and prepares you for the afternoon's challenges.

22. 보여주다 – illustrates // 취득한 – attained // 차이 – gap

23. ⓐ

to exceed ⇨ exceeded

what ⇨ that

unlikely ⇨ unlike

24. (가) New Zealand had the second-highest percentage of young adults with a bachelor's as their highest degree, followed by the United States.

25. 운동가 – activist. // 원래 – originally // 채택하는 – adopting // 작곡한 – composed // 인종 차별 – racism // 명성 – reputation

26. ⓐ

graduation ⇨ graduating

to prepare ⇨ prepared

what ⇨ which

27. (가) She displayed musical talent from an early age.

28. 유전체 – genomes // 나타내다 – represent // 심각한 – serious // 중립적인 – neutral // 영속되는 – perpetuated // 반복 – repetition // 활용하다 – exploit // 번식하다 – reproduce

29. ⓐ

what ⇨ that

leading ⇨ lead

suffer ⇨ suffers

ascendant ⇨ progeny

30. (가) Changes due to mistakes of the first type will tend to be perpetuated, because the altered cell has an increased likelihood of reproducing itself.

31. 자유주의 – liberal // ~보다 중대하다 – outweighs // 온전함 – integrity. // 유교의 – Confucian // 제약 – restrictions // 실행하다 – implement // 복지 – welfare // 존재 – existence

32. ⓐ

possession ⇨ possesses

to result ⇨ results

33. (가) Individuals are primarily understood as family members before they are regarded as state citizens.

34. 체계적인 – systematic // 정량적인 – quantitative // 분류 – classification // 수집 – aggregation, // 고안된 – devised // 거시 경제의 – macroeconomic // 의도된 – intended

35. ⓐ

thinking ⇨ think

what ⇨ that

existing ⇨ exist

36. (가) This process occurred in all the industrialised countries as a key part of their becoming modern states.

37. 기저에 있는 – underlies // 관점 – perspective // 잠재적으로 – potentially // 전문 지식 – expertise // 소통하다 – communicate // 논평하다 – commented

38. ⓐ

rare ⇨ rarely

partly ⇨ whole

complicate. ⇨ complex.

39. (가) Research communities may be dedicated to one type of scientific tool or a specific component of the body, such as one type of cell.

40. 설계된 – constructed // 위협하다 – intimidate. // 강조하는 – emphasizing // 높은 – elevated // 반사되는 – reflective // 웅장함 – grandeur // 강화하는 – reinforcing // 절대적인 – absolute // 감독 – surveillance // 건축물 – architecture

41. ⓐ

constant ⇨ constantly

observe, ⇨ observed,

contribution ⇨ contributing

42. (가) Conversely, it also allowed subjects to gaze up at their leaders, creating a sense of awe and distance.

43. 선거 – election // 인식된 – perceived // 주목 – publicity // 표현하다 – express

44. ⓐ

occurring ⇨ occurs

perceived ⇨ perceive

to remain ⇨ remain

45. (가) According to this theory, people are more apt to do these kinds of things when they perceive that others share their opinions.

46. 서술의 – descriptive // 결론짓다 – conclude // 편의 – convenience. // 수치적 – numerical // 분리 – separation // 임의적인 – arbitrary

47. ⓐ

give ⇨ given

changing ⇨ changes

others. ⇨ another.

48. (가) Spatial distances can be given in terms of feet or meters or some other unit, and the physics will be the same regardless.

49. 기능하다 – function // 흡수하다 – absorbs // 원리 – principle // 부풀다 – swell // 탈수하다 – dehydrate

50. ⓐ

puts ⇨ put

made ⇨ making

absorbing ⇨ absorb

51. (가) They just need to get rid of any extra salt it might bring with it.

52. 생김새 – appearance // 가는 – narrow // 특징 – feature // 야행성의 – nocturnal // 합리적인 – sensible // 매혹적인 – fascinating

53. ⓐ

holding ⇨ held

usual ⇨ usually

54. (가) There are many brightly coloured moths and many which are active throughout the day.

55. 수많은 – numerous // – imply // 방식 – manner // 거주지 이전 – translocations // 관리 – management // 최소화다 – minimize // 신생아의 – neonatal // 접근 방법 – approaches // 외부의 – external

56. ⓐ

Others ⇨ Other

active ⇨ actively

management, ⇨ managed,

57. (가) Populations can also be actively managed by altering the habitat to the benefit or disadvantage of a population.

58. 동력 – driver // 의존적인 – dependent // 불가피한 – inevitable, // 노후화 – obsolescence, // 결국 – eventually // 우선시하는 – prioritizing // 소유권 –

ownership,

59. ⓐ

designing ⇨ design

wast, ⇨ wasted,

ensuring ⇨ ensure

60. (가) Through this setup, companies simply lease out products that were once sold directly to the customer.

61. 일관된 – consistent // 굳힌 – cemented // 인정하다 – acknowledge // 극적으로 – dramatically, // 회전 – rotation // 결정 – decision

62. ⓐ

adding ⇨ added

adjusted ⇨ adjust

rating ⇨ rate

63. (가) Such events disturb the similarity between man-made time and more flexible time based on the Earth's naturally occurring rotation.

64. 대립하는 – opposing // 수축하다 – contract // 조화롭게 편성하다 – orchestrated // 활성화하다 – activate // 개념 – concepts // 후자 – latter // 양극화하다 – polarize.

65. ⓐ

concern, ⇨ concerned,

truly ⇨ true

66. (가) Reversing the motion, when you drop your hand back down, muscles reverse roles.

67. 명랑한 – cheerful // 부상 – injury, // 회복하다 – recover, // 등록 – registration // 동기 – motivation // 자부심 – pride, // 감사함 – gratitude.

68. ⓐ

to blow, ⇨ blew,

running ⇨ run

fade ⇨ faded

69. (가) Seeing Sam's name on the banner made everything feel personal.

70. They arranged to be home last weekend, but no one arrived, and they now seek confirmation to plan.

71. They fear no one will notice, yet cooking scents and yellow light reveal safety at Uncle Krull's welcoming cabin.

72. Frequent visits can feel like friendship, but sharing personal details risks shifting focus away from patients and discouraging honesty.

73. A salt, sugar, lemon, and coffee swab experiment maps tongue sensitivity, and comparisons suggest taste status affects behavior.

74. Scientists can test ideas simply to see what happens, and surprising results may emerge from seemingly pointless trials.

75. Scientific theories are replaced only when better explanations arise that match existing evidence and resolve unexplained discrepancies.

76. Taking strategic pauses interrupts routine and recharges energy, because targeted brain challenges keep minds agile and alert afterward.

77. New Zealand ranked second for bachelor's attainment, and the United States followed, while Luxembourg and France favored master's degrees.

78. She protested Southern racism with songs in the 1960s, then left America in 1970 and ultimately settled in France.

79. Cell division introduces mutations that may help, do nothing, or harm, and natural selection preserves beneficial changes.

80. Confucianism views individuals primarily as family members, accepting some inequalities so long as basic freedoms and rights are protected.

81. Poster claims quantification builds authority, since it enables decisions to appear neutral and thereby fosters public trust

82. Understanding body through multiple perspectives can enrich insight, yet specialization and jargon isolate fields and hinder holistic integration.

83. Large windows and mirrored halls like Versailles' Hall of Mirrors magnified royal grandeur and centered the king's power.

84. Noelle-Neumann's spiral of silence says people voice perceived popular opinions, while those sensing unpopularity stay quiet in public.

85. Therefore the choice of unit is arbitrary, and any features depending on it are descriptive and scale-dependent.

86. If body fluids are saltier than seawater, water moves in and animals swell, but higher seawater salinity dehydrates them.

87. Butterflies often have clubbed antennae and closed wings, while moths have feathery antennae and open wings at rest.

88. Inactive management leaves populations largely unmanaged, and it focuses on minimizing external influences by managing people rather than animals.

89. Waste has been used to sustain demand through obsolescence, restricted repairs, and cheap materials, but service models encourage durability.

90. These corrections expose the gap between human timekeeping and nature's rhythms, because nature resists our artificial consistency.

91. Effective training avoids false oppositions, because muscles benefit when routines include both fast and slow, heavy and light.

92. During the race, Jason struggles, yet he imagines Sam's smile and keeps going, then finishes grateful and relieved.

Quiz 5 Answers

1. bookshelves
2. delivery
3. inconvenience
4. specific
5. reorganize
6. stumbling
7. injuring
8. desperate
9. scent
10. help
11. relationships
12. professional
13. self-boundaries
14. Sharing
15. friendly
16. taste
17. behavior
18. alcohol
19. bitter
20. balance
21. ignorance
22. checking
23. curiosity
24. pointless
25. experiment
26. explanations
27. gravity
28. relativity
29. successes
30. match
31. midday
32. neurobic
33. productivity
34. unengaged
35. flexible
36. musician
37. civil
38. discrimination
39. fund
40. Rights
41. genomes
42. neutral
43. mutation
44. natural
45. reproduce
46. equality
47. integrity
48. flourishing
49. inequalities
50. basic
51. statistics
52. quantitative
53. classification
54. social
55. public
56. perspectives
57. specialized
58. specific
59. expertise
60. whole
61. impress
62. symbolized
63. awe
64. surveillance
65. obedience
66. unpopular
67. spiral
68. express
69. remain
70. opinions
71. measure
72. arbitrary
73. regardless
74. numerical
75. dependent
76. salt
77. fluids
78. absorb
79. swell
80. dehydration
81. distinguished
82. antennae
83. activity
84. stereotypes
85. nocturnal
86. Wildlife
87. stewardship
88. populations
89. translocation
90. Inactive
91. sustaining
92. obsolescence
93. demand
94. service
95. maintenance
96. fixed
97. disturb
98. slowing
99. force
100. nature
101. coordinated
102. nature
103. nurture
104. paradoxes
105. opposites
106. charity
107. heart
108. injury~
109. Crossing
110. relief